高职高专“十三五”电子商务系列规划教材

电子商务基础与应用

宋艳苹　王国玲　主　编

才　琳　李朝红　毕　波　田桂玲　郭道斌　副主编

電子工業出版社

Publishing House of Electronics Industry

北京・BEIJING

内 容 简 介

本书是电子商务专业的启蒙教科书，本着高职教学中“理论够用，实践为主”的理念，重点突出了实训部分，以加深对学生专业能力的培养。全书分四篇，即“看一看电子商务”、“用一用电子商务”、“管一管电子商务”和“做一做电子商务”，包括认识电子商务、电子商务模式、电子商务技术、电子支付、网络营销、电子商务物流、电子商务安全、电子商务法律、跨境电子商务和网上创业十个项目。

本书既可作为高职院校电子商务专业学生的教学用书，又可作为电子商务从业人员的参考用书。

图书在版编目（CIP）数据

电子商务基础与应用 / 宋艳苹，王国玲主编. —北京：电子工业出版社，2018.7
高职高专“十三五”电子商务系列规划教材
ISBN 978-7-121-34669-9

Ⅰ. ①电…　Ⅱ. ①宋…　②王…　Ⅲ. ①电子商务—高等职业教育—教材　Ⅳ. ①F713.36

中国版本图书馆 CIP 数据核字（2018）第 149817 号

策划编辑：姜淑晶
责任编辑：张　京
印　　刷：北京京师印务有限公司
装　　订：北京京师印务有限公司
出版发行：电子工业出版社
　　　　　北京市海淀区万寿路 173 信箱　　邮编：100036
开　　本：787×1092　1/16　印张：17.75　字数：454.4 千字
版　　次：2018 年 7 月第 1 版
印　　次：2018 年 7 月第 1 次印刷
定　　价：46.00 元

凡所购买电子工业出版社图书有缺损问题，请向购买书店调换。若书店售缺，请与本社发行部联系，联系及邮购电话：（010）88254888，88258888。

质量投诉请发邮件至 zlts@phei.com.cn，盗版侵权举报请发邮件至 dbqq@phei.com.cn。

本书咨询联系方式：（010）88254199，sjb@phei.com.cn。

前言

随着互联网络的迅猛发展，电子商务已渗透到人们生活之中。在经济全球化、信息社会化、产业知识化的21世纪，对电子商务人才的需求越来越大。近年来，很多高职院校开设了“电子商务基础与应用”课程，但从实际教学效果来看，大多偏重理论教学，与电子商务的实际运用相差很大，达不到学以致用的效果。我们认为，好的教学效果离不开好的教材和好的教学方法。

教材作为教学基本建设的重要内容之一，既是课程改革实施的依托，更是人才培养模式创新的重要载体。“电子商务基础与应用”课程是电子商务专业的专业基础课，也是高职院校商贸类专业普遍开设的一门必修课程。本教材在编写时突破了原有电子商务教材的形式，设计了与电子商务岗位相匹配的工作任务，以此作为教学核心内容，系统、全面地介绍了电子商务的基本知识与基本技能，以国家助理电子商务师考试系统和淘宝网为主要实践平台，强化学生电子商务技术的应用，电子商务网络平台的使用，以及网上贸易、网络营销、网上创业等基本技能的训练。同时，由宋艳苹主持的“电子商务基础与应用”课程被吉林省教育厅立项为2012年度精品课程。

根据企业电子商务岗位职业能力需求和高职院校学生的认知规律，本教材由浅入深地设计了**“认识电子商务、使用电子商务、开展电子商务、管理电子商务”**循序渐进且前后贯通的四篇。通过认识电子商务，让学生深刻体会电子商务的优势；通过使用电子商务，让学生从网络消费者的角度亲身体验在生活中如何运用电子商务；通过开展电子商务，让学生借助互联网平台开展创业活动——网上开店；通过管理电子商务，让学生了解网店的运营管理等相关知识。

本教材是以任务驱动、案例教学的教学模式展开的，按照案例引导，提出问题的思路，通过对任务的实施来解决案例中提出的问题，在完成任务的同时配有拓展训练，开拓学生的视野。

本教材的指导思想是既适合教师教学，更方便学生自学。对电子商务专业的学生来说，本教材将是他们了解电子商务专业的启蒙者，又是引领这个专业的入门者；对非电子商务专业的学生来说，本教材将帮助他们全面掌握有关电子商务领域各个方面的应用和具体操作方法与技术。

本教材与其他同类教材相比，具有如下显著特点。

1. 课程标准与职业标准相融合。本书以互联网环境下开展商务活动为主线，将电子商务师国家职业资格标准与课程标准相融合，在实际应用案例的编写中尽可能地贴近实际。项目结束处的拓展训练题与前面的知识相对应，将知识融于实际应用中，充分体现“知识够用”的观点。

2. 学习过程与工作过程相融合。按照企业电子商务职业岗位的工作流程安排教学内容，学习任务均采用真实的工作任务，充分体现真实性、适用性。

3. 教材与课程教学资源相融合。我们与企业专家共同开发了课程网站，教材内容与课程网站的教学资源配套，方便学生自主学习，也方便教师指导学生。

本教材由电子商务专业教学岗位一线教师及企业相关电子商务岗位员工合作编写，由长春职业技术学院的宋艳苹老师负责全书整体设计和统稿。项目 1、项目 2、项目 3 由宋艳苹老师编写，项目 4 由王国玲老师编写，项目 5 由才琳老师编写，项目 6 由李朝红老师编写，项目 7 由毕波老师编写，项目 8 由田桂玲老师编写，项目 9、项目 10 由郭道斌老师编写。

长春盘古网络科技有限公司的葛春莲对本书的写作给予了大力支持，吉林省纵横易电子商务产业园有限公司的滕鸿雁董事长等企业界朋友提供了大量原始资料，给本教材注入了企业的思想和行业的活力，在此谨致以衷心的谢意。

编　者

目录

第1篇　看一看电子商务

第2篇　用一用电子商务

第1篇

看一看电子商务

项目1　认识电子商务

项目2　电子商务模式

项目3　电子商务技术

项目 1

认识电子商务

案例引入

戴尔公司的电子商务

戴尔公司于 1984 年由迈克尔·戴尔创立，总部设在得克萨斯州奥斯汀市。迈克尔·戴尔是目前计算机行业内任期最长的首席执行官。戴尔公司从 1996 年开始通过网站销售戴尔计算机。戴尔的理念非常简单：按照客户的要求制造计算机，并向客户直接发货，使戴尔公司能够最有效和明确地了解客户需求，继而迅速做出回应。这个直接的商业模式消除了中间商，这样就减少了不必要的成本和时间，让戴尔公司更好地理解客户的需要。这种直接模式允许戴尔公司能以富有竞争性的价位，为每位消费者定制并提供具有丰富配置的强大系统。通过平均四天一次的库存更新，戴尔公司能够把最新的相关技术带给消费者，而且远远快于那些运转缓慢、采取分销模式的公司。

1. 戴尔公司的网站优势

戴尔公司官方网站的功能非常强大，不仅包括一些关于销售的页面，还包括很多关于信息服务的静态网页。这种静态网页满足了戴尔公司对客户信息的搜集，可以把客户对电脑的需求直接反馈到戴尔的服务器上面，戴尔把通过这种网页搜集到的客户信息加以分类并进行快速的处理，这样就缩短了客户对电脑成品的等待时间，大大提高了戴尔的工作效率。客户通过这种网页可以随时观察到自己定制的电脑到达了生产步骤的哪个环节，给客户带来前所未有的快速定制的参与感。

2. 戴尔公司的网络直销

戴尔竭诚提供优良的用户服务，并拥有专业的销售及技术支持队伍，为以下几类用户提供服务：企业用户（大型及中型公司）、政府及有关机构、家庭及小型企业。戴尔公司 90%

的销售收入来自企业，10%来自普通用户。但在在线销售量中，90%的销售收入来自中、小企业和普通个人用户，戴尔公司的大用户则主要通过站点查询产品信息、订单情况和技术帮助，并不直接从网上订购。为吸引大用户进行网上采购和网上服务，戴尔公司设置了“客户首页”，提供针对大用户的个性化服务，用户只需要通过客户首页直接进行折扣采购即可。

3. 戴尔公司的客户管理

戴尔的客户关系管理系统是围绕着“以客户为中心”的主导思想建立的，即客户自选计算机配件、付费方式，网上获取产品信息、故障诊断和技术支持。戴尔在线通过自助服务保持与客户之间的联系，能够绕过在计算机工业中常见的大量中间销售环节，直接面对客户销售。戴尔公司让客户自己在网上获得信息，并进行交易，主要包括：客户自助查询产品信息；客户自助查询订货数据、支付或调整账单，以及获取服务；客户根据自身情况，自由选择获取信息的通信工具（电话、传真、邮寄或电子邮件）；网上故障诊断和技术支持。戴尔在客户关系管理中各种功能的基本组成部分包括：客户数据管理、客户价值管理、客户服务管理和客户沟通管理等。

从戴尔公司电子商务成功的案例中可以得到以下启示。

（1）电子商务的根本是商务活动，电子商务是对传统商务的技术改良。

（2）网络与电话共存，即使在互联网广为普及的今天，也不能忘记不同客户的消费习惯。

（3）戴尔公司在电子商务活动中找到自身的优势、劣势、机遇、威胁。戴尔的优势就是向客户提供个性化服务。

任务 1.1 生活中的电子商务

任务介绍

随着电子商务魅力的日渐显露，网上购物、网上支付、网上预订旅游、微店等一大批前所未闻的新名词正在为人们所熟悉和认同，今天我们将带领同学们认识电子商务，让初涉电子商务的同学通过生活中常见的电子商务案例，对电子商务有一个感性认识。

相关知识

1.1.1 网上购物

随着互联网的普及，网络购物日益成为一种重要的购物形式。中国互联网络信息中心

2017 年 1 月 22 日发布第 39 次中国互联网络发展状况统计报告。报告显示，截至 2016 年 12 月，我国网民规模达 7.31 亿人，全年共计新增网民 4299 万人，互联网普及率为 53.2%，较 2015 年年底提升了 2.9%。截至 2016 年 12 月，我国网络购物用户规模达到 4.67 亿人，占网民比例为 63.8%，较 2015 年年底增长 12.9%。其中，手机网络购物用户规模达到 4.41 亿人，占手机网民的 63.4%，年增长率为 29.8%。图 1.1 所示是第 39 次中国互联网络发展状况统计。

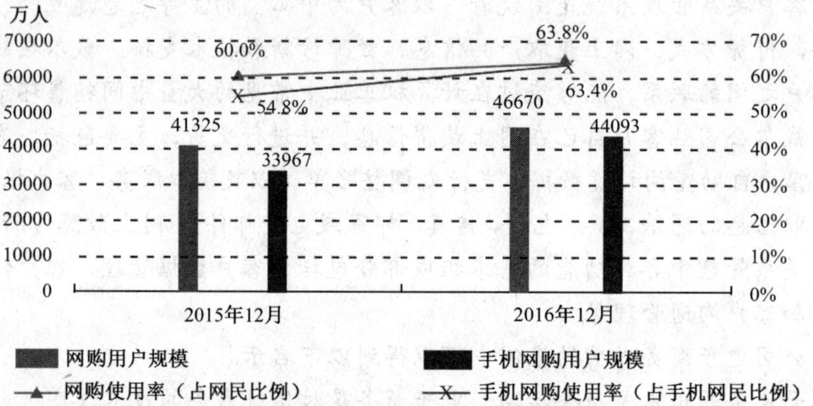

图 1.1　第 39 次中国互联网络发展状况统计

1. 网上购物的概念

网上购物就是通过互联网搜索商品信息，并通过电子订单发出购物请求，然后填上个人或企业的支票账号或信用卡的号码，厂商通过邮购的方式发货，或者通过快递公司（如 EMS）送货上门的一个购物流程。国内的网上购物，一般付款方式是款到发货（如直接银行转账、在线汇款）、担保交易（如淘宝支付宝、百度百付宝、腾讯财付通等的担保交易）、货到付款等。

对一些传统企业而言，通过一些传统的营销手段已经很难对现今的市场形成什么重大的改变了。如果想将企业的销售渠道完全打开，企业就必须引进新的思维和新的方法，而网络购物正好为现今的传统企业提供了一个很好的机会与平台，传统企业通过借助第三方平台和建立自有平台纷纷试水网络购物，构建合理的网络购物平台、整合渠道、完善产业布局成为传统企业未来发展的重心和出路。

2. 网上购物的优点

对消费者来说，第一，可以在家“逛商店”，订货不受时间、地点的限制；第二，可以获得较大量的商品信息，可以买到当地没有的商品；第三，网上支付较传统用现金支付更加安全，可避免现金丢失或遭到抢劫；第四，从订货、买货到货物上门无须亲临现场，既省时又省力；第五，由于网上商品省去了租店面、雇员工及储存保管等一系列费用，总的来说其价格较一般商场的同类商品更便宜。

对商家来说，由于网上销售没有库存压力、经营成本低、经营规模不受场地限制等，在将来会有更多的企业选择网上销售，通过互联网对市场信息的及时反馈，适时调整经营战略，以此提高企业的经济效益和参与国际竞争的能力。

对整个市场经济来说，这种新型的购物模式可在更大的范围内、更广的层面上以更高的效率实现资源配置。

综上可以看出，网上购物突破了传统商务的障碍，无论对消费者、企业还是市场都有着巨大的吸引力和影响力，在新经济时期无疑是达到“多赢”效果的理想模式。

1.1.2 网上支付

1. 网上支付的方式

网上支付，是指通过国际互联网或其他公用信息网，将客户的电脑终端连接至银行，实现将银行服务直接送到客户办公室或家中的服务系统。网上支付方式有网上银行实时支付、第三方支付平台、邮局汇款和银行电汇等。

2. 网上支付的优势

网上支付的优势是可以拉近客户与银行的距离，使客户不再受限于银行的地理环境、上班时间，突破空间距离和物体媒介的限制，足不出户就可以享受到银行的服务。网上支付向客户提供的网上消费支付结算，真正实现了足不出户的网上购物。一般银行的互联网站已通过国际权威认证且采用先进的加密技术，客户在使用网上支付时，所有数据均经过加密后才在网上传输，因此是安全可靠的。

在线上支付领域，各网络支付企业不断深入与各级政府、公共服务机构及社区的合作，涉及民生类的缴费环节陆续打通，全方位的民生服务网上缴费体系基本搭建完成，并加速推广。水电费、煤气费、物业费、网费、有线电视费等常规生活类缴费在纳入网上缴费体系的同时，加入了诸如自助提醒等功能，使得缴费更加智能；就医挂号、交通违章、校园类缴费等社会公共服务实现网上缴费，极大地提升了公共服务机构的效率，切实解决了大众现场缴费不便的问题。

在线下支付领域，经过网络支付企业大力的市场培育，支付场景得到了极大的丰富，消费者在饭馆、超市、便利店等线下实体店使用移动网络支付工具的习惯初步养成，并快速向低线城市渗透，出门“无钱包”时代悄然开启。网络支付给用户带来了购物环节的便捷，对商家而言降低了收单成本，解决了现金管理带来的不便，使线下网络支付应用得到迅速蔓延。根据中国互联网络信息中心的调查数据，网民在线下实体店购物时使用手机支付结算的比例已达 50.3%，并且线下支付应用拥有较强的下潜力度，四、五线城市分别达到 43.5%和 38.0%，农村地区使用率已达 31.7%。

1.1.3 网上旅游预订

1. 网上预订旅游的发展

中国互联网络信息中心发布的第 36 次《中国互联网络发展状况统计报告》显示，截至 2016 年 12 月，网上预订机票、酒店、火车票或旅游度假产品的网民规模达到 2.99 亿人，较 2015 年年底增长了 3967 万人，增长率为 15.3%。网民使用网络预订火车票、机票、酒店和旅游度假产品的比例分别为 34.0%、15.9%、17.2%和 7.4%。其中，手机预订机票、酒店、火车票和旅游度假产品的网民规模达到 2.62 亿人，较 2015 年年底增长了 5189 万人，增长率为 24.7%。我国网民使用手机在线旅行预订的比例由 33.9%提升至 37.7%。图 1.2 所示为在线旅行预订、手机在线旅行用户规模及使用率。

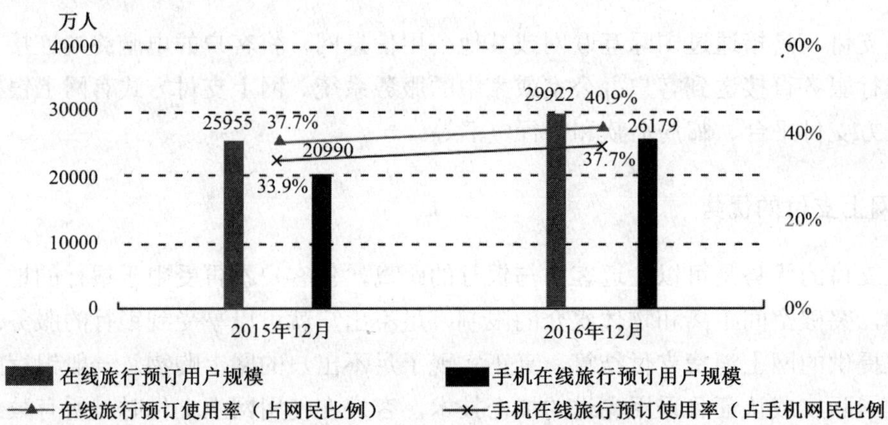

图 1.2 2015 年 12 月—2016 年 12 月在线旅行预订、手机在线旅行用户规模及使用率

2. 旅游预订的主要业务（以携程网为例）

（1）酒店预订

携程网拥有酒店预订服务，为会员提供即时预订服务。酒店遍布全球 134 个国家和地区的 5900 余个城市。携程网不仅为会员提供优惠房价预订，更在主要酒店拥有大量保留房，为会员出行提供更多保障。

（2）交通工具预订

通过全国联网的机票预订、配送和各大机场的现场服务系统，携程网为会员提供国际和国内机票的查询预订服务。目前，携程网的机票预订已覆盖各大航空公司的绝大多数航线，实现国内 57 个城市市内免费送票，实现“异地机票、本地预订、异地取送”，机票直客预订量和电子机票预订量均在同行中名列前茅，业务量连续两年保持 3 位数的增长率，成为中国领先的机票预订服务中心。

(3) 度假预订

随着生活节奏的日益加快和生活方式的日益多样化，观光式的旅游模式将无法适应现代消费者的旅游需求，到了周末或假期，带着家人到周边一些度假村去休闲，已经逐渐成为城市居民走出钢筋水泥、融入自然的时尚之选。而那些崇尚休闲度假的旅游者一般每年外出旅游频率较高，以北京、上海、广州、深圳等大城市的旅游者为主，他们大多有一定的旅游经验，相比其他消费者，他们对旅游的需求更多，要求也更高，这些人将成为休闲旅游市场最有价值的客户。

(4) 商旅管理

携程网的商旅管理业务面向国内外各大企业与集团公司，以提升企业整体商旅管理水平与资源整合能力为服务宗旨，依托遍及全国范围的行业资源网络，以及与酒店、航空公司、旅行社等各大供应商建立的长期良好稳定的合作关系，充分利用电话呼叫中心、互联网等先进技术，通过与酒店、民航互补式合作，为公司客户全力提供商旅资源的选择、整合与优化服务。

1.1.4 网络营销

随着互联网技术的成熟及联网成本的低廉，互联网好比一种“万能胶”，将企业、团体、组织及个人跨时空联结在一起，使得它们之间信息的交换变得“唾手可得”。市场营销中最重要也最本质的是组织和个人之间进行信息传播和交换。如果没有信息交换，那么交易就是无本之源。网络营销有着时域性、富媒体、交互式、个性化、成长性、整合性、超前性、高效性、经济性和技术性等特点。下面以大家熟悉的淘宝网的“双十一”营销活动为例做简单介绍。

1. 淘宝网“双十一”购物狂欢节营销分析

(1) 网络营销

1）淘宝网站内：淘宝网及天猫本身都在主页及各分页上用很大的篇幅、消息、弹窗等形式为此次营销做宣传，并且推出各种互动式小游戏。

2）淘宝网站外：在百度、谷歌等各大搜索引擎上，从 11 月 1 日到 11 月 11 日，输入“光棍节”、“双十一”、“11·11”、“购物节”、“狂欢节”等关键字，搜索出的结果约有 23700 个；hao123、360 等各导航页面，在“淘宝网”链接上以红色醒目字体标出“双十一购物狂欢节”的提醒；各式各样的网站与视频播放器上均出现“双十一”购物狂欢节的广告，主要以横幅式广告、按钮式广告、弹出窗口式广告、插播式广告、对联式广告、浮动广告、文字链接广告、电子邮件式广告等形式在各种相关的网页上出现；利用 QQ、微信、微博、

MSN 等媒介发布各种促销信息。

(2) 电视营销

天猫在央视及各地方台播放了预告广告，还通过各电视新闻报道这个平台。吸引了众多观众的眼球，充分利用了电视这个大众媒体，扩大了此次营销的吸引力。天猫最新的广告语是："上天猫，就购了！"

(3) 手机媒体

天猫在许多手机报及各网站的手机版上投放了关于"双十一"活动的各类广告及新闻报道，同时以短信的形式发送广告给注册的会员。以手机为媒介的推广方式是这次全方位宣传的主力之一。

(4) 户外广告

天猫还利用公交站牌、公交车身、移动广告、地铁海报等形式，在人流量密集的地段投放了大量的广告，每时每刻无数经过的人在如此大规模的户外广告的攻势下，很难做到完全无视，户外广告在宣传媒介中起到了十分关键的作用。

2. 淘宝网运用的营销策略

(1) 活动之前的预热

每年 11 月 11 日的前 10 天，招募各大品牌进行打折促销的预告，让消费者了解有哪些品牌，并有针对性地进行选择，让其充满期许及做足准备；加之淘宝网站内外的广告宣传，频繁更新广告内容，"双十一"前，每天站内站外的广告内容都在发生变化，尤其在接近活动开始的几天，更是不断地给消费者制造强烈的期许感与紧张度；促销产品的频繁更新——淘宝网站内每天都会更新参与打折活动的品牌，参与的品牌与品牌的产品越来越多。

(2) 活动中期的加热

分时段的抢购让消费者无从错过，即使错过第一场，还有第二场、第三场、第四场……微博、QQ 等媒介信息内容不断更新，让还没行动起来的人得以围观，认知到折扣的真实可靠，造成紧张感，于是立即行动，不落于人后。媒体第一时间的报道，在活动期间让更多不知道的人了解到有此活动，即时晒出交易额数，让活动备受关注。

(3) 活动结束后的保温

淘宝品牌持续增加推广，让活动结束后没有来得及下手的消费者仍能得到一些折扣；淘宝论坛、微博等的持续炒作，消费者纷纷晒出自己当天的战果，给折扣的真实度予以实际的证明；自我曝光活动，包括将当天各时段的惊人交易额通过各大媒体争相播报，引起各方舆论。活动虽然结束，但是人们的议论却比之前更加声势浩大了。

3. 淘宝网使用的营销手段

淘宝网采取的促销手段非常丰富，环环相扣。

（1）半价包邮

低价本身具有巨大的诱惑力，当“半价”与“包邮”两个词联合起来的时候，许多人的消费欲望就会膨胀，本来可买可不买的东西，就成了想买的东西，本来不想买的东西，因为半价，也成了想买的东西。

（2）限时抢购

打出“仅此一天”的口号，以机不可失、失不再来的姿态最大量地集中消费者。通过限时来刺激大家的购物神经，使消费者处于一种不理智的状态，互动式游戏，寓“购”于乐。

任务实施

实例1　百度外卖。

百度外卖是由百度打造的生活服务平台，提供在线订餐服务，主要针对中高端白领市场，支持全国一、二线城市，白领、学生、家庭、团体餐全覆盖，订餐可以通过PC端网站、独立手机客户端及依托于百度地图“附近”功能的子页面进行操作。百度外卖极其在乎品质和用户体验，消费者通过手机客户端可以快速精准地定位到当前位置，并搜索到附近的美食、水果、咖啡、蛋糕等外卖信息，想在哪儿吃在哪儿吃，想吃什么吃什么，随时随地下单，快速配送到手，完成一次足不出户的美味体验。

操作流程如下。

1）在百度搜索栏输入“百度外卖”，打开百度外卖官网。输入你当前所在的位置，单击“搜索”按钮，页面如图1.3所示。

图1.3　百度外卖首页

2）单击所要选择的商品，放入购物车中。

3）填写订单信息，单击“保存送餐信息”按钮即可。物流会将所订的商品送到目的地。

实例 2　网上购买生日礼物。

一名学生在外地求学，在她母亲生日来临之前，她很想为母亲送上一束鲜花表达心意，于是在网上查询了家乡的几家网上鲜花店，为母亲订购了一束鲜花，留下了对母亲的生日赠言。在母亲生日那天，鲜花店为母亲送去了一束鲜花。收到来自远方女儿的生日祝福，母亲禁不住流下了欣喜的热泪。操作流程如下。

1）首先申请一张网上银行卡，并且为网上银行卡充值。

2）打开 http://www.songhuaren.net，在产品分类中选择“生日”。

3）填写订单，选择配送方式和支付方式，按照网上页面的提示进行操作，即可完成网上购买鲜花的操作。

实例 3　网上预订旅游。

国庆节快到了，李女士想与家人一起外出旅游，她需要了解一些游泳线路、当地气温、旅行社的情况，为此，她上网进行了查询，经过对比多家旅行社的方案，最后选择了国际旅行社“五日游”方案，并且在网上办理了预订手续，同时在网上了解了当地的气候情况，为旅游做好了充分的准备。操作流程如下。

1）打开携程旅行网（http://www.ctrip.com），可按照网页的提示，查询酒店、当地气温、旅行社情况，在“旅游度假”栏还可以查出旅行方案。

2）网上自订出行计划，办理预订手续。

实例 4　网上报名。

吉林大学的张同学今年上大学一年级，听说大学期间要参加英语四、六级考试，报名是在网上报名，于是张同学就开始在网上查找英语报名系统平台，很顺利地在网上完成了英语四级考试的报名。下一步只要复习好英语就可以了。操作流程如下。

1）首先申请一张网上银行卡，并且为网上银行卡充值。

2）打开吉林省全国大学外语四、六级考试报名系统（http://cet.jlste.com.cn/cet），在网站首页，单击“新生注册”按钮，注册新用户。

3）登录网站，进入网上报名系统，选择地区、学校、级别，并填写相关信息，根据所要求的照片规格标准，上传照片，并确认上传照片无误，等待现场缴费通过审核，即可完成网上英语四级报名的操作。

任务 1.2　电子商务与传统商务的比较

任务介绍

电子商务的普及，让我们不得不去了解电子商务的定义、分类及组成等基本概念，以及电子商务与传统商务的区别，从而更加深刻地掌握电子商务的相关知识。

相关知识

1.2.1　电子商务的定义

事实上，到目前为止还没有一个较为全面的、具有权威性的、能够为大多数人接受的电子商务的定义。各种组织、政府、企业、学术团体等都依据自己的理解和需要对电子商务提出了各自的见解。这些定义各有不同的侧重点。

1. 联合国经济合作与发展组织的定义

联合国经济合作与发展组织在有关电子商务的报告中对电子商务的定义是：电子商务是发生在开放网络上的企业之间（Business to Business）、企业和消费者之间（Business to Consumer）的商业交易。

2. 全球信息基础设施委员会的定义

全球信息基础设施委员会给出的定义是：电子商务是运用电子通信手段进行的经济活动，通过这种方式人们可以对带有经济价值的产品和服务进行宣传、购买和结算。这种交易的方式不受地理位置、资金多少或零售渠道的所有权影响，公有企业、私有企业、公司、政府组织、各种社会团体、一般公民、企业家都能自由地参加广泛的经济活动，包括农业、林业、渔业、工业、私营的或政府的服务业。电子商务能使产品在世界范围内交易并向消费者提供多种多样的选择。

3. 国际标准化组织的定义

国际标准化组织对电子商务的定义是：电子商务是企业之间、企业与消费者之间信息内容与需求交换的一种通用术语。

4. IBM 公司的定义

IBM 公司的电子业务（E-business）概念包括三个部分：企业内部网、企业外部网、电子商务，它所强调的是在网络环境下的商业化应用，不仅仅是硬件和软件的结合，也不仅仅是通常意义下的强调交易的狭义的电子商务，而是把买方、卖方、厂商及其合作伙伴在互联网（Internet）、内联网（Intranet）和外联网（Extranet）方面结合起来的应用。它同时强调这三部分是有层次的：只有先建立良好的内联网，建立好比较完善的标准和各种信息基础设施，才能顺利扩展到外联网，最后扩展到电子商务（E-commerce）。

从以上定义可以看出，电子商务伴随着互联网的出现而诞生。电子商务是指通过互联网进行的销售商品、提供服务等经营活动。例如，通过互联网，企业可以销售笔记本电脑，为客户提供软件下载服务，进行个人计算机远程修复，进行远程医疗服务等。

1.2.2 电子商务的组成要素与基本框架

电子商务的基本组成要素有网络、用户、证书授权中心、物流配送（配送中心）、银行、商家等，其系统结构如图 1.4 所示。

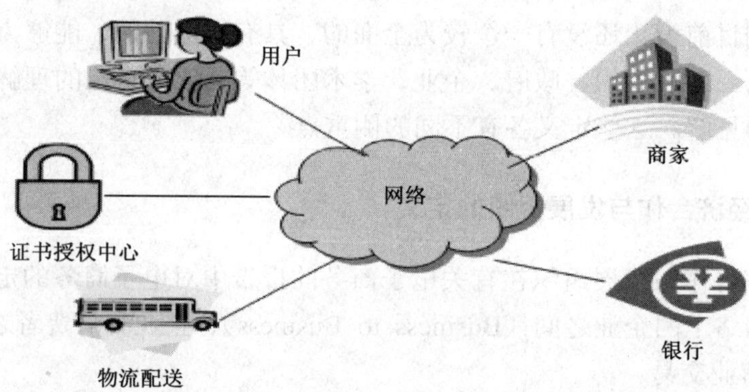

图 1.4 电子商务的基本组成要素

1. 网络

网络包括互联网、内联网、外联网。互联网是电子商务的基础，是商务、业务信息传送的载体；内联网是企业内部商务活动的场所；外联网是企业与企业及企业与个人进行商务活动的纽带。本书所阐述的电子商务是指在互联网上进行的商务活动。

2. 用户

电子商务用户可分为个人用户和企业用户。个人用户使用浏览器、电话等接入互联网。企业用户建立企业内联网、外联网和企业管理信息系统，对人、财、物、供、销、存进行科学管理。企业利用互联网网页站点发布产品信息、接受订单等，如要在网上进行销售等商务活动，还要借助电子报关、电子报税、电子支付系统与海关、税务局、银行进行有关商务、业务处理。

3．证书授权中心

证书授权中心（Certificate Authority, CA）是法律承认的权威机构，负责发放和管理数字证书，使网上交易的各方能互相确认身份。数字证书是一个包含证书持有人、个人信息、公开密钥、证书序号有效期、发证单位的电子签名等内容的数字文件。

4．物流配送（配送中心）

配送中心接受商家的送货要求，组织运送无法从网上直接得到的商品，跟踪商品的流向，将商品送到消费者手中。

5．银行

银行可在互联网上实现传统银行的业务，为用户提供 24 小时实时服务；与信用卡公司合作，发放电子钱包，提供网上支付手段，为电子商务交易中的用户和商家服务。

电子商务的任何一笔交易都包含 3 种基本的“流”，即物流、资金流和信息流。

物流主要是指商品和服务的配送和传输渠道，对大多数商品和服务来说，物流可能仍然经由传统的经销渠道，而对有些商品和服务来说，可以直接以网络传输的方式进行配送，如各种电子出版物、信息咨询服务、有价信息等。资金流主要是指资金的转移过程，包括付款、转账、兑换等过程。信息流既包括商品信息的提供、促销营销、技术支持、售后服务等内容，也包括诸如询价单、报价单、付款通知单、转账通知单等商业贸易单证，还包括交易方的支付能力、支付信誉、中介信誉等。

企业电子商务的基本框架如图 1.5 所示。企业实体上游连接供应商，下游连接客户，因此，供应商管理与客户管理已成为企业管理不可缺少的内容。在虚拟商务中，交易安全问题是人们普遍关注的问题，因而需要相应的安全认证。

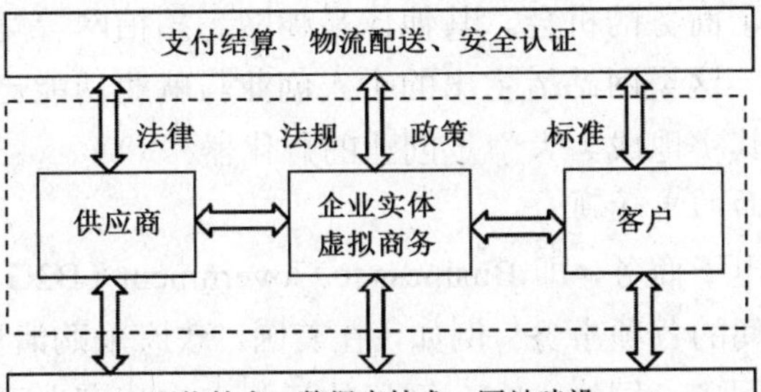

图 1.5 企业电子商务的基本框架

1.2.3 电子商务的分类

1. 按照交易对象分类

在电子商务交易中，按照交易对象分类，电子商务主要分为4种类型。

(1) 企业与消费者之间的电子商务

企业与消费者之间的电子商务，即Business to Customer（B2C）。电子商务类似于联机服务中进行的商品买卖，是利用计算机网络使消费者直接参与经济活动的高级形式。这种形式基本等同于电子化的零售，它随着万维网（WWW）的出现迅速地发展起来。目前，在互联网上遍布各种类型的商业中心，提供从鲜花、书籍到计算机、汽车等各种消费商品和服务。传统企业都根据各自销售商品的经验使用电子商务平台进行此类商务活动，如当当网就是将传统的图书销售虚拟到互联网上，经过多年经营成为全球最大的中文网上书店。

(2) 企业与企业之间的电子商务

企业与企业之间的电子商务，即Business to Business（B2B）。目前，人们又将B2B模式区分为面向交易市场的水平B2B电子商务和面向制造业或商业的垂直B2B电子商务两种。前一种模式是指将买方与卖方会聚到一个市场上来进行信息交流，如拍卖、交易和库存管理等。阿里巴巴是这一模式的电子商务的典型代表。阿里巴巴是一个面向全球的、开放的网络交易平台。一些企业在这个开放的平台中为每笔交易寻找最佳伙伴，与伙伴进行从订购到结算的全部交易行为。一些企业在这个开放的平台上相互之间持续地进行交易，为了相同的经济利益，共同进行设计、开发或全面进行市场及库存管理等商务活动。垂直B2B电子商务模式可以分为两个方向，即上游与下游。生产商与零售商可以与上游的供应商之间形成供货关系，生产商与下游的经销商之间可以形成销货关系，它们都借助网络来开展相互间的商业活动。这样的电子商务活动通常只限于需要某一类商品的企业，或者说某一行业的企业。

(3) 消费者与消费者之间的电子商务

消费者与消费者之间的电子商务，即Customer to Customer（C2C）。淘宝网是这一类型的电子商务的典型代表。淘宝网为消费者提供了一个"个人对个人"的交易平台，给淘宝网的每位访问者参与电子商务的机会。其他像易趣网、拍拍网等竞拍网站都属于此类型的电子商务网站。在我国，这类网站衍生出的个人创业与就业功能已经为广大青年学生普遍看好，淘宝网已经名副其实地成为大学生创业的孵化器。

(4) 企业与政府方面的电子商务

企业与政府方面的电子商务，即Business to Government（B2G）。电子商务这种商务活动覆盖企业与政府组织间的各项事务。例如，在美国，政府采购清单可以通过互联网发布，公司可以以电子化方式回应。同样，在公司税的征收上，政府也可以通过电子交换方式来完成。目前在这方面的应用还很少，但随着政府利用自己的行为去促进电子商务的发展，相关业务一定会迅速增长。美国政府就已经宣布从1997年1月起将通过电子数据交换完成政府年度采购任务，并于1999年最终取消纸面单证。

2. 按照商务活动内容分类

按照商务活动的内容分类，电子商务主要包括两类商业活动。

（1）间接电子商务

间接电子商务活动即有形货物的电子订货，它仍然需要利用传统渠道如邮政服务和商业快递车送货。

（2）直接电子商务

直接电子商务即无形货物和服务，如计算机软件、娱乐内容的联机订购、付款和交付，或者是全球规模的信息服务。

直接和间接电子商务均提供特有的机会，同一公司往往二者兼营。间接电子商务要依靠一些外部要素，如运输系统的效率等。直接电子商务能使双方越过地理界线直接进行交易，充分挖掘全球市场的潜力。

3. 按照使用网络类型分类

根据使用网络类型的不同，电子商务目前主要有 3 种形式：第一种形式是电子数据交换（Electronic Data Interchange，EDI）商务，第二种形式是互联网商务，第三种形式是内联网商务。

（1）EDI 商务

按照国际标准组织的定义，EDI 商务是将商务或行政事务按照一个公认的标准，形成结构化的事务处理或文档数据格式，从计算机到计算机的电子传输方法。简单地说，EDI 就是按照商定的协议，将商业文件标准化和格式化，并通过计算机网络，在贸易伙伴的计算机网络系统之间进行数据交换和自动处理。

EDI 主要应用于企业与企业、企业与批发商、批发商与零售商之间的批发业务。相对于传统的订货和付款方式，EDI 大大节约了时间和费用。相对于互联网，EDI 较好地解决了安全保障问题。这是因为，使用者均有较可靠的信用保证，并有严格的登记手续和准入制度，加之多级权限的安全防范措施，从而实现了包括付款在内的全部交易工作电脑化。

但是，由于 EDI 必须租用 EDI 网络上的专线，即通过购买增值网服务才能实现，费用较高；也由于需要有专业的 EDI 操作人员，需要贸易伙伴也使用 EDI，从而阻碍了中小企业使用 EDI。加之早期计算机昂贵，调制解调器（Modem）的速率只有 300b/s，商品软件少，许多应用程序需要自行开发，因此只有大公司才有能力使用 EDI，这种状况使 EDI 虽然已经存在了 20 多年，但至今仍未广泛普及。近年来，随着计算机降价、互联网络的迅速普及，基于互联网、使用可扩展标记语言（Extensible Markup Language，XML）的 EDI（即 Web-EDI，或称 Open-EDI）正在逐步取代传统的 EDI。

（2）互联网商务

互联网商务是国际现代商业的最新形式。它以计算机、通信、多媒体、数据库技术为基础，通过互联网络，在网上实现营销、购物服务。它突破了传统商业生产、批发、零售及进、销、存、调的流转程序与营销模式，真正实现了少投入、低成本、零库存、高效率，避免了商品的无效搬运，从而实现了社会资源的高效运转和最大节余。消费者可以不受时间、空间、厂商的限制，广泛浏览，充分比较，模拟使用，力求以最低的价格获得最满意的商品和服务。

(3) 内联网商务

内联网商务是在互联网基础上发展起来的企业内部网。它在原有的局域网上附加一些特定的软件，将局域网与互联网连接起来，从而形成企业内部的虚拟网络。内联网与互联网之间最主要的区别在于内联网内的敏感或享有产权的信息受到企业防火墙安全网点的保护，它只允许有授权者介入内部 Web 网络，外部人员只有在许可条件下才可进入企业的内联网。内联网将大、中型企业分布在各地的分支机构及企业内部有关部门和各种信息通过网络予以连通，使企业各级管理人员能够通过网络读取自己所需的信息，利用在线业务的申请和注册代替纸张贸易和内部流通的形式，从而有效地降低了交易成本，提高了经济效益。

任务实施

以购买手机为例，比较电子商务与传统商务运作过程，操作流程如下。

1）交易前的准备。

2）贸易磋商过程。

3）合同的签订与执行。

4）支付过程。

5）填写表 1.1，完成本次课程的学习任务。

表 1.1 电子商务与传统商务的运作过程比较

项 目	传统商务	电子商务
交易前的准备	通过报纸、电视、户外媒体等各种广告形式宣传自己的商品信息	交易的供需信息都是通过交易双方的网址和网络主页完成的，双方信息的沟通具有快速和高效率的特点
贸易磋商过程	贸易双方进行口头磋商或纸面贸易单证的传递过程。各种正式的贸易单证主要通过邮寄方式传递	将纸面单证在网络和系统的支持下变成了电子化的记录、文件和报文在网络上的传递过程
合同的签订与执行	交易双方必须以书面形式签订具有法律效力的商贸合同，以确定磋商的结果和监督执行的办法	电子商务环境下的网络协议和电子商务应用系统的功能保证了交易双方所有的贸易磋商文件的正确性和可靠性
支付过程	支付一般有支票和现金两种方式。支票方式多用于企业的商贸全过程；现金方式常用于企业对个体消费者的商品零售过程	资金支付采用信用卡、电子支票、电子现金和电子钱包等形式，完成网上支付

知识扩展

电子商务的发展历程

电子商务的发展大致分为三个阶段：20 世纪 60 年代至 80 年代末期基于 EDI 的电子商务；20 世纪 90 年代至 20 世纪末基于互联网的电子商务；21 世纪初基于普及计算机的移动电子商务。

（1）基于 EDI 的电子商务（20 世纪 60 至 80 年代末期）

早在 20 世纪 60 年代，人们就开始用电报报文发送商务文件；70 年代人们又普遍采用方便、快捷的传真机来代替电报发送商务文件；到了 80 年代，人们开始采用 EDI 作为企业间商务的应用技术，这就是电子商务的雏形。

自从 EDI 在美国诞生之后，EDI 的国际标准也经过了不断的酝酿、发展与完善。目前，欧洲使用 EDIFACT 标准，北美则使用 ANSI X.12。X.12 已遍及北美各行业，已有 100 多个数据交易集。亚太地区使用的 EDI 标准主要是 EDIFACT。早期的 EDI 是在被称为增值网的专用网络上实现的，当时的出发点主要是基于安全性的考虑，但由于一般中小企业面对高昂的 EDI 硬件成本只能望而却步，使得 EDI 成为商业“贵族”们之间的技术，这就极大地影响了 EDI 的普及与应用。

（2）基于互联网的电子商务（20 世纪 90 年代至 20 世纪末）

20 世纪 90 年代中期，互联网迅速地发展起来，仿佛一夜之间就建成了一个连接全世界的网络，各种互联网站如雨后春笋般地出现，整个互联网络不断地扩容、提速，ISP 提供的服务越来越多，互联网的使用费用越来越低。互联网对传统的 EDI 造成了强烈的冲击，与增值网络相比，互联网可以极大地扩大参与 EDI 的交易范围而只需付出低廉的费用，Web 技术使 EDI 软件可以以网页的形式来实现，基于互联网的 EDI 迅速取代了传统的 EDI，成为现代 EDI 的主要形式，为广大商业企业带来了更多的商机和效益。

更为重要的是，互联网的强大功能使得 EDI 之外的各种商务活动纷纷进入这个王国，使电子商务从 EDI 走向了真正意义上的电子商务，并成为互联网应用的新热点。而 WWW 技术在互联网上的应用，则是电子商务的转折点。WWW 带来的规模效应和范围效应降低了企业的业务成本，提高了企业业务活动的多样性。同时 WWW 也为小企业创造了机会，使它们能够与实力雄厚的跨国大公司在平等的技术基础上展开竞争。

（3）基于普及计算机的电子商务

21 世纪初移动通信技术的迅猛发展和普及，通过手机、个人数字助理、寻呼机等移动通信设备与互联网有机结合进行电子商务成为可能。支撑普及计算应用的基础设施也正在逐渐进入我们生活的每个角落，移动通信技术和其他技术的完美结合创造了移动电子商务，但真正推动市场发展的却是服务。移动电子商务能够提供这样的服务：个人信息管理、银行业务、交易、购物、基于位置的服务（Location Based Service）、娱乐等。当然，与基于有线互联网的传统电子商务一样，移动电子商务也并不是所有业务流程都能实现的。

移动电子商务因其快捷方便、无所不在的特点，已经成为电子商务的发展方向。美国冠群电脑公司移动电子商务产品管理总监谢涛玲认为：只有移动电子商务能在任何地方、任何时间真正解决做生意的问题。美国旧金山负责跟踪移动通信产业发展状况的特利菲亚公司总裁约翰·狄非尔说：移动电子商务从长远看具有超越传统电子商务规模的潜力。无线电子商务之所以拥有超过传统有线互联网电子商务的能力，是因为移动电子商务具有一些无可匹敌的优势。

互联网可与19世纪问世的铁路与电话媲美，它对整个世界的经济、政治等方面产生了十分广泛和深远的影响，改变了人类的工作和生活方式。在电子商务情形下，产品和服务能在网上订购甚至快速下载，买卖双方所处的位置已变得无关紧要了，世界正以电子商务形式进入“无场所经济”。电子商务将在21世纪的世界经济中扮演日益重要的角色。面对全球电子商务的机遇与挑战，我们要认真应对，适时营造出有利于其健康发展的“硬件”和“软件”环境。

知识回顾

本项目通过对电子商务的感性认识，引入电子商务的定义、电子商务的组成要素、电子商务的分类等内容，使学生加深对电子商务的理解，通过任务实施进一步理解电子商务与传统商务的区别。

拓展训练

技能训练 1-1 在淘宝网上购买一件商品，体验购物流程。

实训内容和要求：

1）访问淘宝网站。

2）选择产品。

3）将完成产品的订单截屏，通过电子邮件发给老师。

技能训练 1-2 调研本省阿里巴巴诚信通企业的经营状况。

实训内容和要求：

1）访问阿里巴巴网站，调研本省诚信通企业的相关信息。

2）按表1.2所示填写相应的数据。

表 1.2 本省诚信通企业的调研表

序号	企业网址	企业名称	企业联系方式	主要经营产品	经营模式	人气指数	其他
1							
2							
3							
调研总结							

3）将完成的表格截屏，通过电子邮件发给老师。

项目 2

电子商务模式

案例引入

1 号店商业模式

1 号店网上超市是在中国规模、品类均占行业领先地位的 B2C 电子商务企业，由上海益实多电子商务有限公司投资创办。1 号店自上线以来已拥有上千个供应商、数百个品牌合作商，线上销售商品涉及食品饮料、美容护理、厨卫清洁、母婴玩具、电器、家居、营养保健、礼品卡等十大类，共计 10 万多种商品，志在为顾客提供生活用品的一站式网上购物服务。

1 号店的使命是“用先进的系统平台和创新的商务模式为顾客和商家创造最大价值”，它的目标是打造“网上沃尔玛”，打造一个综合性电子商务 B2C 平台。“1 号店，只为更好的生活”，这是 1 号店对自己的定位，让用户可以以“比超市更便宜的价格”购买到与家息息相关的各类商品，包括食品饮料、美容护理、家居家电、厨卫清洁、母婴玩具等几大类产品。1 号店要为顾客提供一种全新的生活方式。正是这种生活方式的改变，给客户带来了不一样的体验与价值。

1 号店的目标用户主要定位于网络购物活跃的用户，尤其是白领阶层。现代白领生活节奏快，工作压力大，零碎时间多，这为网购提供了非常有利的契机。1 号店从技术上实现实时购物，让消费者可以充分利用这些时间，完成原本琐碎、耗时的家庭日常采购“任务”。

从 1 号店电子商务成功案例中可以得到以下启示。

(1) 力争将 1 号店打造成“网上沃尔玛”，让用户可以以比超市更便宜的价格购买到包括食品饮料、家居家电等商品，立足于生活必需品的供应。

(2) 为顾客提供一种全新的生活方式，带给客户不一样的体验与价值。超市行业的平均毛利率为 20%～25%，1 号店超市省去了实体店面和大量人员成本，多了配送和包装成本，成本算下来比传统超市还低 3%～5%。

任务 2.1 C2C 电子商务模式

任务介绍

有一名大学生要毕业了，手上有一台较新的台式电脑准备在网上拍卖。如何选择网络平台？怎样进行登记拍卖的商品？请大家帮助他完成这个任务。

相关知识

2.1.1 C2C 电子商务的含义及特点

1. C2C 电子商务的含义

C2C 电子商务指通过消费者与消费者互联网进行相互之间的个人交易，即消费者与消费者之间通过网络进行产品或服务的经营活动。

C2C 交易平台是为买卖双方提供的在线交易的平台，在该平台的支持下，卖方可以自行提供商品上网展示销售，买方可以自行选择商品拍下付款或以竞价方式在线完成交易支付。

2. C2C 电子商务的特点

C2C 模式最能够体现互联网的精神和优势，数量巨大、身处不同地域的买方和卖方通过交易平台找到合适的对象进行交易，在传统领域要实现这样的工程几乎是不可想象的。

C2C 电子商务主要有如下特点。

1）用户数量大、分散，往往身兼多种角色，可以是买方，也可以是卖方。

2）买卖双方在第三方交易平台上交易，由第三方交易平台负责技术支持及相关的服务。

3）没有自己的物流体系，依赖第三方物流体系。

4）单笔交易的交易额小，相当一部分交易采用货到付款的支付形式。

5）个人网店平均寿命短，绝大多数网店寿命不到一年。

6）交易中如果发生纠纷，很难解决。

目前，国内比较大型的 C2C 交易平台主要有淘宝网（www.taobao.com）、易趣网（www.eachnet.com）和拍拍网（www.paipai.com）。如图 2.1 所示是淘宝网的首页。

图 2.1　淘宝网首页

2.1.2　C2C 电子商务的表现形式

1．电子公告板

电子公告板（Bulletin Board System，BBS）的传输方式主要是为消费者提供一种交易的平台，让网上会员能自由地传递信息或进行在线交易等。

在淘宝网上，我们可以通过淘宝论坛进行在线沟通。具体步骤为：打开淘宝网主页，网页右侧有“公告、论坛、规则、安全、公益”一栏，单击“论坛”按钮，即进入淘宝论坛，淘宝论坛首页如图 2.2 所示。

图 2.2　淘宝论坛首页

2. 网络竞标

网络竞标是指通过网络来对产品进行标价的经营方式。在此网站可以进行国内贸易和进出口贸易的招投标业务。如图 2.3 所示为中国招标信息网首页。

图 2.3 中国招标信息网首页

3. 网上拍卖

网上拍卖将传统拍卖变为电子作业方式，标价机制从本质上来说是相同的，但网上拍卖的交易方式较为节省成本、提高效率。淘宝网上的所有卖家都可以发布拍卖商品，所有买家都可以参加拍卖商品的竞拍，但是对买卖双方都有一定的限制和要求。

2.1.3 C2C 电子商务交易的流程

在 C2C 电子商务中，参与主体主要包括消费者与服务中介平台。C2C 电子商务交易流程如图 2.4 所示。

1）卖方进入拍卖网站，上传拍卖物品，确定起拍价、竞价阶梯、截止日期等信息。

2）系统认证所填拍卖信息的正确性和认证用户的合法性，如果一切都正确则显示上传成功。

3）竞拍方选择所要拍卖的物品，进入竞拍页面参与竞拍。

4）填写竞拍的必需信息和可选信息。

5）系统认证所填竞拍信息的正确性和用户的合法性，如果一切都正确则显示竞拍成功。

6）买卖双方成交，买方付款，卖方交货，交易完成。

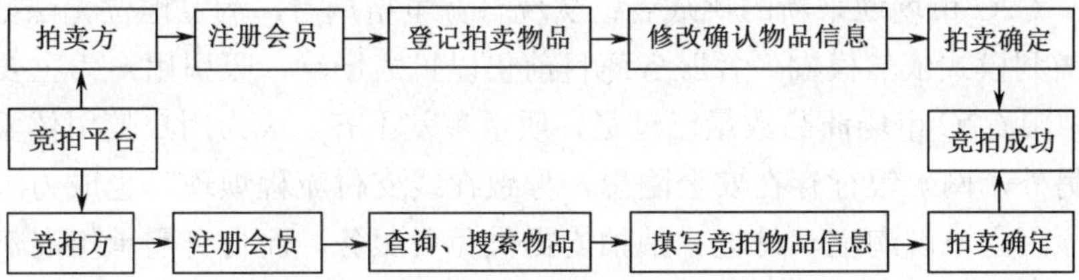

图 2.4　C2C 电子商务交易流程

2.1.4　C2C 电子商务发展的现状和前景

1．C2C 电子商务发展的现状

C2C 模式的产生以 1998 年易趣网的成立为标志，目前采用 C2C 模式的主要有 eBay 易趣、淘宝、拍拍等公司。C2C 电子商务模式是一种个人对个人的网上交易行为，目前 C2C 电子商务企业采用的运作模式是通过为买卖双方搭建拍卖平台，按比例收取交易费用，或者提供平台方便个人在上面开店铺，以会员制的方式收费。虽然我国网民已经突破了 1 亿人，市场规模巨大，但由于受一些条件的制约，我国的 C2C 电子商务仍然处于融资烧钱聚集用户阶段，并未形成成熟的盈利模式。零售电子商务的三个基本要素是信息流、物流与资金流，C2C 已经基本解决，目前真正的难点在于交易信用与风险控制。互联网突破了地域的局限，把全球变成一个巨大的“地摊”，而互联网的虚拟性决定了 C2C 的交易风险更加难以控制。这时，交易集市的提供者必须处于主导地位，必须建立起一套合理的交易机制，一套有利于交易在线达成的机制。eBay 之所以在美国发展得如此之快，除了有赖于 PayPal 这套支付工具外，与美国社会完善的信用体系是分不开的。在美国的 C2C 交易中，PayPal 既扮演了收单商家的角色，又扮演了银行的角色，这种双重角色使得 PayPal 聚拢了买方与卖方的大量资金，掌握着买卖双方的交易与信用状况。我国电子商务网站推出的“支付宝”、“安付通”等支付工具以及赔付制度在很大程度上改善了购买信任危机，但 C2C 市场要想彻底突破这些制约，仍需要较长时间的培育过程。

2．C2C 电子商务的发展前景

中国网民人数持续高速增长，互联网逐步成为国家基础设施，电子商务发展成为国家经济规划的重要组成部分，这些因素都将拉动中国 C2C 电子商务市场的高速增长。淘宝、拍拍、易趣等 C2C 市场主流厂商在平台功能设计及服务方面持续创新，将为 C2C 用户提供更好的使用体验。信用体系也将在 C2C 平台与相应支付系统的共同作用下逐步完善，降低用户在线购物的风险。我国快递业发展迅速，虽存在服务质量不佳问题，但经过多年的发展已有较大改观，已能满足 C2C 市场的基本需求。

从潜在竞争者看，搜索巨头尝试进入 C2C 领域，百度有啊上线，Google 在国外尝试开

展 C2C 业务，C2C 市场迎来新的挑战者；从现有竞争格局看，淘宝地位无法撼动；从盈利性看，C2C 盈利模式依然模糊，各服务商目前仍以扩大影响、吸引用户为主要发展目标。

但是，中国 C2C 市场商品数量已过亿，质量参差不齐，成为用户使用体验不佳的主要原因之一；另外，网上银行存在安全隐患，导致在线支付流程烦琐，也成为阻碍用户使用网络购物的原因之一。淘宝、易趣、拍拍均提供免费服务，而自身需承担高额运营成本，盈利模式成为整个 C2C 产业的压力。

任务实施

1）注册淘宝账户。在淘宝网站中单击“免费注册”，进入淘宝免费注册页面，淘宝网会员免费注册页面如图 2.5 所示。

图 2.5　淘宝网会员免费注册页面

2）单击“同意协议”按钮，进行会员注册，在注册页面填写注册信息，如图 2.6 所示。

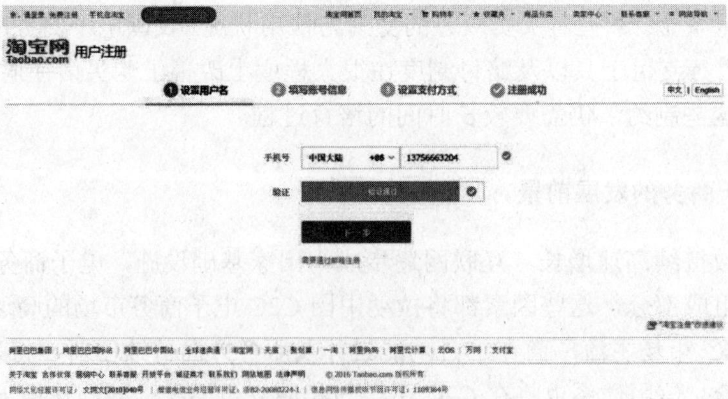

图 2.6　填写注册信息

3）选择拍卖平台。选择淘宝网作为拍卖平台，登录网站 https://sellerhelp.taobao.com/

market/service/index.php?spm=0.0.0.0.hBBxT2&page=sellerIndex，进入淘宝网店的卖家服务中心页面，如图 2.7 所示。

图 2.7　淘宝网店的卖家服务中心页面

4）登录会员，进入“卖家中心”，选择“发布宝贝”。淘宝网店的卖家服务中心页面如图 2.8 所示。

图 2.8　淘宝网店的卖家服务中心页面

5）选择“出售二手闲置”中的“发布商品”，淘宝网店的卖家服务中心二手商品拍卖页面如图 2.9 所示。

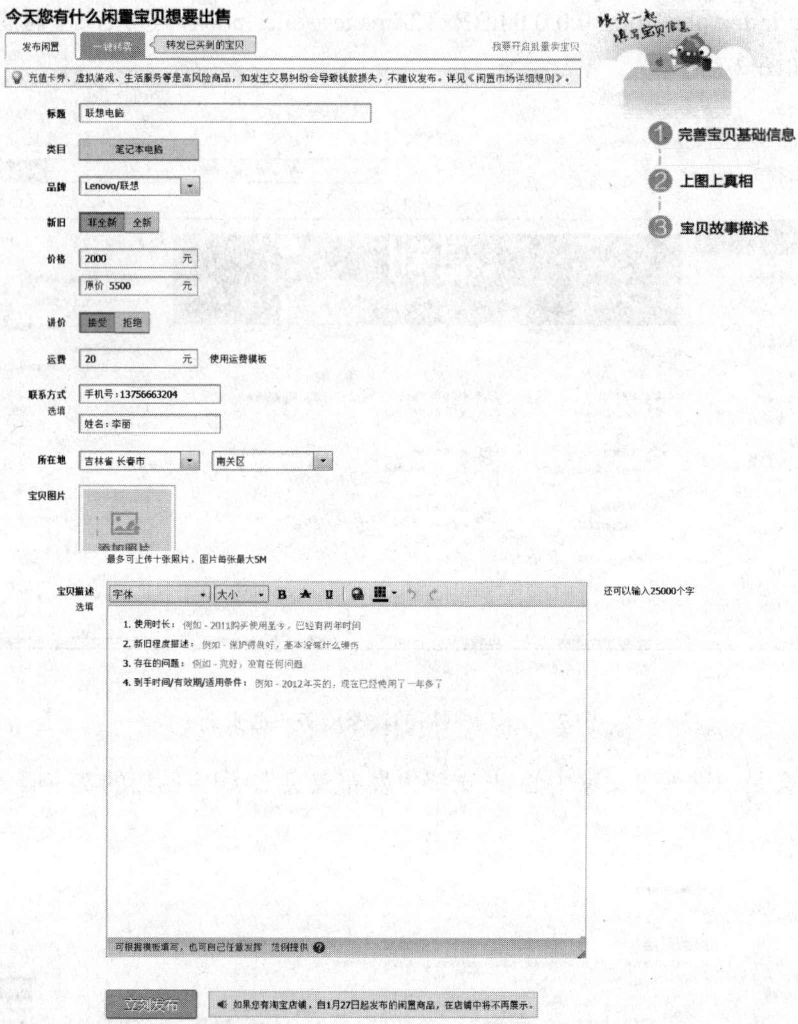

图 2.9　淘宝网店的卖家服务中心二手商品拍卖页面

6）填写拍卖表单，每项都要填写，最后单击“立刻发布”按钮，商品就成功发布了。

任务 2.2　B2C 电子商务模式

任务介绍

张同学要在戴尔官方网站上订购一台笔记本电脑，通过戴尔网站进行特制，按照张同学要求的硬件配置和软件配置，戴尔公司将电脑如期寄到。

相关知识

2.2.1 B2C 电子商务的含义及特点

1. B2C 电子商务的含义

B2C 电子商务是企业通过互联网向网络个人消费者直接销售产品和提供服务的经营方式。B2C 模式可以分为两种：第一种是企业与个人消费者通过网络进行产品销售和购买，是有形商品的交易；第二种是企业与个人消费者通过网络提供服务和得到服务，是无形商品的交易。

2. B2C 电子商务的特点

B2C 电子商务以其完备的双向信息沟通、灵活的交易手段、快捷的物流配送、低成本高效益的运作方式等优势在各行各业展现了强大的生命力。B2C 电子商务的主要特点包括以下 9 个方面。

1）可以没有实物商铺，有利于企业降低销售成本。

2）用户数量巨大，所需要的身份认证、信息安全等方面的技术和管理办法成本低廉，易于大面积推广。

3）支付或转账金额较低（小额支付）。

4）网络上传输的信息可能涉及个人机密，如账号和操作金额等。

5）重视客户服务，较大的企业常设有呼叫中心，有较完善的客户服务体系。

6）经常会出现“一次性客户”，即不注册，不连续使用，只希望在方便的时候使用一下 B2C 服务的客户。

7）网上商店所销售的商品五花八门，从大米、啤酒等生活日用品，到家电、电脑、汽车等，涵盖了人们生活的方方面面。

8）投放的广告大多是单品广告，只用一个页面即可将产品描述得淋漓尽致，切合消费者心理；且经常有线下推广资源的支持。

9）大多数 B2C 电子商务企业依托于成熟的第三方物流专业企业，物流配送效率高、速度快。

2.2.2 B2C 电子商务的基本组成

B2C 电子商务由 4 个基本部分组成：网上商城、物流配送系统、支付结算系统及安全认证系统。B2C 电子商务的购物流程如图 2.10 所示。

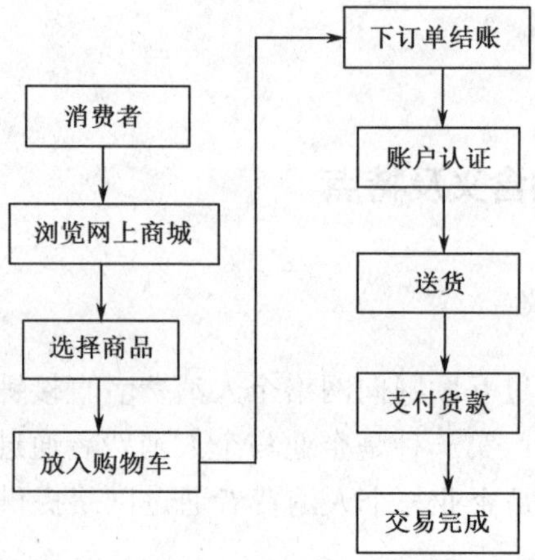

图 2.10　B2C 电子商务的购物流程

1．网上商城

网上商城也称虚拟商场，是商家直接面向消费者的场所，网上商场中以图片的形式陈列了琳琅满目的虚拟商品。京东商城网站如图 2.11 所示。

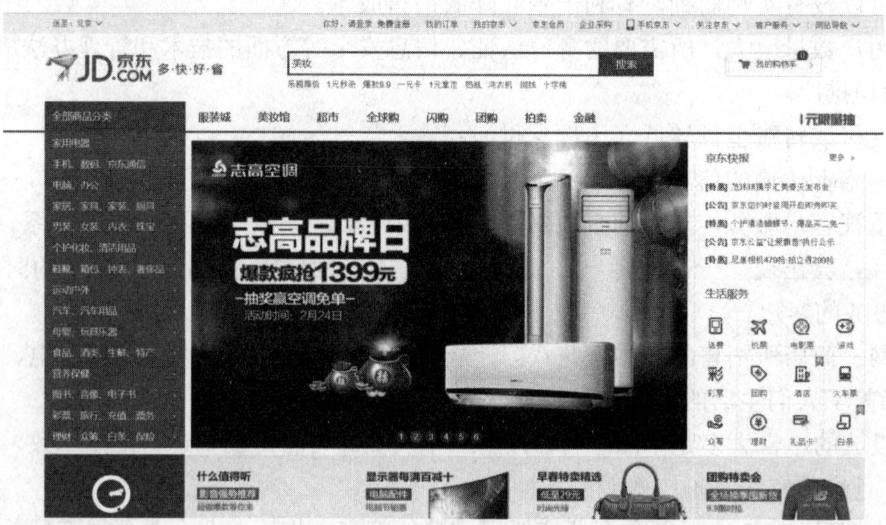

图 2.11　京东商城网站首页

2．物流配送体系

物流配送体系是阻碍虚拟商场发展的一个主要瓶颈。商家根据配送范围的大小可选择不同的配送方式，近距离可以直接送货，远距离可用 EMS 或第三方物流。

目前 B2C 电子商务主要有 4 种物流模式：采用 EMS 服务的物流模式、网站自建配送的物流模式、借助第三方物流企业的模式、网站与传统商业结合的模式。

3. 支付结算系统

支付结算系统为交易活动提供支付货款的平台，支付方式决定了资金的流动过程，目前 B2C 网络支付有信用卡支付方式、智能卡支付方式、电子钱包、电子现金、个人网络银行等几种主要支付方式。近两年 B2C 在我国飞速发展，各种类型的购物网站为消费者提供了大量的商品。但是，由于物流管理体系还不完善，跟不上电子商务的发展速度，以至于形成了配送瓶颈：服务无法控制和保证，对出现的问题响应太慢，外地的配送成本过高、效率低下，可以配送到的城市范围还很小等，诸多问题制约了 B2C 业务的发展。如果对电子商务的物流问题没有足够的认识和充分的重视，电子商务的优势就很难发挥出来。

4. 安全认证

安全认证包括消费者身份确认和支付确认。在 B2C 电子商务模式中，消费者身份确认大多采用电话和电子邮件确认。由于操作技术的复杂性，目前通过 CA 中心的身份确认还不十分普及。有关安全认证方面的内容详见第 7 章。

2.2.3 B2C 的市场规模和发展

B2C 模式是我国最早产生的电子商务模式，以 8848 网上商城的正式运营为标志。目前 B2C 电子商务的付款方式是货到付款与网上支付相结合，而大多数企业的配送选择物流外包方式以节约运营成本。随着用户消费习惯的改变及优秀企业示范效应的促进，网上购物用户迅速增长。这种商业模式在我国已经基本成熟。

影响未来中国 B2C 市场规模的促进因素主要包括：更多的企业进入电子商务领域，使得 B2C 用户的购物选择更加丰富；B2C 企业平台的 IT 建设不断完善，产品展示信息的准确性、快捷性、丰富度都有大幅度提高；电子支付在未来几年中迅猛发展，快捷的支付途径将带来 B2C 消费新体验；政府对中国网络环境基础建设及电子商务的大力扶持。这些因素都将促使未来几年内中国 B2C 市场的飞速发展。

阻碍未来 B2C 互联网支付市场规模的主要因素则包括用户对互联网支付的安全顾虑、我国信用体系的不完善及用户仍然习惯于传统支付渠道等。但这些阻碍力量将随着时间的推移而逐渐减弱，促进力量则将增强，从而促进未来几年 B2C 互联网支付市场规模的快速增长。

任务实施

1）登录戴尔中国主页，戴尔公司主页如图 2.12 所示。

图 2.12 戴尔公司主页

2）选择不同的用户类型进入网站，单击“家庭与个人产品”选项，在弹出的下拉菜单中选择“台式机和一体机”。

3）在“台式机和一体机”选择框中的“产品筛选”项下可以按不同的选项进行筛选，产品横向比较页面如图 2.13 所示。

图 2.13 产品横向比较页面

4）完成筛选后就可以进入商店开始配置个性系统了。在线商店是一个动态更新的页面，可以比较同一机型中不同配置的机器。单击“直接购买”，购买自己定制的配置，可以单击“定制并购买”进行进一步的个性化配置。戴尔在线商店如图 2.14 所示。

图 2.14　戴尔在线商店

5）可以在线选择符合自己需求的配置。每个部件都明确标示了相对差价，每次更改配置，系统将自动更新产品的总价格，并显示在页面的最上方和最下方，方便用户随时查询。系统配件的选择界面如图 2.15 所示。

6）继续选择和计算机相关的其他产品，选购完所有产品后，单击“继续”按钮，这时就有了购物车编号。在本页面还可以使用电子优惠券来获得更多折扣。如果已确认选购的产品及价格，可以单击“继续”按钮进入下一步。

7）填写个人相关信息，并选择适合的支付方式，再单击“继续”按钮。系统将根据你选择的不同支付方式，提供相应的信息，需要记下这些信息以便稍后付款。单击“继续”按钮后，你将被要求接受在线销售条款及相关贸易政策条款，如实填写与选择即可。填写完成后，单击“继续”按钮。

8）现在购物车编号已经形成了你的网上订单参考编号。在这个页面上你可以确认所有的产品信息与你的个人或公司信息。确认无误后，单击“提交订单”按钮，购物订单如图 2.16 所示。

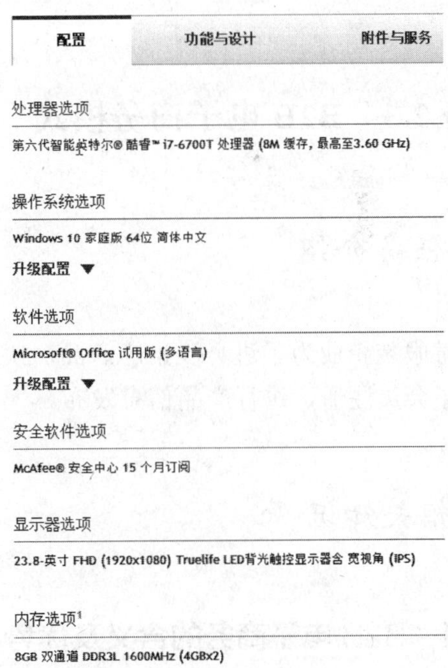

图 2.15　选择系统配件

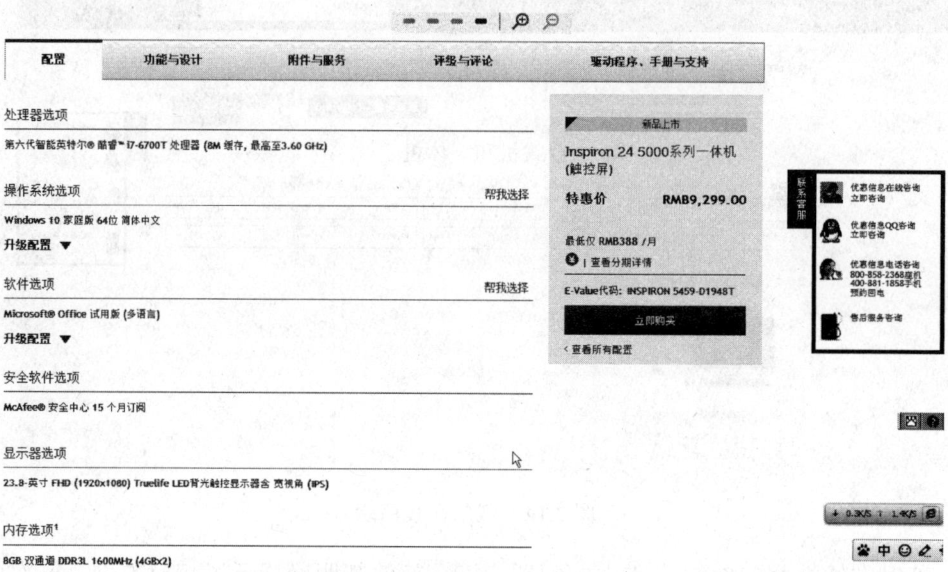

图 2.16　购物订单

任务 2.3　B2B 电子商务模式

任务介绍

某服装企业为了进一步推广产品，决定将产品信息发布到阿里巴巴网站，于是该企业进行了会员注册，进行产品信息发布。

相关知识

2.3.1　B2B 电子商务的含义及优势

1．B2B 电子商务的含义

B2B 电子商务是指企业间通过互联网、外联网、内联网或私有网络，以电子化方式进行交易。这种交易可能是在企业及其供应链成员间进行的，也可能是在企业间进行的。这里的企业可以指任何组织，包括私人或公共的、营利性的或非营利性的。

2. B2B 电子商务的优势

(1) 使买卖双方信息交流快捷、成本低廉

信息交流是买卖双方实现交易的基础。传统商务活动的信息交流是通过电话、电报或传真等工具，而互联网信息是以 Web 超文本（包含图像、声音、文本信息）传输的，后者传输成本更低、更快捷。

(2) 降低企业间的交易成本

首先，对卖方而言，电子商务可以降低企业的促销成本。通过互联网发布企业相关信息（如企业产品价目表、新产品介绍、经营信息等）和宣传企业形象，与传统的电视、报纸广告相比，可以更省钱、更有效。据调查，在互联网上做广告促销，销售量可以提高 10 倍，而费用只是传统广告的 1/10。其次，对买方而言，电子商务可以降低采购成本。传统的原材料采购是一个烦琐的过程。而利用互联网，企业可以加强与主要供应商之间的协作，将原材料采购和产品制造过程两者有机地结合起来，形成一体化的信息传递和处理系统。据通用电气公司的报告称：它们利用电子商务采购系统，可以节约采购费用 30%，其中人工成本降低 20%，材料成本降低 10%。另外，借助互联网，企业还可以在全球市场上寻求最优价格的供应商，而不是只局限于原有的几个商家。

(3) 减少企业的库存

企业为应付变幻莫测的市场需求，通常需保持一定的库存量。但企业高库存政策将增加资金占用成本，且不一定能保证产品或材料是适销货品；而企业低库存政策可能使生产计划受阻，交货延期。因此，寻求最优库存控制是企业管理的目标之一。以信息技术为基础的电子商务则可以改变企业决策中信息不确切和不及时问题。通过互联网可以将市场需求信息传递给企业决策生产，同时也可以把需求信息及时传递给供应商而适时得到补充供给，从而实现“零库存管理”。

(4) 缩短企业生产周期

一个产品的生产是许多企业相互协作的结果，因此产品的设计开发和生产销售最可能涉及许多关联企业，通过电子商务可以改变过去由于信息封闭而造成无谓等待的现象。

(5) 一天 24 小时无间断运作，增加了商机

传统的交易受到时间和空间的限制，而基于互联网的电子商务则是一周 7 天、一天 24 小时无间断运作，网上的业务可以覆盖到传统营销人员和广告促销所达不到的市场范围。

一个完整的电子商务交易过程一般包含 4 种基本的“流”：信息流、商流、资金流和物流。信息流是指有关交易的各种信息的交流；商流是指商品在购销过程中所有权转移的一系列活动；资金流是指交易过程中资金的转移过程；物流是指产品实体从供应者向需求者流动的过程。

2.3.2 B2B 电子商务交易模式

B2B 电子商务有多种交易模式，在本书中我们主要讲述两种：企业自建 B2B 模式（一

对多模式）和多对多市场模式，其中多对多市场模式又包括垂直 B2B 模式和水平 B2B 模式。

1．一对多模式——企业自建 B2B 模式

企业自建 B2B 模式是指企业基于自身的信息化建设程度，搭建以自身产品供应链为核心的行业化电子商务平台。企业通过自身的电子商务平台，串联起行业整条产业链，供应链上下游企业通过该平台实现资讯交换、沟通与交易。目前国内自建网站运作 B2B 模式的大型企业有海尔、联想等。

2．多对多市场模式

(1) 面向制造业或面向商业的垂直 B2B

垂直 B2B 可以分为两个方向，即上游和下游。生产商或商业零售商可以与上游的供应商之间形成供货关系，如戴尔公司与上游的芯片和主板制造商就是通过这种方式进行合作的。生产商与下游的经销商可以形成销货关系，如思科与其分销商之间进行的交易。

垂直网站将买方和卖方集合在一个市场中进行交易。垂直网站是将特定产业的上下游厂商聚集一起，让各阶层的厂商都能很容易地找到物料供应商或买主。在美国，由三大汽车厂所形成的汽车零件交易网便是一种垂直市场，汽车厂不但能很快地找到有足够货源的零件供应商，供应商也可更迅速地将产品销售出去，甚至库存品也可通过拍卖的方式售出。之所以称之为“垂直”网站，是因为这些网站的专业性很强，它们将自己定位在一个特定的专业领域内，如 IT、化学工业、钢铁或农业。

垂直网站成功的关键主要在于以下几点。

1）买卖客户分散。

2）现有供应链效率低。

3）可以吸引足够的主力买卖客户。

4）具备一定的行业专门知识及客户关系。

5）可以提供主要产品目录及相关查询。

6）存在可以发挥已有客户群体优势的邻近行业。

运作垂直网站需要较深的专门技能。且专业化程度越高的网站，越需要投入昂贵的人力资本来处理很狭窄的、专门性的业务，才能发挥该虚拟市场的商业潜能。

垂直网站吸引着更合格、更狭窄且经过预选的参与者，这种市场一旦形成，就具有极大的竞争优势。因此，垂直网站更有聚集性、定向性，它们较喜欢收留团体会员，易于建立起忠实的用户群体，吸引固定的回头客。结果，垂直网站形成了一个集约化市场，而且客户也多是有效客户。这类电子市场是有价值的市场，它们拥有真正有效的购买者。

垂直网站市场面临的最大挑战是很难转向多元化经营或向其他领域渗透，这是由于其拥有的是具备鲜明行业特征的专门知识和客户关系。

(2) 面向中间交易市场的 B2B

这种交易模式是水平 B2B，它是将各个行业中相近的交易过程集中到一个场所，为企

业的采购方和供应方提供了一个交易的机会，像阿里巴巴、环球资源网等。

B2B 只是企业实现电子商务的一个开始，它的应用将得到不断发展和完善，并适应所有行业的企业需要。

水平网站可以将买方和卖方集中到一个市场上来进行信息交流、投放广告、拍卖竞标、交易、库存管理等。水平网站一开始都以提供各大企业采购软件起家，在积累了足够的客户群后才连带建立水平网站，因此这类网站也可视为各大企业内部采购部门的延伸，其主要客户一般是大型企业。之所以用“水平”这一概念，主要是指这种网站的行业范围广，很多的行业都可以在同一个网站上进行贸易活动。表 2.1 显示了水平 B2B 电子商务的利润来源。

表 2.1　水平 B2B 电子商务的利润来源

利润来源	概　述	代　表
交易费用	很多拥有 B2B 电子交易市场的公司都对在其网站上达成的交易收取一定额度的交易费用，通常是交易额的一个百分比。无论是取自买方还是卖方，都是网站的一个主要的收入来源	Chemdex 之类一手包办产品的库存与物流的网站，以及像 Fastparts 一样，仅建立虚拟交易市场让买卖双方见面的网站
拍卖佣金	有买方主导和卖方主导两种拍卖形式，网站向卖方抽取提成。该模式对卖方的好处在于，如果交易不成，则无须付费	Paperexchange 向卖方抽取成交金额的 3%
软件许可费	是大部分 B2B 平台软件商的主要利润来源	拍卖软件商 open market 表示，软件许可费是其相当重要的财源
广告费	目前是许多电子商务公司的主要收费项目。电子商务公司可以对网上显示出来的一切有关商品、商家的信息进行收费，一些网上拍卖市场会对参加拍卖商品的信息展示进行收费。即使一些公司并不把信息展示费看得很重，但它们可以利用对商品征收展示费来保证所列商品的质量。这是因为一般厂家不会花钱将别人不会要的劣等品展示出来，这样可以防止网上商品泛滥，将优质品淹没	Verticalnet 每个网站都有专门的页面，介绍其商品和服务。赞助商广告则以最常见的横幅广告为主。另外，许多拍卖网站也向店家收取商品的登录费用，虽然该收入不是利润的主要来源，却可确保商家的品质与信誉 广告费并不应该是一个盈利的核心。它应该只是一个商业模式的附属品。正如目前许多公司所做的，它们可以免费为一些公司登广告，对信息也不收费，因为它们希望通过这样做增加其他方面的收入，如拍卖佣金等，这些收入的增加可以用来补偿其广告费用，而且有利于促进其品牌的销售
出售“内容”	收集整理厂商目录、客户信息、业界动态等	以 Verticalnet 为代表，其模式是收集不同厂家的产品目录，然后添加搜索功能让买家使用更为方便
节省成本的回报	电子市场为买卖双方带来可观的成本缩减，在此模式当中，网站从商品差价中提成，好处在于将采用新交易模式的投资报酬纳入盈利渠道，如果成本不减反增，则无须付费	互联网咨询业中常见
其他服务费用	专门提供 B2B 所必需的资金流、物流或应用软件等方面的服务，分享利润，如信用卡公司提供的信用认证	如 Corio 的 Emarket 软件专为电子交易市场量身定制，用来集成市场的交易机能与公司的 erp、crm 及 scm 等系统

水平网站成功的关键因素有以下几个。

1）业务处理流程的标准化程度。

2）业务及作业流程自动化处理专业知识。

3）提供内容深层次自动化处理的水平。

4）根据行业差异定制业务处理流程的能力。

2.3.3 B2B 商务模式的运作流程

B2B 商务模式的运作流程如图 2.17 所示。

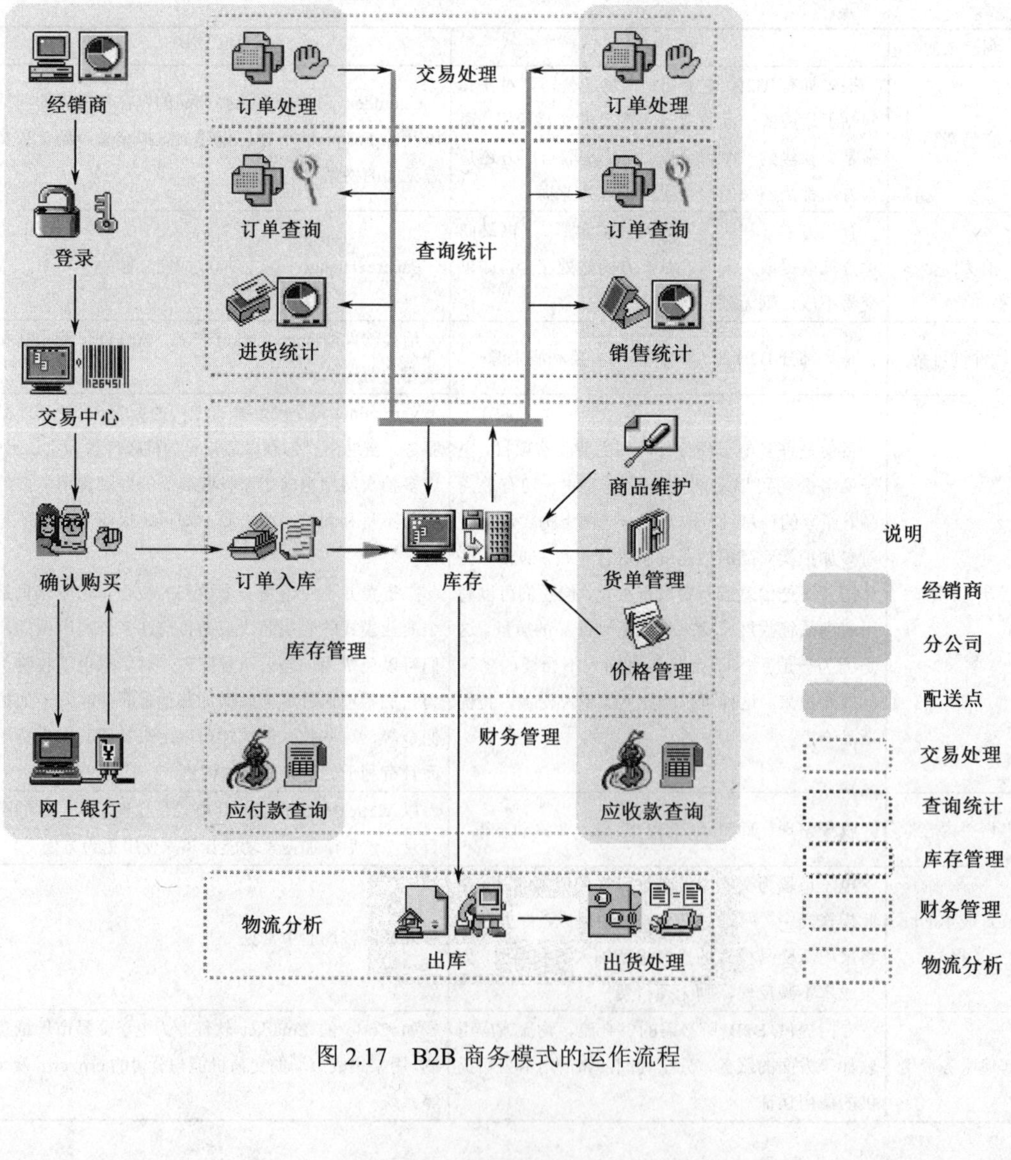

图 2.17 B2B 商务模式的运作流程

任务实施

1）登录阿里巴巴首页 http://www.alibaba.com.cn，如图 2.18 所示。

图 2.18　阿里巴巴首页

2）注册会员（买家与卖家两个身份），填写信息，注册成功，如图 2.19 所示。
3）会员登录，在阿里巴巴中国站浏览与搜索各类信息。
4）使用阿里旺旺进行在线洽谈。阿里旺旺在线洽谈页面如图 2.20 所示。

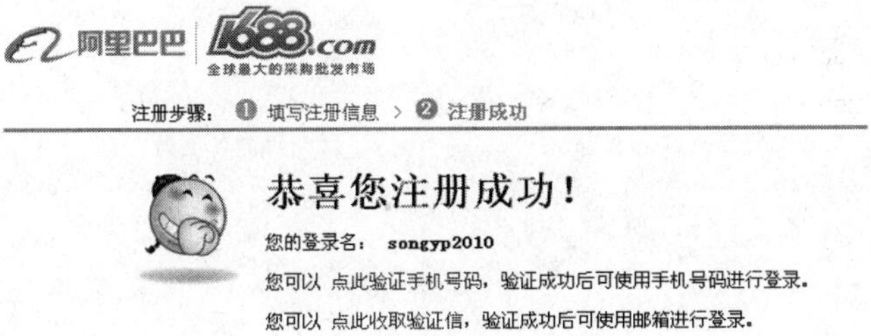

图 2.19　阿里巴巴注册成功

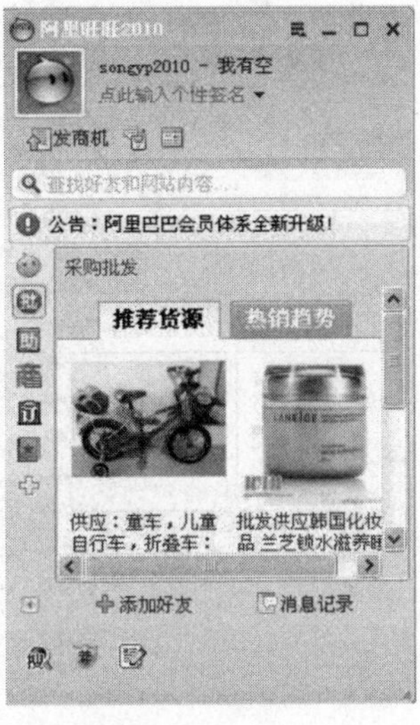

图 2.20　阿里旺旺在线洽谈页面

5）发布商务信息。发布商务信息页面如图 2.21 所示，发布产品表单页面如图 2.22 所示。

图 2.21　发布商务信息页面

在页面上填写详细信息。

图 2.22　发布产品表单页面

发布供应信息表单页面如图 2.23 所示。

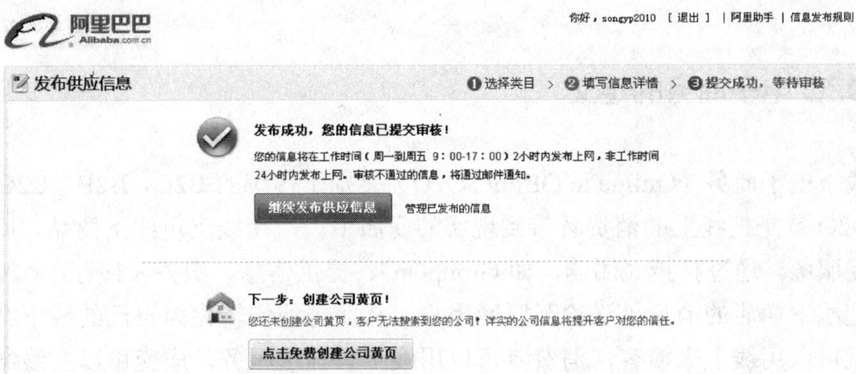

图 2.23　发布供应信息表单页面

发布求购信息表单页面如图 2.24 所示。

6）在阿里巴巴上进行交易。搜索到商品，使用支付宝支付货款。支付宝支付货款页面如图 2.25 所示。

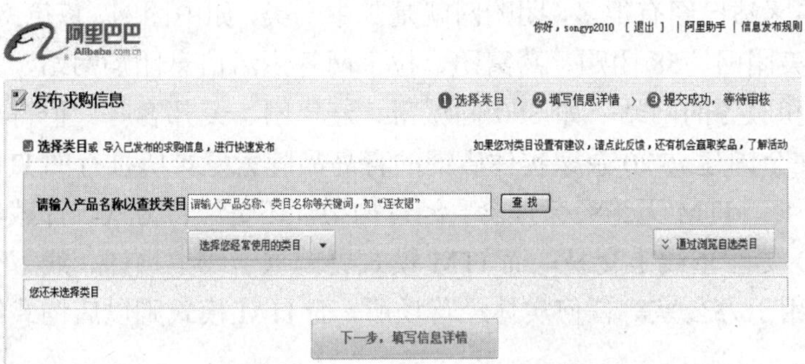

图 2.24　发布求购信息表单页面

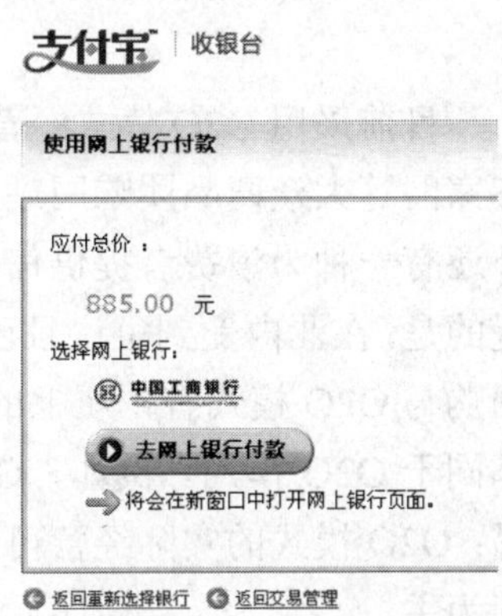

图 2.25　支付宝支付货款页面

7）付款之后，卖家发货，交易完成。

任务 2.4　O2O 电子商务模式

任务介绍

某高职院校电子商务专业的一名大学生即将毕业了，想进入一家线上线下有实体店的大型超市工作，那么我们首先要帮助他了解一下 O2O 线上线下运营的相关情况。

相关知识

2.4.1 O2O 电子商务的定义

线上线下电子商务（Online to Offline, O2O）有别于传统的 B2C、B2B、C2C 等电子商务模式。O2O 就是把线上的消费者带到现实的商店中去：在线支付线下商品、服务，再到线下去享受服务。通过打折（团购，如 GroupOn）、提供信息、服务（预订，如 Opentable）等方式，把线下商店的消息推送给互联网用户，从而将他们转化为自己的线下客户。这样线下服务就可以用线上来揽客，消费者可以用线上来筛选服务，成交可以在线结算，交易很快达到规模。

随着互联网上本地化电子商务的发展，信息和实物之间、线上与线下之间的联系变得更加紧密。O2O 让电子商务网站进入了一个新的阶段。

2.4.2 O2O 模式的典型网站

目前采用 O2O 模式经营的网站已经有很多，团购网就是其中一类，如中团网、篱笆网、齐家网等大众商品团购网站，美团网、58 团购、窝窝团、拉手网等生活信息团购网站，另外还有一种为消费者提供信息和服务的网站，如 360 同城帮、赶集网、爱邦客等。值得一提的是，在业内受到争议且已在全国建立 20 余家实体店铺的青岛品牌索妃雅所推行的 ITM 网购与 O2O 模式有本质上的不同，ITM 无论经营理念、经营构架，还是经营方式，都截然不同于 O2O 模式。例如，O2O 更注重线上交易，而 ITM 模式更偏重于线上预订、线下交易；O2O 模式的实际经营可适用于办公室等任何实体经营场所，而 ITM 模式则以店铺式经营为主。

2.4.3 O2O 模式的主要优势

O2O 的优势在于把网上和网下的优势完美结合。通过网购导购机，把互联网与实体店完美对接，实现互联网落地。让消费者在享受线上优惠价格的同时，又可享受线下的贴身服务。同时，O2O 模式还可实现不同商家的联盟。

2.4.4 O2O 模式的营销模式

对中团网所倡导的 O2O 模式来说，方便衡量性能是很重要的，这是 O2O 模式的电子商务平台服务的宗旨之一。传统的商务利用 Cookies 和 Pixels 之类的东西追踪转变。Zappos 可决定在线营销的投资回报率，因为每笔完成的订单在确认页面都有“追踪码”。线下商务就没有这个优势。但 O2O 让其变得简单，因为交易发生在网上，相同的工具现在也可以用于线下世界，只需通过中间商，如 OpenTable 或 SpaFinder。相比于向本地商家销售广告，这个模式的利润要大得多，而且方便扩大规模，这都是因为能够通过在线中间商进行支付。

2.4.5　O2O 模式的营销核心

O2O 营销模式的核心是在线预付。数据显示，即使在电子商务最发达的美国，线下消费的比例依旧高达 92%。这不仅仅是因为线下的服务不能装箱运送，更重要的是快递本身无法传递社交体验所带来的快乐。但如果能通过 O2O 模式，将线下商品及服务进行展示，并提供在线支付“预约消费”，这对消费者来说，不仅拓宽了选择的余地，还可以通过线上对比选择最令人期待的服务，以及依照消费者所在区域享受商家提供的更适合的服务。但如果没有线上展示，也许消费者很难知晓商家信息，更不用提“消费”二字了。另外，目前正在运用 O2O 摸索前行的商家们，也常会使用比线下支付更为优惠的手段吸引客户进行在线支付，这也为消费者节约了不少的支出。从表面上看，O2O 的关键似乎是网络上的信息发布，因为只有互联网才能把商家信息传播得更快、更远、更广，可以瞬间聚集强大的消费能力。但实际上，O2O 的核心在于在线支付，一旦没有在线支付功能，O2O 中的 online 不过是替他人做嫁衣罢了。就拿团购来说，如果没有能力提供在线支付，仅凭网购后的自家统计结果去和商家要钱，结果双方无法就实际购买的人数达成精确的统一而陷入纠纷。在线支付不仅是支付本身的完成，是某次消费得以最终形成的唯一标志，更是消费数据唯一可靠的考核标准。尤其是对提供 online 服务的互联网专业公司而言，只有用户在线上完成支付，自身才可能从中获得效益，从而把准确的消费需求信息传递给线下的商业伙伴。无论 B2C 还是 C2C，均是在实现消费者在线支付后，才形成了完整的商业形态。而在以提供服务性消费为主，且不以广告收入为盈利模式的 O2O 中，在线支付的地位更是举足轻重。

2.4.6　O2O 模式的支付效果

O2O 将线下商务的机会与互联网结合在了一起，让互联网成为线下交易的前台。这样线下服务就可以用线上来揽客，消费者可以用线上来筛选服务，成交可以在线结算，很快达到规模。最重要的是：推广效果可查，每笔交易可跟踪。这同目录模式明显不同，因为支付有助于量化业绩和完成交易等。现在也出现了一种类似于 O2O 又区别于 O2O 的模式。它和 O2O 模式的区别是线下消费，即通过网站了解相关资讯后，再到线下的商家去消费。消费者可简单了解商品之后再决定消费与否或在体验之后再支付。

2.4.7 O2O模式未来展望

不可否认，把商品塞到箱子里送到消费者面前，这个市场已经成熟，而且目前有很大的潜力，但进入门槛已经很高了，从创业者到资本市场都在寻找电子商务的下一个模式。我们发现，服务业的GDP占有率比制造业（生产那些能塞到箱子里的商品）高，在未来的5年，国家将进一步提升服务业的GDP占有量，如果把商品塞到箱子里送到消费者面前的网上销量有5000亿元，那么生活服务类的网上销量会达到万亿元。

任务实施

1. 了解“欧亚到家”

2016年1月6日，对长春欧亚集团来说是一个具有历史性纪念意义的日子——欧亚集团继“掌尚欧亚”购物平台之后，作为欧亚集团O2O战略的重要组成部分，由欧亚商业连锁精心打造的“欧亚到家”微商城正式上线运营。欧亚集团董事长曹和平参加了上线启动仪式。他表示：实体店做线上平台，应该拿出做实体店的耐心和勇气，耐心地培育市场，最初不要怕规模小，影响力小，一定要让登录过“欧亚到家”的人有再次登录的冲动和快乐体验，要有“回头客”，只有这样，才有把规模做大、影响力做大的可能，所以“欧亚到家”的发展路径应该是“喇叭型”的，无论人气还是销售额，都应按照循序渐进的方式不断获得提升！

（1）欧亚集团致力于做好实体店与网店的互为

曹和平认为，虚拟平台和实体平台的融合是一种必然趋势。因为人类自始以来就梦想在这两个平台上游走，并自由地切换。这可以从两个方面来说：一方面，互联网企业虽然打造了一个虚拟平台，但它们离不开传统的实体店平台；另一方面，对传统实体店来说，只有加上虚拟的互联网平台，才能插上腾飞的翅膀，增加竞争能力和发展能力。

欧亚集团从两年前开始，就已经着手做实体店与网店的互为，遵循着“循序渐进”的原则，做互联网一定也要像欧亚做实体店一样，诚信经营，做好服务，重视服务。而服务不是一句空话，是要落地的，要想真正落地是需要做好充分准备的。

（2）“欧亚到家”练好“功夫”而来

目前处于快速发展中的欧亚商业连锁在长春已经拥有35家中型以上商超，辐射半径遍布长春市各个区域，形成了密集的商业服务网络，所以能够让“欧亚到家”拥有长期持续发展的基础，形成物流配送方面的独特优势，它将实现3公里半径以内，17:00前下单，当日送达；3公里半径以外，17:00后下单，次日送达。

“欧亚到家”将让消费者的网购生活拥有持续的品牌优势、信誉优势、便捷优势，不必担心买到假货，不必担心服务不称心，因为有欧亚信誉与诚信保障。曹和平表示，实体店做互联网+，其最终目的还是做实体店，这是不容置疑的。而“欧亚到家”则充分体现了这一思想和战略高度。据悉，“欧亚到家”是欧亚商业连锁经过近 3 个月精心筹备的电商项目，倡导“便捷到家”、“实惠到家”、“服务到家”、“快乐到家”，它将有效实现网店与实体店的互为与互动，致力于实现两个平台的真正融合和自由切换：一方面，通过手机帮助实体店会员实现会员卡向电子会员卡的转化，在手机上便捷地完成消费全过程，做大线上平台；另一方面，它深挖线上粉丝，使其转化为实体店新会员，通过线上平台引流到线下实体店，实现会员权益的实体化和延伸化，让网购也拥有体验的功能与快乐，真正实现线上线下互动互为。

(3)“实体店+互联网”模式的勇敢探索

曹和平表示，实体店做网店一定要拿出足够的耐心，以足够的专业水准来运营和操作，之前有很多实体企业做了一段时间就懈怠了，因为没有足够的“回头客”来支撑，后来就不了了之了。作为欧亚集团的重要发展战略之一，发展互联网+重在质量，而非速度。所以“欧亚到家”一定要耐心地培育“回头客”，让消费者再三光顾，只有这样，才能走上良性发展的正轨。如果只是概念性的，缺少实质的内涵与魅力，那就一定不会成功。

曹和平生动地将“欧亚到家”的运行轨迹形容为“喇叭型”的，无论人气还是销售额，按照循序渐进的方式，不断获得提升，而不是追求线上一时的人气与订单数。

据悉，本着这种原则和指导思想，“欧亚到家”首批推出超市部分品类千余种产品上线试运行，致力于将“欧亚到家”打造为最优质的微商城平台，伴随着运行体系的不断成熟，品种品类品牌的不断丰富，将带给消费者真正的便捷与实惠，让“欧亚到家”真正成为长春人生活中的好朋友、好伙伴。

2.“欧亚到家”会员注册

在手机上关注“欧亚到家微商城”微信公众号，打开“欧亚到家”网页。注册会员，购买商品。欧亚到家首页如图 2.26 所示。

图 2.26　“欧亚到家”首页

知识扩展

未来电子商务的发展趋势

电子商务未来五年的发展趋势是怎样的呢?1 号店董事长于刚以他的切身经验和感受为我们做出了解答。他认为电子商务未来有十大趋势，关键词分别是：移动化、平台化、三四线城市、物联网、社交购物、O2O、云服务、大数据、精准化营销和个性化服务、互联网金融。

1. 移动购物

根据统计，2017 年我国手机用户将超过 PC 用户，也就是说电子商务将来的主战场不是在 PC，而是在移动设备上。而移动用户有很多特点，如购买的频次更高、更零碎，购买的高峰不是在白天，而是在晚上和周末、节假日。而移动购物将会“革 PC 电子商务的命”，我们要做好准备，我们要迎接这场新的革命。而做好移动购物，不能简单地把 PC 电子商务照搬到移动上面，而要充分利用这种移动设备的特征，如它的扫描特征、图像和语音识别特征、感应特征、地理化、GPS 的特征，这些功能可以真正地把移动购物带到千家万户。

2. 平台化

大的电商都开始建设自己的平台，其实这个道理很清楚，就是因为这是最充分地利用自己的流量、使自己的商品和服务最大效益化的一个过程，因为有平台，可以利用全社会的资源补充自己商品的丰富度，增加自己的服务和地理覆盖范围。

3. 电子商务将向三四线城市渗透

随着一二线城市网购渗透率接近饱和，电商城镇化布局将成为电商企业们发展的重点，三四线城市、乡镇等地区将成为电商“渠道下沉”的主战场，同时电商在三四线城市等欠发达地区可以更大地发挥其优势，缩小三四线城市、乡镇与一二线城市的消费差别。阿里在发展菜鸟物流，不断辐射三四线城市；京东 IPO 申请的融资金额大约为 15 亿美元到 19 亿美元，但是京东在招股书中表示，将有 10 亿到 12 亿美元用于电商基础设施的建设，似乎两大电商巨头都将重点放在了三四线城市。事实上，谁先抢占了三四线城市，谁将在未来的竞争中占据更大的优势。

4. 物联网

大家可以试想一下这些可穿戴设备和 RFID 的发展，将来的芯片可以植入衣服里甚至皮肤里，任何物品状态的变化都会引起其他相关物品的状态变化。可以想象，如果你将一杯牛奶放进冰箱，放入冰箱的时候自动扫描，自动获知保质期，知道是什么时候放进去的，知道你的用量，当你即将用完的时候，系统马上可以自动下订单，商家接到订单马上给你送货，而下订单可能又会触发电子商务，从供应商那里下订单，订单触发生产，也就是说，所有的零售、物流和最后的生产全部可以结合起来。

5．社交购物

社交购物可以让人们在社交网络上面更加精准地为顾客营销，更个性化地为顾客服务。

6．O2O

沃尔玛全球CEO来上海时曾去中远两湾城参观，那里建了一个社区的服务点，该服务点有三个功能：一是集货功能，货物由那个地方集散到顾客手中；二是顾客取货功能；三是营销功能，该服务点可以展示商品，为社区的居民进行团购，帮助他们上网，帮助他们使用手机购物。可见，传统零售在往线上走，电子商务在往线下走，最后一定是O2O的融合，为顾客提供多渠道、更大的便利。

7．云服务和电子商务解决方案

大量的电子商务企业发展了很多能力，这些能力包括物流能力、营销能力、系统能力，以及各种各样为商家、供应商、合作伙伴提供电子商务解决方案的能力，这些能力希望最大效率地发挥作用。

8．大数据的应用

实际上电子商务的盈利模式在逐渐升级。低级的盈利是靠商品的差价；再高级些是为供应商商品做营销，获得营销所带来的盈利；再高级些的盈利是靠平台，有了流量、顾客，通过收取平台使用费和佣金提高自己的盈利能力；再高级些是金融能力，也就是为供应商、商家提供各种各样的金融服务；再高级些的能力是数据，也就是我们有大量电子商务顾客行为数据，利用这个数据充分产生它的价值，这个能力也是电子商务盈利的最高层次。数据也是一个逐渐升级的过程，原始的数据是零散的，价值非常小，而这些数据经过过滤、分析会成为信息，而在信息的基础之上建立模型来支持决策，成为知识，而知识能够做预测，能够举一反三，能够悟出道理，成为智慧。

知识回顾

电子商务作为新型商务运作形式，在人们的摸索与研究中不断前行，B2C、B2B、C2C成为其主流模式，早期产生的EDI商务依然拥有强大的生命力，而其典型代表——当当网、阿里巴巴、淘宝网等更被人们津津乐道并进行模仿和学习。随着电子商务的快速前行，必定会涌现出更多的新模式，从而推动电子商务的发展。

拓展训练

技能训练 2-1 选择任一个网上商城，进行一次网上购物，请把最后的步骤截屏并保存至 Word 文档，总结此次购物流程。

技能训练 2-2 在阿里巴巴网站上进行一次供求信息发布。将完成发布产品的信息截屏，通过电子邮件发给老师。

项目 3

电子商务技术

案例引入

WWW 是环球信息网（World Wide Web）的缩写，又称“万维网”、“环球网”等，常简称为 Web。它起源于 1989 年，是由欧洲量子物理实验室 CERN 所发展出来的主从结构分布式超媒体系统。Web 是一种建立在互联网上的全球的、交互的、动态的、多平台的、分布式图形信息系统。通过 Web，人们只要使用简单的方法，就可以迅速方便地取得丰富的信息资料。正是因为有了 Web 工具，才使得近年来 Internet 迅速发展，而且用户数量增长。

Web 的特点如下。

1．Web 是图形化的和易于导航的

Web 非常流行的一个很重要的原因就在于它可以在一个页面上同时显示色彩丰富的图形和文本的性能。在 Web 之前 Internet 上的信息只有文本形式。Web 可以提供将图形、音频、视频信息集合于一体的特性。同时，Web 是非常易于导航的，只需要从一个链接跳到另一个链接，就可以在各网页、各站点之间进行浏览了。

2．Web 对系统平台无限制

无论你的系统平台是什么，你都可以通过 Internet 访问 Web。浏览 Web 对系统平台没有什么限制。无论从 Windows 平台、UNIX 平台、Macintosh 还是别的平台，都可以访问 Web。对 Web 的访问是通过一种叫作浏览器（Browser）的软件实现的，如 Netscape 的 Navigator、NCSA 的 Mosaic、Microsoft 的 Explorer 等。

3．Web 是分布式的

大量的图形、音频和视频信息会占用相当大的磁盘空间，我们甚至无法预知信息的多少。对于 Web 没有必要把所有信息都放在一起，信息可以放在不同的站点上，只需要在浏

览器中指明这个站点就可以了，使在物理上并不一定在一个站点的信息在逻辑上一体化，从用户来看这些信息是一体的。

4. Web 是动态的

由于各 Web 站点的信息包含站点本身的信息，信息的提供者可以经常对站上的信息进行更新，如某个协议的发展状况、公司的广告等。一般各信息站点都尽量保证信息的时间性，所以 Web 站点上的信息是动态的、经常更新的。这一点是由信息的提供者保证的。

5. Web 是交互的

Web 的交互性首先表现在它的超链接上，用户的浏览顺序和所到站点完全由用户自己决定。另外通过 FORM 形式可以从服务器方获得动态的信息。用户通过填写 FORM 可以向服务器提交请求，服务器可以根据用户的请求返回相应信息。

从 Web 的成功案例中我们可以得到以下启示。

（1）人们获取信息的方式从传统媒体发展到互联网平台。

（2）Web 操作简单，信息量大。

（3）Web 更新及时，信息准确、范围广。

任务 3.1 计算机网络技术

任务介绍

小王任职于一家利用网络销售计算机设备的小企业，由于公司原址拆迁，所以搬迁到刚刚建成的华业大厦，但该大厦网络配套工程尚未完工，为了不影响销售，公司负责人让小王利用无线组网。

相关知识

3.1.1 计算机网络

计算机网络是指将物理位置不同的具有独立功能的多台计算机及其外部设备，通过通信线路连接起来，在网络操作系统、网络管理软件及网络通信协议的管理和协调下，实现资源共享和信息传递的计算机系统。

对计算机网络的定义，可以理解为以下 3 个方面。

1）联网的计算机是可以独立运行的，与早期的多终端计算机系统有根本的区别。

2）计算机之间通过通信线路实现信息交换，这里的通信线路可以是近距离的，也可以是远程的，既可以是电缆、光纤等有线介质，也可以是红外线、无线电、激光或通信卫星等无线介质。

3）联网的目的是实现资源共享，包括硬件资源、软件资源和信息的共享。

3.1.2 计算机网络的结构及各自的作用

1. 计算机网络的结构

计算机网络的结构如图 3.1 所示。一般可将计算机网络分为两个部分。

1）资源子网——负责网络数据处理，由主机、终端及有关软件组成。

2）通信子网——负责网络通信，由节点交换机、集中器、网络连接器和通信线路等组成。

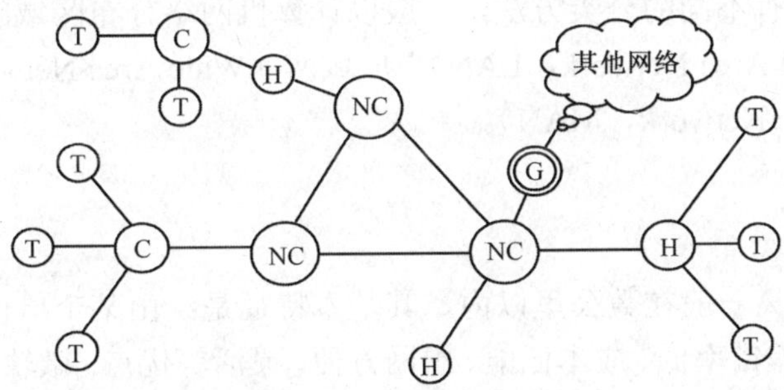

注：H—主计算机；T—终端；C—集中器；NC—节点交换机；G—网络连接器。

图 3.1 计算机网络的结构

2. 计算机网络各组成部分的作用

1）主计算机（Host）。在计算机网络中，主计算机（简称主机）负责数据处理和网络控制，可以由大型机、中型机、小型机和微型机担任，其在网络中的角色可以是服务器或工作站。

服务器是为其他计算机提供硬件（如大容量磁盘、打印机）和软件（程序和数据）资源服务的计算机。根据服务器所提供的服务，服务器可分为文件服务器、通信服务器、数据库服务器等，在 Internet 服务中，可以有 Web 服务器、邮件服务器、FTP 服务器等。服务器一般由性能较强的大、中、小型计算机或高档微型计算机担任。

工作站是用户网络的前端窗口，用户通过工作站请求网络服务、访问网络的共享资源。

工作站一般由普通微机担任。

2）终端（Terminal）。终端是网络用户进行网络操作、实现人机对话的工具。与工作站相比，终端没有独立的本地处理能力，必须通过集中器连接到主机才能工作。

3）节点交换机（Node Computer）。节点交换机又称通信处理机。它负责网络中的信息传输控制。在局域网中也可不专门设置节点交换机，而由主机承担。

4）集中器（Concentrator）。集中器的作用是将多个终端集中起来，再通过远程通信线路与节点交换机或主机连接，以提高通信效率，降低费用。

5）网络连接器（Gateway）。网络连接器用于连接其他网络，可实现不同网络信息格式、通信协议、寻址方式等的转换。根据其他网络结构的不同，网络连接器可以是中继器、网桥、路由器或网关。

6）网络传输线路。图 3.1 中各设备之间的连线表示通信线路，它们可以采用有线通信线路（双绞线、同轴电缆、光导纤维）或无线通信线路（无线电、微波、通信卫星等）。

3.1.3 计算机网络的分类

计算机网络可以有不同的分类方法，一般以计算机网络分布区域的大小，将计算机网络分为局域网（Local Area Network，LAN）、广域网（Wide Area Network，WAN）和城域网（Metropolitan Area Network，MAN）。

1．局域网

局域网的分布距离一般在数公里以内，其基本特征是：由某个单位团体建立与管理。局域网具有速率高、差错率低、成本低廉、组网方便、灵活等优点。微软公司的 Windows NT 网络和 Windows 2000 网络是目前应用最为广泛的局域网。局域网可以实现文件管理、应用软件共享、打印机共享、扫描仪共享、工作组内的日程安排、电子邮件和传真通信服务等功能。局域网是封闭型的，它可以由办公室内的两台计算机组成，也可以由一个公司内的上千台计算机组成。局域网的基本组成如图 3.2 所示。

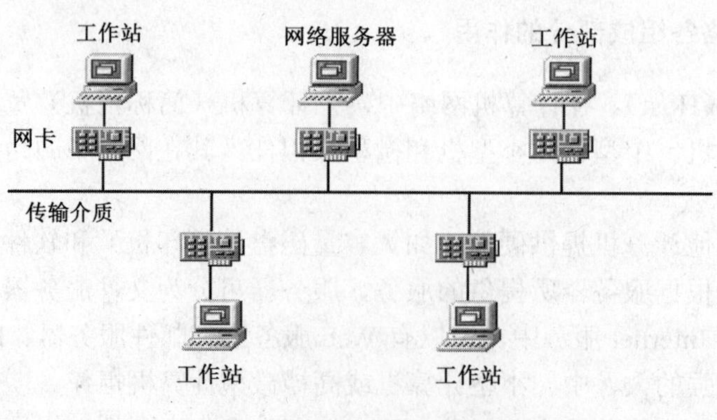

图 3.2　局域网的基本组成

2. 广域网

广域网也称为远程网，地理分布距离大，一般在数十公里以上，其通信线路一般由通信部门提供。广域网的传输速率较低。Internet是广域网的典型代表。广域网的通信子网主要使用分组交换技术，其子网可以利用公用分组交换网、卫星通信网和无线分组交换网，将分布在不同地区的局域网或计算机系统互联起来，达到资源共享的目的。其子网可以是局域网，也可以是小型的广域网。

3. 城域网

城域网是介于局域网和广域网之间的一种区域性网络，其分布距离一般为几十公里，城域网的速率较广域网要高，能将城域内企业、机关、学校和公共服务部门的局域网连接起来，成为较局域网规模更大的网络，实现区域内的资源共享。城域网是以IP和ATM电信技术为基础，以光纤作为传输媒介，集数据、语音、视频服务于一体的高宽带、多功能、多业务接入的多媒体通信网络。

3.1.4 计算机网络通信协议

为了将不同类型、不同操作系统的计算机互联起来形成一个计算机网络，就必须有一个体系结构。计算机网络的体系结构，就是计算机网络各层次及其协议的集合。在计算机网络通信中，两个网络用户要想实现通信，必须采用相同的语言，他们之间信息交流的形式、方式和时间都应遵从某种规则，这些规则的集合称为协议。

1. 计算机网络的分层体系结构

计算机网络系统是一个十分复杂的系统。将一个复杂的系统分解为若干个容易处理的子系统，然后分而治之，这种结构化设计方法是工程设计中常用的手段。分层就是系统分解的最好方法之一。

在一般分层结构中，n层是n−1层的用户，又是n+1层的服务提供者。计算机网络的层次模型如图3.3所示。

n+1层虽然只直接使用了n层提供的服务，实际上它通过n层还间接地使用了n−1层及以下所有各层的服务。层次结构一般以垂直分层模型来表示，在这个层次结构中，除了在物理媒体上进行的是实通信之外，其余各对实体间进行的都是虚通信，对等层的虚通信必须遵循该层的协议，n层的虚通信是通过n/n−1层间接口处n−1层提供的服务及n−1层的通信（通常也是虚拟通信）来实现的。

层次结构划分的原则是每层的功能应是明确的，并且是相互独立的。当某一层的具体实现方法更新时，只要保持上、下层的接口不变，便不会对邻居产生影响。层间接口必须清晰，跨越接口的信息量应尽可能少。层数应适中。若层数太少，则造成每一层的协议太复杂；若层数太多，则体系结构过于复杂，使描述和实现各层功能变得困难。

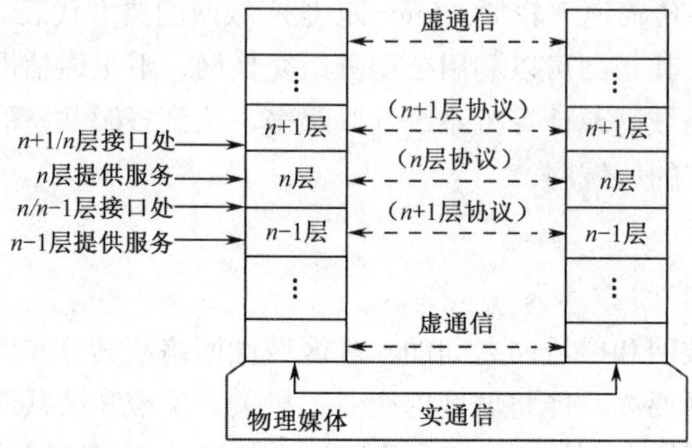

图 3.3　计算机网络的层次模型

分层结构所具有的特点是：以功能作为划分层次的基础，第 n 层的实体在实现自身定义的功能时，只能使用第 $n-1$ 层提供的服务，第 n 层在向第 $n+1$ 层提供服务，此服务不仅包含第 n 层本身的功能，还包含由下层服务提供的功能。仅在相邻层间有接口，且所提供服务的具体实现细节对上一层完全屏蔽。

层次结构的好处在于使每层实现一种相对独立的功能。分层结构还有利于交流、理解和标准化。

2．国际标准化组织的 OSI 参考模型

20 世纪 70 年代中期，具有一定体系结构的各类计算机网络有了相当规模的发展。但是，由于各公司生产的计算机网络设备所遵循的网络体系结构不同，一个公司的计算机很难和另外公司的计算机联网通信，不能很好地发挥计算机网络的效益，于是需要制定一个国际范围内遵循的网络体系结构标准，以便不同厂家生产的计算机能够联网通信。

1977 年，国际标准化组织（International Organization for Standardization，ISO）技术委员会成立了一个专门研究“开放系统互联”的新委员会，并用 OSI 表示开放系统互联，即世界范围内凡遵循同一 OSI 标准的任何系统都能开放式地进行信息交换。1983 年，形成并提出了开放系统互联基本参考模型，称为 ISO/OSI 参考模型（即体系结构），简称为 ISO/OSI，OSI 将计算机网络的体系结构分成七层。

OSI 将计算机网络的体系结构规定为各层之间是相互独立的，某层并不需要知道下层是如何实现的，仅需知道该层通过层间接口所提供的服务就行了。当任何一层发生变化时，只要接口关系保持不变，在这层以上或以下的各层都不会受影响，某层提供的服务也可以修改，当某层提供的服务不再需要时，便可将该层取消。各层都可以采用最合适的技术来实现，易于实现和维护，能促进标准化，因为每层提供的功能和服务都有准确的说明。OSI

层次的体系结构如表3.1所示。

表3.1　OSI层次的体系结构

层	名称	主要功能
7	应用层	负责用户信息的语义表示，并在两个通信用户之间进行语义匹配，即不仅要提供应用进程所需要的信息交换和远地操作，还要作为相互作用的应用进程的用户代理；完成一些语义上有意义的信息交换
6	表示层	解决用户信息的语法表示问题，将要交换的数据从适合某一用户的抽象语法变换为适合OSI系统内部使用的传送语法
5	会话层	是用户进入网络的接口，用户必须使用一端系统的会话层建立跟另一端系统的一个进程的连接，并对数据传输进行管理，在两个相互通信的应用进程之间建立、组织和协调其交互作用
4	传输层	根据通信子网的特性最佳地利用网络资源，以可靠和经济的方式为两端系统的会话层之间建立起一条传输连接，透明地传送报文，即为上一会话层提供一个可靠的端到端服务
3	网络层	控制通信子网的工作，决定报文分组如何在通信子网中传送。即选择合适的路由和交换节点，使从上层传来的报文分组能正确无误地按地址找到目的站并交给目的站的传输层，即完成寻址功能
2	数据链路层	负责在两个相邻接点间的线路上无差错地传送以帧为单位的数据，即把一条有可能出差错的实际链路变成对网络层来说是一条不出差错的链路
1	物理层	为上一个数据链路层提供一个物理连接，以便透明地传送比特信息流

以上7层的1～4层是低层，是面向通信的，而5～7层是高层，是面向信息处理的。还可以看出，1～3层是每台端系统（或主机）跟相邻的端系统（主机）直接相连的，是链接式的；而4～7层是由多个接口信息处理机分隔开的原端系统和目的端相连的，是端点对端点的。

3. TCP/IP协议标准

传输控制协议/网络协议（Transportation Control Protocol/Iternet Protocol，TCP/IP）是网际互联的通信协议，目的是使不同厂家生产的计算机能在各种网络环境下通信。TCP/IP是当今较为完整且被普遍接受的通信协议簇，其中包含了100多个通信标准，用来规范各计算机之间如何通信、网络如何连接等操作。TCP是传输控制协议，规定一种可靠的数据信息传递服务，协议又称互联网协议，是支持网间互连的数据报协议，它提供网间连接的完善功能，包括IP数据报规定互联网络范围内的地址格式。TCP/IP与低层的数据链路层和物理层无关，这也是TCP/IP的重要特点。正因为如此，它能广泛地支持由低两层协议构成的物理网络结构。目前已使用TCP/IP连接成洲际网、全国网与跨地区网。TCP/IP参考模型包含4层结构，如图3.4所示。

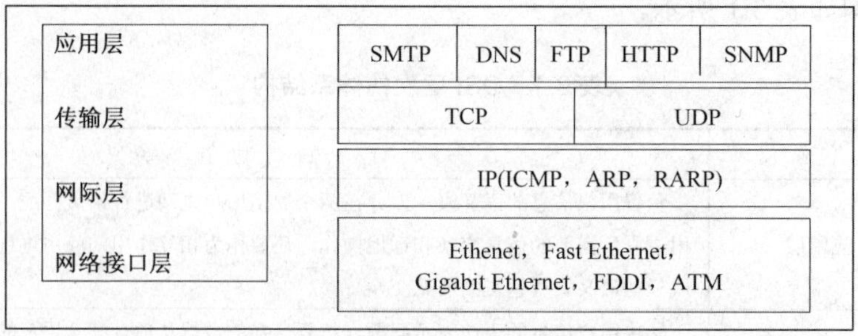

图 3.4 TCP/IP 体系结构

1）网络接口层。负责通过网络发送和接收 IP 数据报；允许主机连入网络时使用多种协议，如局域网的 Ethernet、令牌网、分组交换网的 X.25、帧中继、AU4 协议等。

2）网际层。负责处理互连的路由选择、流控与拥塞问题；常用协议如网际协议、地址解析协议、逆向地址解析协议；IP 协议是无连接的、提供“尽力而为”服务的网络层协议。

3）传输层。主要功能是在互联网中建立源主机与目的主机的对等实体间用于会话的端—端连接；常用协议如传输控制协议、用户数据报协，其中传输控制协议是一种可靠的面向连接协议，用户数据协议是一种不可靠的无连接协议。

4）应用层。应用程序间沟通的层，常用协议如简单电子邮件传输、文件传输协议、网络远程访问协议、超文本传输协议、网域名称系统等。

任务实施

由于无线网络无须使用集线设备，因此，仅仅在每台台式机或笔记本电脑上插上无线网卡，即可实现计算机之间的连接，构建成最简单的无线网络。其中一台计算机可以兼作文件服务器、打印服务器和代理服务器，并通过 Modem 或 ADSL 接入 Internet。这样，只需使用诸如 Windows 9x/Me、Windows 2000/XP 等操作系统，就可以在服务器的覆盖范围内，不用使用任何电缆，在计算机之间共享资源和 Internet 连接了。在该方案中，台式计算机和笔记本电脑均使用无线网卡。

无线网络的设置如下。

1）在控制面板中打开“网络连接”选项。

2）右键单击“无线网络连接”图标，在快捷菜单中单击“属性”，打开“无线网络连接属性”对话框。

3）选择“无线网络配置”选项卡，并选择“用 Windows 来配置我的无线网络配置”复选框，启用自动无线网络配置。

4）单击“高级”按钮，打开“高级”对话框。

5）选择“仅计算机到计算机（特定）”选项，实现计算机之间的连接。若既直接连接至计算机，又保留连接至接入点的功能，可选择“任何可用的网络（首选访问点）”选项。

需要注意的是，在首选访问点无线网络中，如果有可用网络，通常会首先尝试连接到访问点无线网络。如果访问点网络不可用，则尝试连接计算机到计算机无线网络。例如，如果工作时在访问点无线网络中使用笔记本电脑，然后将笔记本电脑带回家使用计算机到计算机家庭网络，自动无线网络配置将会根据需要更改无线网络设置，这样无须用户做任何设置就可以直接连接到家庭网络。

6）依次单击“关闭”和“确定”按钮，建立计算机之间的无线连接，显示信息框，提示无线网络连接已经连接成功。

无线网卡无须设置 IP 地址，只需采用默认的自动获取 IP 地址，即可实现计算机之间的连接。若需借助于一台计算机作为代理服务器从而实现 Internet 连接，则只需在同时接入 Internet（或者是 ADSL 或者是小区宽带）和无线网络的计算机中，打开网络连接窗口，然后，再该窗口左侧的“网络任务”栏中单击“设置家庭和小型办公网络”超级连接，运行“网络安全向导”，将该计算机配置为 ICS 主机。然后，再在其他计算机上也运行“网络安装向导”，并设置为客户端即可。

优缺点：无线上网方式使用方便，某一台机器上网登录非常方便，但它也有一些缺点，如投资较大，同时无线受环境影响难免有断线概率。

任务 3.2 Internet 技术基础

任务介绍

小王为了使自己所在的企业更为人们所熟知，特意在 www.cnyicheng.com 上申请了一个域名。

相关知识

Internet 中文译名因特网。Internet 是互相连接的计算机网络所组成的一个大系统，这个系统覆盖全球，是当前信息高速公路的主体。Internet 是全球信息基础设施，它提供了非常丰富的信息资源和先进的信息交流手段。Internet 自诞生以来得到了飞速发展，新的应用技术不断产生。

3.2.1 Internet 的功能

从用户的角度来看，Internet 是一系列通过网络来完成通信任务的应用程序。现在用户可以在各网站的主页上浏览各种版本的信息。例如，电子报刊、电子商情、购物信息、旅游景点介绍、航班时刻表、金融信息、房地产信息、企业信息等。归纳起来，Internet 的基本功能有以下几个方面。

1．信息浏览

WWW（World Wide Web）是建立在 Internet 之上的采用 HTTP（超文本传输）协议（Hyper Text Transmitting Protocol）表示多媒体信息的环境，它采用超文本或超媒体的信息结构，使用户可以更方便地浏览或组织信息。

所谓媒体，是指载荷信息的各种媒介。在信息的传输过程中，载荷信息的媒介是电磁波、光波等；在信息存储的过程中，载荷信息的媒介是磁盘、光盘等；在信息表示的过程中，载荷信息的媒体可以是声音、文字，也可以是图像、影像、动画，甚至气味等，这里多媒体所指的媒体是指表示信息的方式，如文字、图像、声音、动画等。

超文本与超媒体是以非线性链接方式组织数据的方法。在某个文档中的一节特殊文字或特殊的其他媒体，可用以链接到其他文档或同一文档的任何位置，这就提供了一种有力的信息组织方式。用户不但可利用这一特点在 WWW 上快速、方便地查阅浏览其提供的信息，还可以从 WWW 上下载所需信息或在 WWW 上建立信息。WWW 使 Internet 具有信息资源增殖能力。

2．收发 E-mail

在 Internet 上，电子邮件（E-mail）系统是使用非常方便和用户最多的网络通信工具。E-mail 已成为最受欢迎的通信方式之一。用户可以通过 E-mail 系统同世界上任何地方的朋友交换电子邮件，只要对方也是 Internet 的用户，或者是同 Internet 相连的其他网络上的电子邮件用户。Internet 用户的计算机系统账号下设有一个电子邮箱，用来发送邮件或接收所有发来的邮件。目前电子邮件已经成为网络用户之间快速、简便、可靠且低成本、低价格的现代通信手段，也是 Internet 上使用最广泛、最受欢迎的服务项目之一。E-mail 系统由 E-mail 客户软件、E-mail 服务器和通信协议三部分组成。E-mail 服务器主要采用 SMTP（Simple Mail Transfer Protocol，简单邮件传输协议）来传送电子函件。

3．Usenet 讨论组与 BBS 信息公告

在 Internet 上还可以建立各种专题兴趣讨论小组（Usenet）。Usenet 最初被设想用来发

布通知和新闻，但是不久便演化为一种讨论组，用户可以寻求兴趣相投的人们互相讨论共同关心的问题。它把世界上具有相同兴趣的人们组织起来，彼此交流自己的看法。分享有益的经验。如今的Usenet已经成为由多个讨论组组成的一个大的集合体，包括了全世界5000多种不同类型的讨论组和数以百万计的用户。每个讨论组都围绕着某一特定主题开展讨论。当你加入一个小组后，可以收到其中任何人发出的信息，你也可以把信息发送给小组的每个成员。如果你参加了多个邮件组，每天可能收到许多电子邮件。同时，常常会因处理大量邮件而烦恼，由于这种缘故，有的小组有专门的管理员汇集与筛选邮件，再有选择地分发出去。

目前 Internet 上有很多 BBS，BBS 使用电子通信手段“张贴”各种公告和消息，它的优势在于能迅速传递给范围更广、距离更远的“读者”，使之成为强有力的信息传播工具。用户可以进行相关主题的讨论，在线交谈、文档存储、各类信息查看及众多 Internet 上的网络服务。用户在首次使用 BBS 时，必须先报名参加一个自己感兴趣的 BBS，该过程称为订阅。在 Internet 中，既有免费的 BBS，也有以盈利为目的的商业 BBS。商业 BBS 站的服务比较齐全，可以提供会议电视、线上传真、生活咨询、电子游戏等功能，当然需要支付一定的费用。

4. 远程登录 Telnet

远程登录是指通过 Internet 登录进入并使用远距离的计算机系统，就像使用本地计算机一样。远端的计算机可以在同一间屋子里或同一校园内，也可以在数千公里之外。

远程登录使用的工具是 Telnet。它在接收到远程登录的请求后，就试图把你所在的计算机同远端计算机连接起来。一旦连通，你的计算机就成为远端计算机的终端，可以正式注册（login）进入系统，成为合法用户，执行操作命令，提交作业，使用系统资源。在完成操作任务以后，通过注销（logout）退出远端计算机系统，同时也退出 Telnet 回到本地系统。在远程登录后，也可以进入远端计算机的特殊服务系统，这样的系统因计算机而异。

5. 文件传输 FTP

在科学技术交流中，经常需要传输大量的数据和文献。这也是 Internet 使用初期的主要用途之一。在科学技术界和教育界，用 Internet 传输实验与观测数据、科技文献及数据处理和科学计算软件，是对外进行科技合作与交流的重要手段之一。

FTP（文件传输协议）是 Internet 上最早使用的文件传输协议。它同 Telnet 一样，使用户能够登录到 Internet 的一台远程计算机，把其中的文件传送回自己的计算机系统，或者反过来，把本地计算机上的文件传送并装载到远方的计算机系统中。

随着 Internet 应用的日益广泛，服务项目也大大拓宽。许多新兴服务以其独特的功能、丰富多彩的界面吸引了越来越多的用户。较为流行的有网上聊天、网上寻呼及网络会议等。正是 Internet 的这些基本服务功能。给人们学习、工作、科研、购物、医疗等带来了极大的便利。人们利用这些基本服务功能，在网上开办了电子商城、电子书店、电子银行等；在网上开展了远程教育、远程医疗、市场调查、财务管理、追账服务等。Internet 成为促进社会经济发展的巨大动力。

3.2.2 IP 地址与域名系统

互联网中的地址方案分为两套：IP 地址系统和域名地址系统。这两套地址系统是相互对应的关系。

1. IP 地址系统

在 Internet 中为了定位每一台计算机，需要给每台计算机分配或指定一个确定的“地址”，称为 Internet 的网络地址。

Internet 的网络地址是指连入 Internet 的节点计算机的网络互连地址（称为 IP 地址）。IP 地址是包含 4 字节，共 32 位的二进制数，它逻辑上分成两部分，一部分标识主机所属的网络（网络标识），另一部分标识主机本身（主机标识），IP 地址的结构如图 3.5 所示。

网络标识	主机标识

图 3.5 IP 地址的结构

常见的 IP 地址分为 A、B、C 三类，与它对应的网络有时被称为 A 类、B 类、C 类网络。

A 类网络用第一组数字（即第一字节）标识网络本身，后面三组数字作为连接于网络上的主机的地址，并且规定第一字节的第一位必须为 0，A 类 IP 地址一般分配给国家级网络。A 类 IP 地址结构如图 3.6 所示。

0XXXXXXX	XXXXXXXX	XXXXXXXX	XXXXXXXX
网络标识	主机标识		

图 3.6 A 类 IP 地址结构

B 类网络用第一、二组数字表示网络的地址，后面两组数字代表网络上的主机地址，且第一字节的前两位为 10，B 类地址一般分配给大型网络，如跨国公司的大型网络。B 类 IP 地址结构如图 3.7 所示。

10XXXXXX	XXXXXXXX	XXXXXXXX	XXXXXXXX
网络标识		主机标识	

图 3.7 B 类 IP 地址结构

C 类网络用前三组数字表示网络的地址，最后一组数字作为网络上的主机地址，且第一字节的前三位为 110，C 类地址分配给小型网络，如大量的局域网和校园网。C 类 IP 地址结构如图 3.8 所示。

1 1 0 X X X X X	X X X X X X X X	X X X X X X X X	X X X X X X X X
网络标识			主机标识

图 3.8　C 类 IP 地址结构

为了方便，IP 地址一般用圆点隔开的 4 个十进制数表示，如某个 C 类 IP 地址为：192.168.0.81，其中每个十进数都是 0～255 间的整数。

与 IP 地址有关的另一个术语为子网掩码，其结构与 IP 地址一样也由 4 字节的 32 位二进制数组成，一般也用由圆点隔开的 4 个十进制数表示。在同一个子网中子网掩码相同，它的作用是帮助人们方便地获得某台计算机所处的网络标识和主机标识。

设 b 为某一子网的子网掩码，a 为该子网的某台计算机的 IP 地址（这里 a、b 分别为 32 位的二进制数）。a 与 b 的关系为：

①a∧b 为该子网的网络标识；

②a∧为该台计算机的主机标识。

实际上，对于 A、B、C 类网络来讲，它们最简单的子网掩码分别为：255.0.0.0，255.255.0.0，255.255.255.0。

2．域名地址系统（Domain Name）

由于 IP 地址是数字型的，表达方式比较抽象，不容易记忆，因此人们又发明了另一套字符型的地址方案，即所谓的域名地址，来代替数字型的 IP 地址。每一个域名地址都与特定的 IP 地址对应，这样就允许各站点用户为自己的网络地址选择一个字符型名字来命名，这个字符型名字就是域名。域名也是由若干部分组成的，每部分至少由两个字母或数字组成，各部分之间用圆点分隔开，最右边的是一级域名，再往左是二级域名、三级域名，域名的组成如图 3.9 所示。

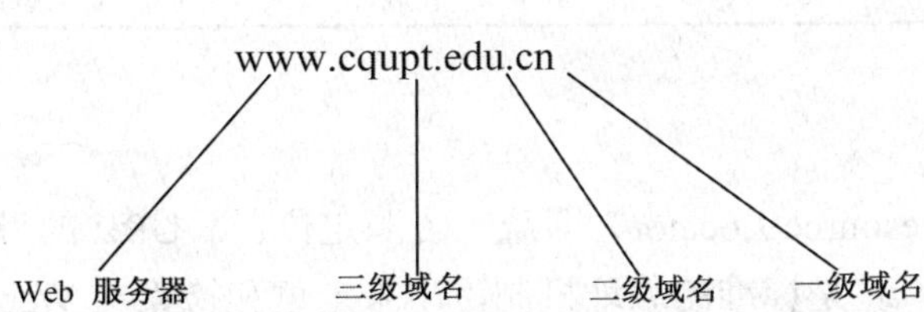

图 3.9　域名的组成

一级域名可以分为两类：一类表示国家或行政区（见表 3.2），另一类表示机构类别（见表 3.3）。

表 3.2 一级域名按国家或行政区分类（部分）

域名	国家或行政区	域名	国家或行政区	域名	国家或行政区
.au	澳大利亚	.ca	加拿大	.ch	瑞士
.cn	中国	.de	德国	.fr	法国
.in	印度	.jp	日本	.ru	俄罗斯
.se	瑞典	.sg	新加坡	.uk	英国

表 3.3 一级域名按机构类别分类

域名	类别	域名	类别
.com	公司企业	.net	网络服务机构
.org	非营利组织	.edu	教育机构
.gov	政府部门	.mil	军事部门
.int	国际组织	.info	提供信息服务的实体组织

中国的域名管理机构 CNNIC 成立于 1997 年 6 月 3 日，行使国家互联网络信息中心的职责。中国科学院计算机网络信息中心承担 CNNIC 的运行和管理工作。中国互联网络的二级域名分为“类别域名”和“行政区域名”两类。“类别域名”有 6 个（见表 3.4），“行政区域名”有 34 个。在 CNNIC 新的中文域名系统中，为用户提供“中国”“公司”和“网络”结尾的纯中文域名注册服务。其中注册“中国”的用户将自动获得“.cn”的中文域名，如注册“清华大学.中国”，将自动获得“清华大学.cn”。2008 年的统计数字表明我国.cn 域名网站已居世界第一。

表 3.4 我国按类别分类的二级域名

域名	类别	域名	类别
.ac	科研机构	.gov	政府部门
.edu	教育机构	.org	各种非营利性的组织
.com	工、商、金融等企业	.net	互联网络、接入网络的信息中心（NC）和运行中心（NOC）

3. URL 地址

URL（Uniform Resource Locator）即统一资源定位器。URL 的目标是用统一的方式来指明某一资源的位置，它是标准的编址机制，用来定位和检索在 Web 上任何地方的文档。

（1）URL 由三部分组成

URL 由三部分组成：代码标识所使用的传输协议；地址标识服务器名称；在该服务器上定位文件的全路径名。

例如哈尔滨学院主页的 URL：http://www.hrbu.edu.cn/index.jsp。其中，第一部分为 http://，标识所使用的传输协议，即超文本传送协议，它是一个简单的通信协议，专门针对交互式、超媒体的 Web 环境而设计；而第二部分 www.hrbu.edu.cn 则代表 Web 服务器；第三部/index.jsp 为标识目录和文件名。

(2) URL 可以定位或识别的文件或服务

URL 可以定位或识别以下文件或服务。

http：文件在 Web 服务器上。

file：文件在本地局部系统或匿名 FTP 服务器上。

ftp：文件在 FTP 服务器上。

gopher：文件在 Gopher 服务器上。

wais：文件在 WAIS 服务器上。

news：一个 Usend 新闻组。

telnet：连接到一个支持 Telnet 远程登录的服务器上。

3.2.3 Internet 的接入技术

普通用户接入 Internet，常常是指连至 Internet 服务提供商（Internet Service Provider, ISP）。ISP 有直接与 Internet 连接的计算机，并且能对用户提供域名解释等各种服务。用户连至 ISP 时，除了软件之外，必须选择通信线路。要连入 Internet，除了计算机必须运行 TCP/IP 软件外，主要是解决通信线路的选择问题，这方面的技术发展很快，下面介绍目前常用的技术。

1. 以 ADSL 方式上网

ADSL（非对称数字用户线）是最新研究成功的一种利用低速电话线来同时实现传送电话的模拟信号和计算机的高速数据的技术。ADSL 采用不对称传输的方法，下行的带宽较宽，上行的带宽较窄，这符合一般用户使用 Internet 的实际需要。这种方式也需要一对 ADSL 调制解调器，并且在电话交换端要有专用设备将数据信号和模拟语音信号分离出来分别处理，ADSL 的最大传输距离是 1.5 公里。ADSL 可以与普通电话共存于一条电话线上，可同时接听、拨打电话并进行数据传输，两者互不影响；虽然使用的还是原来的电话线，但 ADSL 传输的数据并不通过电话交换机，所以 ADSL 上网不需要缴付额外的电话费，节省了费用；ADSL 的数据传输是根据线路的情况自动调整的，它以尽力而为的方式进行数据传输。

2. 电话线拨号上网

这种方式需要一个调制解调器（Modem）。它的作用是将计算机的数字信号调制为模拟信号，以便在低速的电话线上传送。拨号接入方式如图 3.10 所示。

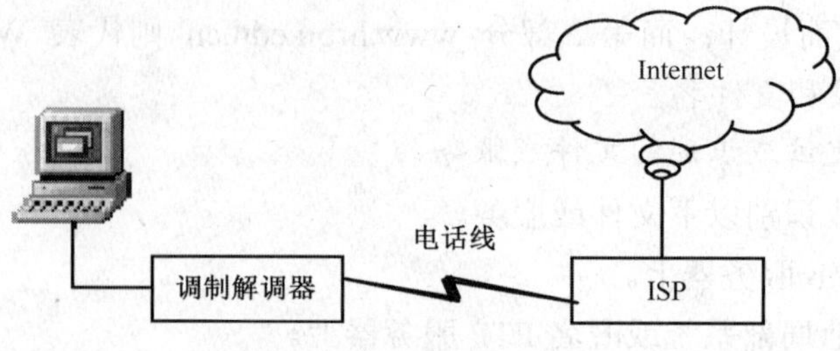

图 3.10　拨号接入方式

3. 网络线直连上网

这是指在 ISP 网络中心距离不太远的情况下，用户计算机可以作为网络上一个直接连接的工作站，以 10Mb/s 甚至更高的速率上网。在这种连接方式中，用户计算机需要由 ISP 指定的 IP 地址。

4. 有线电视 CATV 同轴线上网

CATV 同轴线已改造为 HFC（光纤和同轴电缆混合网）方式，用户端仍为同轴线。同轴线的带宽很宽，可达 800MHz；用频分方法传送数十个电视节目后，仍有很大的带宽盈余（因为每个电视节目只占 6MHz 带宽），可以用来传送计算机数据。目前已有设备可实现利用一个电视频道（6MHz）传送 30Mb/s 的下行数据，而用另外的频率传送 2.56Mb/s 的上行数据（占用 2MHz 模拟带宽）。这种方案要求有线电视网要改造为可双向传输的，因为以前电视广播只有下行传输，是单向的。研究利用有线电视同轴线实现“三网合一”（即电视网、电话网、计算机网合一）的方案是很具吸引力的。

5. 以 ISDN 方式上网

综合业务数字网（ISDN）通过普通电话的本地环路向用户提供数字语音和数据传输服务，也就是说，ISDN 使用与模拟信号电话系统相同类型的双绞铜线，但提供端到端的数字通信线路，这是它与电话网的最大不同。ISDN 通过标准接口将 PC、电话机、传真机等各类不同的终端设备接入到 ISDN 网络中。ISDN 接口有两类：一类是基群速率接口 PRI，另一类是基本速率接口 BRI（一线通）。用户使用一条电话线就能实现两路数据传输。用户可以一边上网，一边电话聊天；当然也可以两个人同时打电话。如果两个通道都用作数据传输，则可提供速率为 128 kb/s 的数据通信。和 ASDL 上网方式相比，ISDN 成了一种价格贵而速率不高的数字通信方式。

6. 光纤到户的方案

这是一种理想的完全解决问题的方案，因为前面几个方案都是因为计算机网络力量和资本还不够雄厚，不得不考虑利用已有的三线（电话线、电视线、电力线）来“附带”传送数字信号。其实，无论如何，这些方案都难以解决高速数据传送所需的带宽问题。当条件成熟时，最后的解决方案一定是光纤到户。它反过来可能在作为数据线的同时，还将取代现在的电话线和电视线。关键的问题是计算机、电话、电视几个不同行业要联手建设，并要研究出一般家庭能接受的廉价的光纤网接入设备。可以肯定的是，电话、电视也将走数字化之路，成为 IP 电话、IP 电视，像计算机数据一样，统一在网上传送。

7．采用微波扩频无线方式上网

在一些线路难以到达的地方，或是移动的场合，可以采用无线方式入网。目前最切实可行的是微波扩频通信方式。用这种方式，可以用很小的微波无线实现数百米甚至数公里内计算机的上网连接，而传输速率可达 2Mb/s，新产品将达到 10Mb/s。

任务实施

1．首先登录，如果还没有申请会员,请按以下步骤申请

1）登录网站 www.cnyicheng.com，单击网页上方的“注册”按钮进入注册页面，如图 3.11 所示。

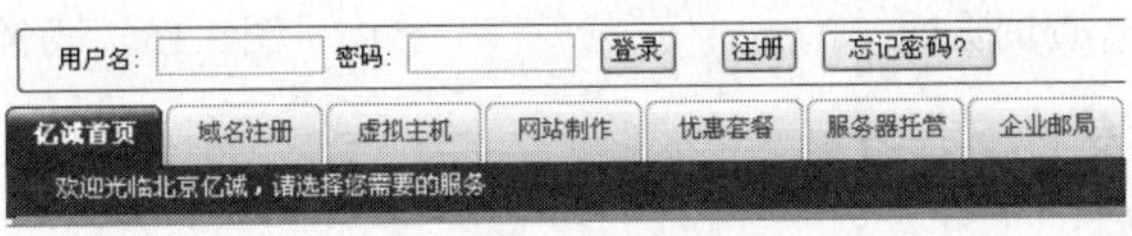

图 3.11　注册页面

2）填入注册资料，然后单击“注册”，即可完成。注册完成后系统将自动登录。会员注册页面如图 3.12 所示。

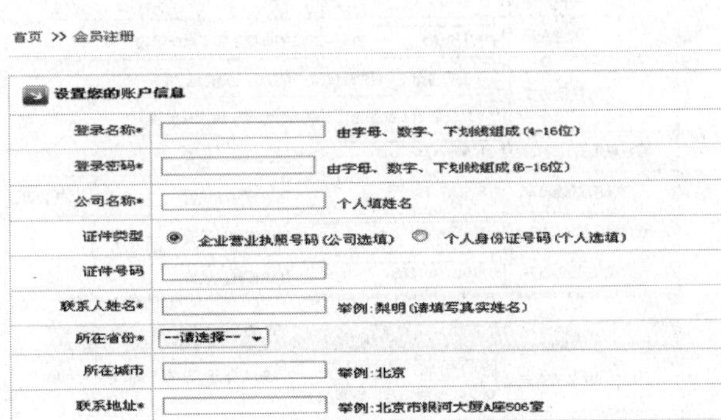

图 3.12　会员注册页面

2. 进行域名查询，选择需要的域名

1）单击左上角的“注册域名”按钮进入域名查询页面。域名查询页面如图 3.13 所示。

图 3.13　域名查询页面

2）输入需要查询的域名，如 chinaxiamen.cn，那么请输入 chinaxiamen，然后选择.cn 后缀。查询页面如图 3.14 所示。

3）单击“搜索”按钮，将显示查询结果。域名查询结果页面如图 3.15 所示。

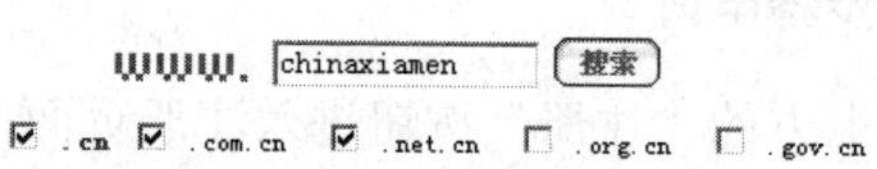

图 3.14　查询页面

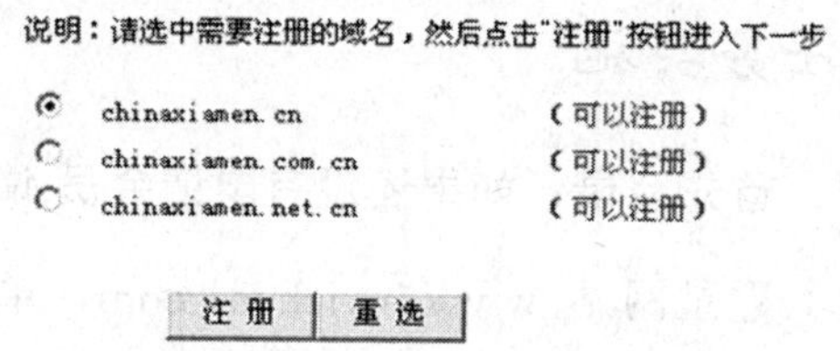

图 3.15　域名查询结果页面

3. 选择需要的域名并提交订单

1）选择需要的域名，然后单击“注册”按钮进入资料填写页面。注意事项：域名所有者代表域名所有权，不要填错。域名注册页面如图 3.16 所示。

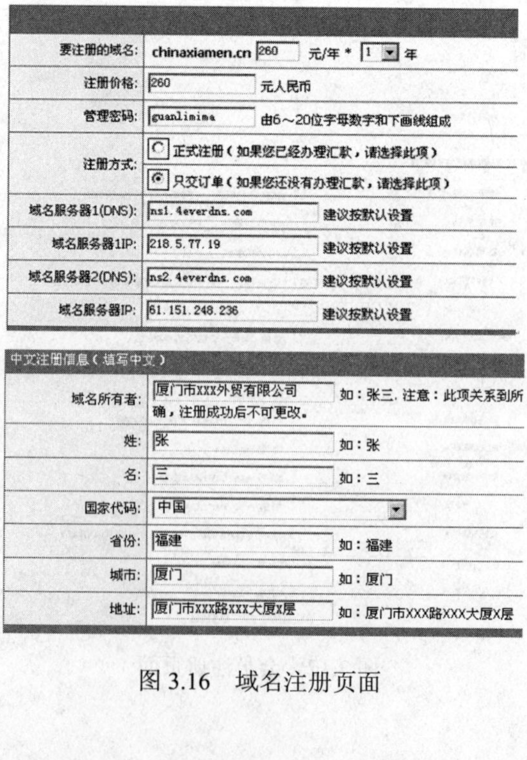

图 3.16　域名注册页面

图 3.16　域名注册页面（续）

2）填写完成后单击“确认注册”按钮，再次单击“确定”按钮。域名注册完成后信息显示页面如图 3.17 所示。

3）此时将看到订单提交的结果，账户上有足够款项，并且选择的注册方式是“正式注册”，那么域名将马上注册成功并扣除注册款项，如果选择的注册方式是“只交订单”，那么域名并没有真正生效，只是提交申请订单，这时，需要按“汇款方式”办理汇款。服务购买结果页面如图 3.18 所示。

图 3.17　域名注册完成后信息显示页面

图 3.18　服务购买结果页面

任务 3.3　Web 技术

任务介绍

小王申请完域名以后，开始利用 Web 技术设置代理服务器。

相关知识

3.3.1 Web的基本概念

Web（Word Wide Web，万维网）是在Internet上运行的覆盖全球的多媒体信息系统。Web是从文本系统开始的，其中大多数信息也还是文体，但由于超链接（hyperlink）在其中起关键的作用，所以一般称Web是超文本（hypertext）信息系统。简单地说，Web是一种体系结构，通过Web可以访问Internet所有主机上的超链接文档。可以从下面的几点来理解Web。

1）Web是Internet提供的一种服务。由于近几年Web的发展很迅猛，使得有些人认为Web就是Internet，而实际上Web只是建立在Internet上，采用Internet协议的一种体系结构，通过它可以访问Internet的每一个角落。

2）Web是存储在全世界范围内的Internet服务器中数量巨大的文档的集合。可以这样认为，Web是全世界最大的电子信息仓库。

3）Web上大量的信息是由彼此关联的文档组成的，这些文档被称为主页（Home Page）或页面（Page），它是一种超文本、图形、视频、音频等多种媒体信息。

4）Web的内容保存在Web站点，即Web服务器中，用户可通过浏览器（Browser）浏览Web站点的内容。因此，Web是一种基于客户机/服务器（Client/Server，C/S）的体系结构。可以这样地说，Web是一种全球性的信息服务系统，Internet通过该系统在计算机之间相互传送基于超媒体的数据信息。

5）Web以一种简单的方式连接全世界范围内的超媒体信息。只需单击鼠标即可浏览内容，浏览器通常是标准的应用程序，而页面与平台无关等。由于它易于使用，基于Web开发的各种应用易于实现跨平台，因此开发成本较低，而且基于Web的应用有时不需要对用户进行培训即可使用。Web的技术结构如图3.19所示。

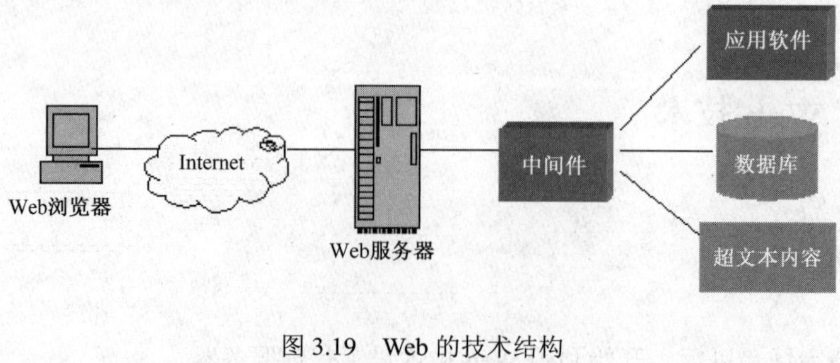

图3.19 Web的技术结构

3.3.2 Web的工作原理

从本质上来讲，Web是一种基于客户机/服务器的体系结构。人们将数据等大量信息存储在共享的服务器上，而使用价格低廉的个人计算机（客户机）与之相连，以便享用服务器提供的高性能服务。Web使用超文本传输协议（HTTP）在Web服务器和浏览器之间传输Web文档，而HTTP采用客户机/服务器（C/S）的体系结构，是一个无连接、无状态的协议。所谓无连接是指限制每次连接只处理一个请求。客户和服务器建立连接之后，由客户向服务器发送一个请求，作为响应服务器向客户传送一个Web文档，而当客户接到来自服务器的应答后即关闭该连接。采用无连接的协议可以充分利用网络资源。无状态是指协议对于事务处理没有记忆能力。这就是说，如果后续的事务处理需要用到前面的信息，则必须重新传输，这样可能导致每次连接传送的数据量增大。然而，在服务器不需要先前的信息时，应答的速度可以更快。

由于HTTP是一个采用客户/服务器结构的协议，在这里客户是指Web浏览器，它是一种用来发送请求和接收应答的软件，而服务器则是Web服务器，它提供信息服务和响应请求，因此一个完整的HTTP事务，即一次HTTP操作必须有一个客户和一个服务器才能完成。一个完整的HTTP事务由以下4个阶段组成。

1）客户与服务器建立TCP连接。

2）客户向服务器发送请求。

3）如果请求被接受，则服务器响应请求，发送应答，在应答中包含状态码和请求的HTML文档。

4）客户与服务器关闭连接。当用户在Web页面中某个http://开头的超链接上单击鼠标或在Web浏览器的地址输入框中输入带有http://前缀的URL（Uniform Resource Locator），并按下回车键时，HTTP 事务处理的第一个阶段——建立连接阶段就开始了。在建立连接阶段，Web浏览器通过检查URL中的域名或IP地址来尝试与Web服务器建立连接。除非在URL中指定了特殊的端口号，否则HTTP会使用Web服务器默认的端口号80来建立连接，而Web服务器在工作期间一直在监听该端口号，等待连接的请求。Web的工作原理示意图如图3.20所示。

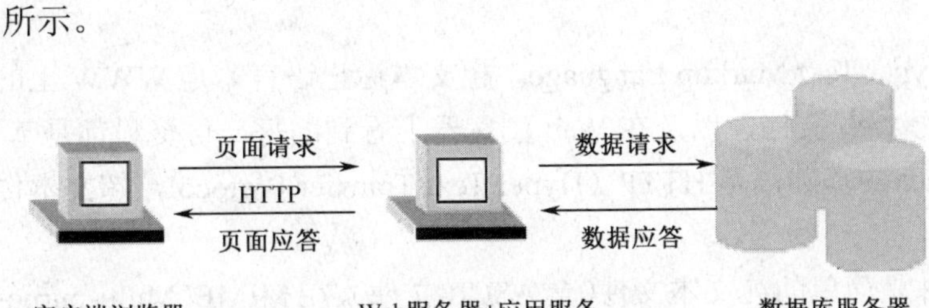

图3.20 Web的工作原理示意图

3.3.3 Web 浏览器

Web 浏览器是一种访问 Web 服务器的客户端应用软件，使用它可以在非常友好的界面下方便地进入 Internet 去获取信息。

Web 浏览器的最基本用途是允许用户在自己的计算机上查找、检索、采集、获取 Web 上的各种资源。由于 Internet 正处在日新月异的飞速发展阶段，Web 的功能和提供的服务不断更新，同时也迫使浏览器的功能不断扩充和加强。目前市面上已有的浏览器有几十种，功能有强有弱，一般来说，浏览器应具有以下几个功能。

1）检索查询功能：浏览器接收下载的 HTML 文档，解释 HTML 所描述的图表、声音、动画、表格，通过 HTTP，可在全球的 Web 服务器上进行信息检索和查询。

2）文件服务功能：能在下载文档时同时查阅该文档；对正在下载的文档感觉不需要时，可以随时中断下载过程；并可对正在查阅的文档做保存、打印、前后浏览等操作。

3）热表管理：浏览器应能自动记住用户刚刚访问过的 Web 地址（称为热表）。当用户希望返回刚刚访问过的某一 Web 地址时，只需从热表中选取即可快速地切换页面。

4）页面制作：有些 Web 浏览器除了具有浏览页面的功能以外，还自带 HTML 编辑工具，这样用户即可自己制作 Web 页面而不需要其他的工具。

5）其他 Internet 服务：浏览器除了具有查询和浏览的功能外，还在不断的改进，并将更多的 Internet 服务集成到一起，方便用户的使用，现有的一些浏览器集成了 Gopher、FTP、Telnet 及 E-mail 等功能。

浏览器的功能还可以通过适当的配置得以扩充。对于浏览器不能处理的一些超媒体信息，它会检查配置文件，查看如何处理接收到的信息。通常在配置文件中会设定外部查看器或帮助程序的文件名，由浏览器自己调用这些程序来处理它不能处理的信息。如果某类文件没有指定外部查看器或帮助程序，浏览器将会询问用户对此文件的处理办法。

3.3.4 网页制作技术

1. HTML

HTML（Hyper Text Markup Language，超文本标记语言）是 WWW 上的专用语言。读者访问的所有的 Web 文档，以及在 Web 浏览器上看到的每一份资料都是基于 HTML 的。它是使用 Internet 的基础，是 HTTP（Hyper Text Transfer Protocol，超文本传输协议）的一部分。

HTML 文件是简单的纯文本文件（全 ASCII 文件），在 MIME（Multi-purpose Internet Mail Extensions，多用途交互网络邮件扩展标准）机制中使用.html（或.htm）扩展名。其主要特征是在文本中有 HTML 标记符。HTML 语言的优点是标记简单明了，功能强大；可以定义文件的显示格式、标题、字形、表格、窗口等；可与 WWW 上任一资料进行超级链接；

使用辅助应用程序；链入图像、视频、声频等多媒体资料。HTML 也有一定的局限，如作者只能选用 Web 资源的字体，排版功能不是很强；忽略空格及自然格式，段落须指明；在不同的硬件环境下显示不同。

动态 HTML（Dynamic HTML，DHTML）是运用 HTML、风格表（Style Sheets）和描述语言赋予网页动态交互的一种技术。动态 HTML 动态地改变现有网页内容和与用户的交互界面，而不需要依赖服务器的程序来产生新的网页内容，减轻了网络的负担。因为微软公司和网景公司的竞争，致使 Internet Explore 和 Netscape Navigator 两种浏览器在这个最新的技术方面互相不兼容，在使用这种技术时要尽量兼顾这两种浏览器浏览时的效果。

2. 网页相关技术

(1) Java 与 JavaScript 语言

Java 是由 Sun 公司开发的一种与平台无关而适用于各类使用对象的网络编程语言。Java 可用来创建安全的、可移植的、面向对象的、多线程的和交互式的程序。

Java 程序有两种形式：独立运行程序和 Java Applet。在浏览器上运行的就是 Java Applet。Java Applet 经过编译后，变成一种与平台无关的字节代码，这种 Applet 可在任何平台上运行。Java 可以做许多事情，它能在 Web 页上实时显示股票市场信息，能生成有趣的动画，随着 Java 的进一步应用，它的用途会更加广泛。

Java Script 是一种新的描述语言，此种语言可以被嵌入 HTML 的文件之中。通过 Java Script 可以做到响应使用者的需求事件（如 from 的输入）而不用任何网络来回传输资料，所以当一位使用者输入一项资料时，不用经过传给服务器端（server）处理再传回来的过程，可以直接被客户端（client）的应用程序所处理。Java Script 和 Java 类似，但并不一样，它无须编译，是一种比 Java 简单得多的描述性语言。

(2) Perl 语言

Perl 是一种解释型语言，特别适合用于扫描文本文件，从中抽取信息，并根据这些信息生成报告。该语言也同样适用于很多系统维护的工作。Perl 是一种实用的（易用、高效、完整）而非一种漂亮的（紧凑、优雅、小巧）的语言。Perl 表达式的语法和 C 语言相似，和大多数 UNIX 工具不同，Perl 不限制数据的大小，只要有足够的存储空间，Perl 可以把整个文件的内容放进一个字符串，Perl 也可以处理二进制文本。Perl 是制作 CGI 最主要的语言，而 CGI 是实现 Web 交互性的重要手段。

(3) VBScript

VBScript 也是一种脚本语言，而且具有易学易用的优点。对于已经了解 Visual Basic 的人，能很快熟悉 VBScript，设计出功能多样的网页，不过，VBScript 只能用于微软的 IE 浏览器和 IIS 服务器端，其他服务器和浏览器不一定支持 VBScript。

(4) CSS（Cascading Style Sheets，*层叠样式表*）

CSS 与 HTML 一样也是一种标记语言，甚至很多属性都来源于 HTML。利用 CSS 技术可以有效地对页面的布局、字体、颜色、背景和其他效果实现更加精确的控制。有很多将样式表加入到HTML文件中的方法，但最简单的方法是使用HTML的STYLE标记，将样式表放置于文件的Head部分。

（5）Flash

Flash是Macromedia公司出品的一个矢量动画制作软件，用它做出来的动画就叫Flash动画。其特点是：动画具有很强的交互性，甚至可以完全使用Flash来制作一个网站；采用“准”流（Stream）式的设计，可以减少文件的数据存储量，适合在网络上使用。

（6）DHTML

DHTML文件中的元素都具有动态的能力，对用户的操作在本地就可做实时处理，从而得到更快的用户响应速度，使网页的界面更丰富多变，使页面设计者可以随心所欲地表达自己的构思。

DHTML的局限性是仅限于在微软的IE浏览器上显示。

（7）可扩展标记语言（Extensible Markup Language）XML

标记是指计算机所能理解的信息符号，通过此种标记，计算机之间可以处理包含各种信息的文章等。如何定义这些标记，既可以选择国际通用的标记语言，如HTML，也可以使用像XML这样由相关人士自由决定的标记语言，这就是语言的可扩展性。XML是从SGML（Standard Generalized Markup Language，标准通用适用置标语言）中简化修改而来的，SGML是一种元语言，它能够描述任何结构复杂的信息是标识数字化资料的常用手段。XML就是一种数据的描述语言，虽然它是语言，但是通常情况下，它并不具备常见语言的基本功能，即不能被计算机识别并运行，只有依靠另一种语言来解释它，使它达到想要的效果或被计算机所接受。XML是一种抽象的语言，不如传统的程序语言那么具体。

3. 动态网页技术

网页Script语言或DHTML都是在客户端浏览器中解释执行的，虽然用它们可以编写出具有一定动态效果和交互性的网页，但随着Web应用范围的扩大与发展，人们对网页提出了更多的要求，这些要求不可能在客户浏览器端实现。例如，统计Web服务器上网页单击次数的计数器、记录用户信息的留言本、电子商务网站的商品查询和网上交易等，这些任务多半要与网络数据库连接并需要实现数据库处理，这就需要一种服务器端的后台程序去实现这些功能。常用的网络查询、网上表单的填写与提交等都是网站后台程序运行的具体表现。为了更好地解决网页的互动性和数据显示的动态性，网站后台的动态网页编程语言开始迅速发展。

动态网页的基本原理可用图3.21说明，所谓动态网页，是指用户浏览器向服务器发出请求，Web服务器接到请求后，在服务器端调用后台程序进行相应处理，并将处理的结果以HTML的形式传回用户浏览器显示处理结果的页面。由于浏览器端显示的页面是根据服务器后台程序运行结果“动态”产生的，故称为动态网页技术，这里的“动态”是针对网页信息内容而言的。Web 服务器要与数据库服务器进行交互，必须通过中间件才能实现，这里的中间件就包括动态网页技术。常用的动态网页技术有 CGI、ASP、PHP、JSP 等。

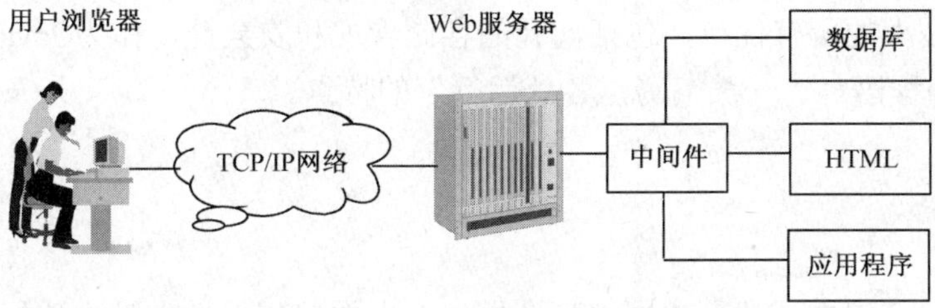

图 3.21　动态网页的基本原理

（1）CGI

CGI（Common Gateway Interface，通用网关接口）是一个信息服务器主机对外信息服务的标准接口。CGI 接口是为了提供在 HTML 的文件编写时，可以结合其他外部的程序语言，让使用者能通过浏览器将使用者的数据输入到文件里，然后经服务器主机处理后，再呈现给用户来观赏或记录至服务器主机上的数据库中。此外，在 HTML 文件中，CGI 程序和表单（from）相互配合来完成信息相互交流的目的。但是，所有 CGI 程序都必须在服务器上执行，然后把执行结果传送回用户客户机。

目前最受欢迎的 CGI 程序编程语言有 Perl、Shell Script、Visual Basic 等，但也可以使用其他程序语言，如 Fortran、TCL、Apple Script。

（2）ASP

ASP（Active Sewer Pages）是一个 Web 服务器端的开发环境，利用它可以产生和运行动态的、交互的、高性能的 Web 服务应用程序。ASP 程序是嵌入了某种脚本语言（如 VBScript 或 JavaScript）程序的 HTML 文件，存放于 Web 服务器上，以.asp 为扩展名。当浏览器请求调用 ASP 文件时，由 Web 服务器调用 ASP 文件，解释并执行其中的每一条命令，根据程序执行结果，“动态”生成一个 HTML 页面并传回到浏览器显示。

与常见的在客户端实现动态网页的脚本编程技术不同，ASP 中的命令和 Script 语句都是由服务器来解释执行的，执行结果产生动态生成的 HTML 页面，这是不含任何 ASP 程序的 HTML 页面，浏览器收到的就是这种处理过的页面。

（3）PHP

动态网页技术中，CGI 存在编程复杂、数据库功能弱、运行效率低的缺点。虽然 ASP 具有编程简单、运行速度快、数据库操作功能强大等优点，但它只能运行于 Windows NT 的 IIS 环境，大多数运行于 UNIX 或 Linux 平台的大中型网站还不能采用 ASP。

PHP（超文本预处理器）是一种类似于 ASP 的可嵌入 HTML 的新型 CGI 编程语言，它混合了 C、Java、Perl 及 PHP 式的新语法，可以比传统 CGI 更快速地执行动态网页。

(4) JSP

在国外，JSP 是一种比较流行的技术，尤其是电子商务类的网站多采用 JSP。JSP 的内置脚本语言是基于 Java 编程语言的，而且所有的 JSP 页面都被编译成为 Java Servlet，JSP 页面具有 Java 技术的所有优点，包括健壮的存储管理和安全性。作为 Java 平台的一部分，JSP 拥有 Java 编程语言“一次编写，各处运行”的特点。

任务实施

在 Windows 7 桌面上找到“网络”图标，在上面单击鼠标右键，选择属性，网络图标右键下拉菜单如图 3.22 所示。

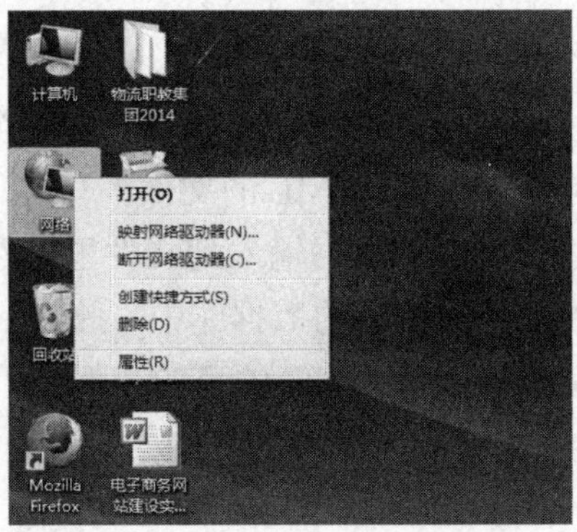

图 3.22 网络图标右键下拉菜单

(1) 打开网络属性对话框，Internet 协议版本 4（TCP/IPv4）选项如图 3.23 所示。

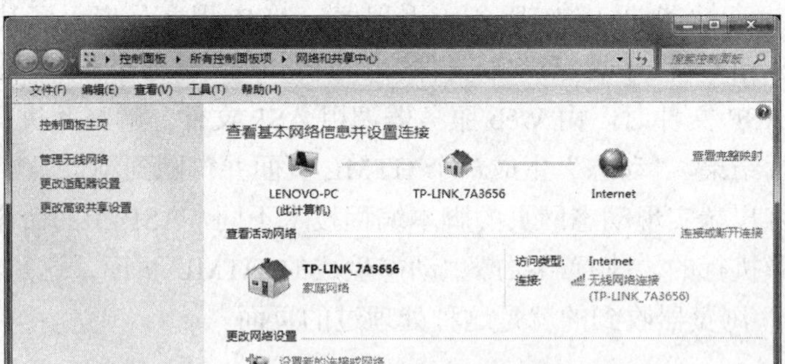

图 3.23 Internet 协议版本 4（TCP/IPv4）选项

（2）单击无线网络连接选项，在开打的无线网络连接状态对话框中，单击“属性”按钮，打开“无线连接-属性”对话框，Internet 协议版本 4（TCP/IPv4）选项如图 3.24 所示。

（3）在“无线网络连接-属性”对话框中，选择“Internet 协议版本 4（TCP/IPv4）”选项，再单击“属性”按钮，打开本地连接属性对话框，Internet 协议版本 4（TCP/IPv4）选项如图 3.25 所示。

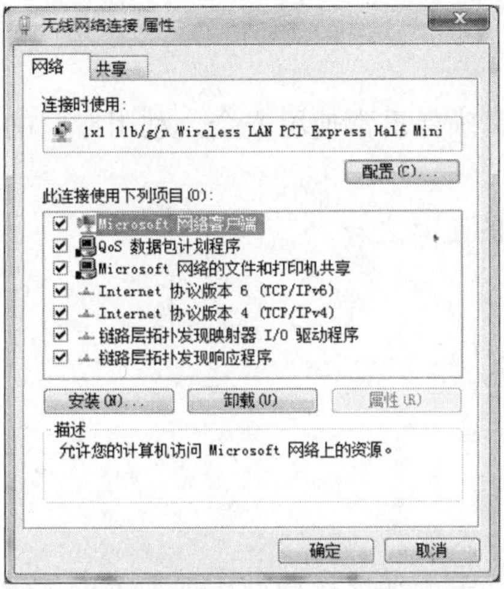

图 3.24 Internet 协议版本 4（TCP/IPv4）选项一

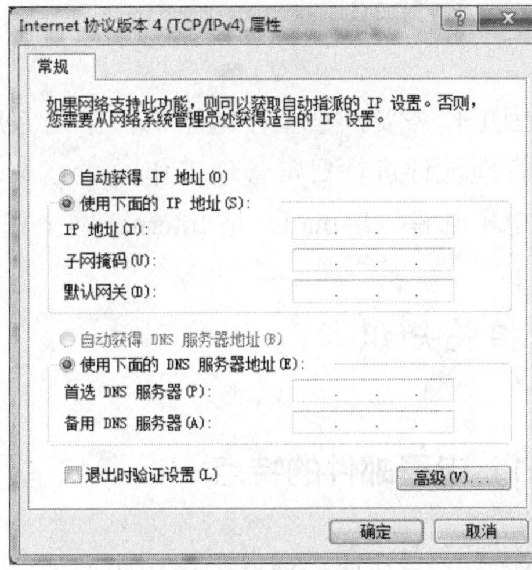

图 3.25 Internet 协议版本 4（TCP/IPv4）选项二

（4）在“Internet 协议版本 4（TCP/IP）属性”对话框中，选择使用 IP 地址，Internet 协议版本 4（TCP/IPv4）选项如图 3.26 所示。

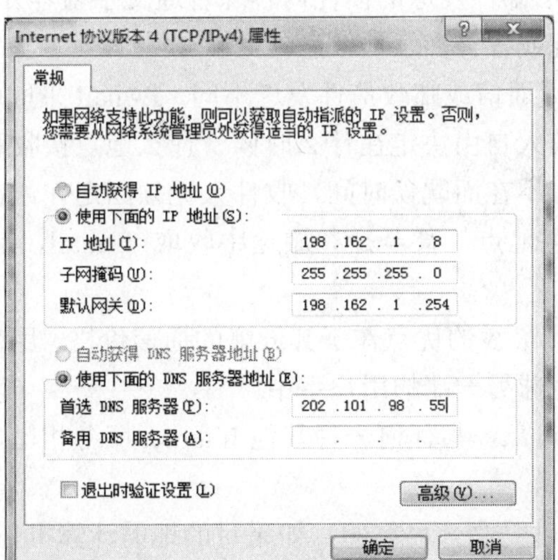

图 3.26 Internet 协议版本 4（TCP/IPv4）选项三

（5）设置完成之后，单击“确定”按钮退出所有窗口即可。

任务 3.4 电子邮件

任务介绍

因工作需要，小王在电子邮件申请完成后，为了确保日常使用安全，利用专门的电子邮件管理软件进行日常管理工作。

电子邮件（E-mail）是 Internet 网上使用最广泛的工具之一。

相关知识

3.4.1 电子邮件的特点

E-mail 与传统的通信方式相比有着巨大的优势，它所体现的信息传输方式与传统的信件有较大的区别，具体如下。

1）发送速度快。电子邮件通常在数秒内即可送达至全球任意位置的收件人信箱中，其速度比电话通信更为高效、快捷。

2）信息多样化。电子邮件发送的信件内容除普通文字内容外，还可以是软件、数据，甚至是录音、动画、电视或各类多媒体信息。

3）收发方便。与电话通信或邮政信件发送不同，E-mail 采取的是异步工作方式，它在高速传输的同时允许收信人自由决定在什么时候、什么地点接收和回复。发送电子邮件时不会因“占线”或接收方不在而耽误时间，收件人无须固定守候在线路另一端，可以在用户方便的任意时间、任意地点，甚至是在旅途中收取 E-mail，从而跨越了时间和空间的限制。

4）成本低廉。E-mail 最大的优点在于其低廉的通信价格，用户花费极少的网费即可将重要的信息发送到远在地球另一端的用户手中。

5）更为广泛的交流对象。与任何一种其他 Internet 服务相比，使用电子邮件可以与更多的人进行通信。

6）安全。E-mail 软件是高效可靠的，如果目的地的计算机正好关机或暂时从 Internet 断开，E-mail 软件会每隔一段时间自动重发；如果电子邮件在一段时间之内无法递交，电子邮件会自动通知发信人。作为一种高质量的服务，电子邮件是安全可靠的高速信件递送机制，Internet 用户一般只通过 E-mail 方式发送信件。

3.4.2　电子邮件账号的申请

电子邮件账号的申请相对简单。电子邮件申请分为收费申请和免费申请两种。一般的提供电子邮件服务的网站均采用收费申请和免费申请两种方式，如中文雅虎、网易、新浪等。当然，为了保持电子邮箱有效的使用率，大多网站要求用手机号申领电子邮件账号。

电子邮件账号的申请过程因提供该项服务网站的不同而略有不同，但是基本步骤大同小异，大致如下。

1．接受服务条款

要想使用网站所提供的电子邮件服务，必须无条件地接受其服务条款，否则无法继续申请。

2．注册用户

1）注册的用户名。一般注册的用户名长度为5～20位，可以是数字、字母、小数点、下画线，但必须以字母开头。

2）随机验证码。随机验证码仅供防止恶意注册。

3）密码。密码长度为 6～20 位，不允许含有&，%，=，+，’等字符，为防意外，一般需要输入两次密码。

为防止密码泄露，输入密码时应当确保不被其他人看到。

任务实施

小王使用了比较常用的网易门户网站的电子邮箱，申请步骤如下。

（1）打开 http://www.163.com 网址，出现网易首页面，网易首页面如图 3.27 所示。

图 3.27　网易首页面

（2）在页面的最上面一行单击“注册免费邮箱”，打开注册邮箱页面，网易邮箱页面如图 3.28 所示。

图 3.28　网易邮箱页面

（3）选择“126 网易免费邮”，出现 126 网易免费邮的申请界面。再单击“注册”按钮。打开如图 3.29 所示的邮箱注册界面。

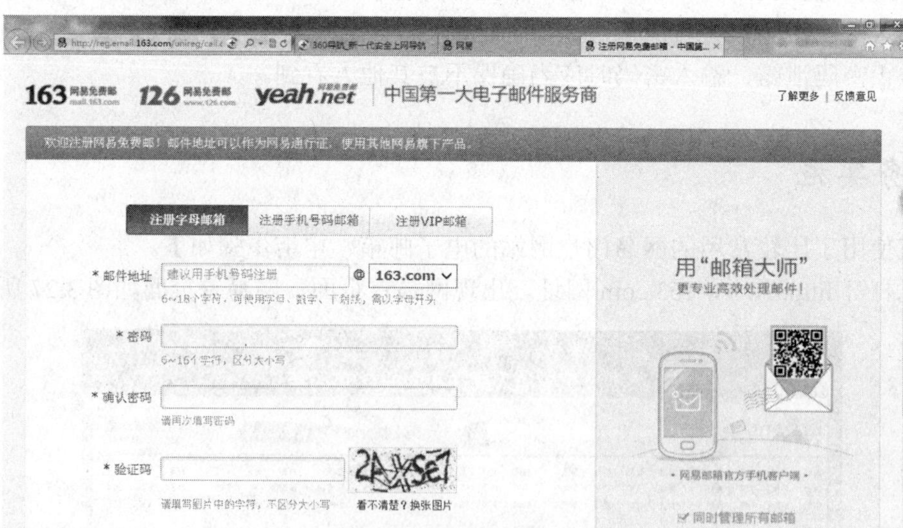

图 3.29　邮箱注册页面

（4）填写注册表单，最后提交表单，网易邮箱登录页面如图 3.30 所示，填写信息，再次单击“提交”按钮。

图 3.30　网易邮箱登录页面

（5）登录网易邮箱，网易邮箱界面如图 3.31 所示。

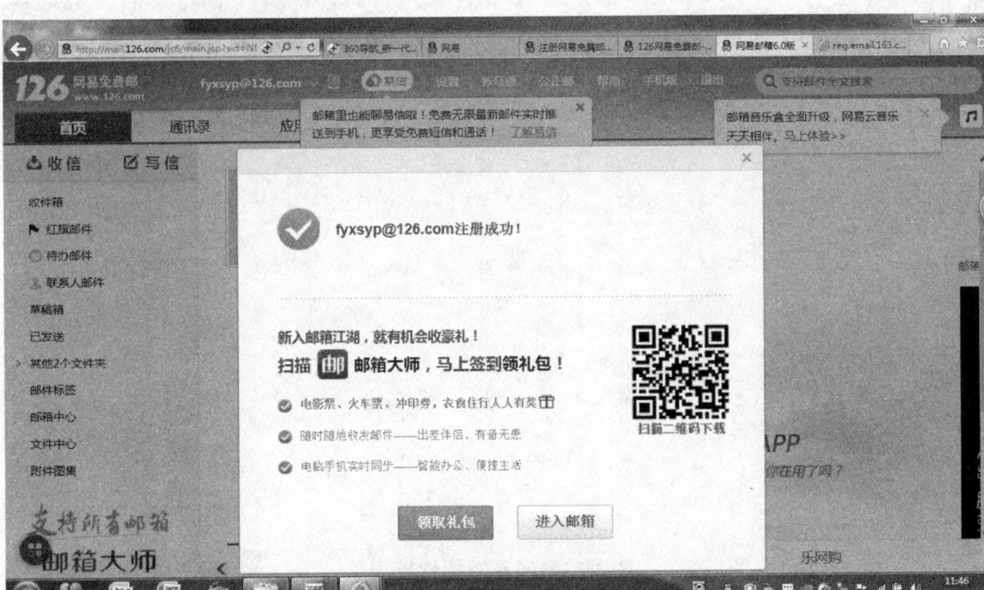

图 3.31　网易邮箱界面

（6）再次单击“进入邮箱”按钮，打开如图 3.32 所示的网易邮箱界面。

（7）单击“写信”选项，填写收件人和主题，并在写邮件内容处编写邮件的内容。 网易写邮件界面如图 3.33 所示。

图 3.32　网易邮箱界面

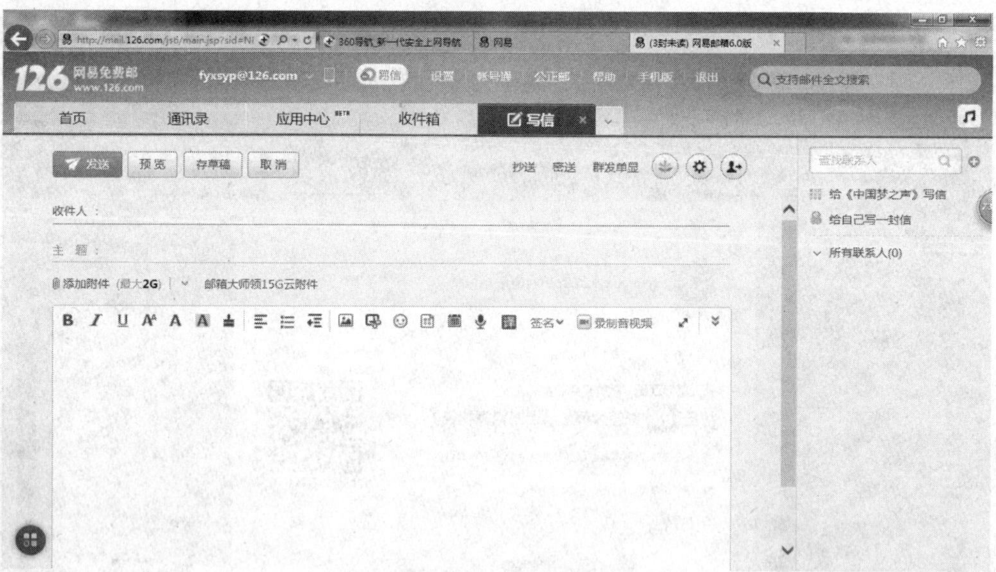

图 3.33　网易写邮件界面

（8）在编写内容时还可以添加附件，单击“添加附件”按钮，打开如图 3.34 所示的界面。选择文件，再单击“打开”按钮，最后单击“发送”按钮即可发送邮件。网易添加邮件附件界面如图 3.34 所示。

图 3.34 网易添加邮件附件界面

知识扩展

移动电子商务

移动电子商务（M-Commerce）由电子商务（E-Commerce）的概念衍生出来，电子商务以 PC 为主要界面，是“有线的电子商务”；而移动电子商务，则是通过手机、Pda（个人数字助理）这些可以装在口袋里的终端与我们谋面，无论何时、何地都可以开始。有人预言，移动商务将决定 21 世纪新企业的风貌，也将改变生活与旧商业的地形地貌。

移动电子商务就是利用手机、Pda 等无线设备进行 B2B 或 B2C 的电子商务，以前这些业务一直是在有线的 Web 系统上进行的。

移动电子商务是指通过手机、Pda、掌上电脑等手持移动终端从事的商务活动。

与传统通过计算机（台式 PC、笔记本电脑）平台开展的电子商务相比，拥有更为广泛的用户基础。

随着移动通信技术和计算机的发展，移动电子商务的发展已经经历了 3 代。

第一代移动商务系统是以短信为基础的访问技术。这种技术存在许多严重的缺陷，其中最严重的问题是实时性较差，查询请求不会立即得到回答。此外，信息长度的限制也使得一些查询无法得到一个完整的答案。这些令用户无法忍受的严重问题也导致了一些早期使用基于短信的移动商务系统的部门纷纷要求升级和改造现有的系统。

第二代移动商务系统采用基于 WAP 技术的方式。手机主要通过浏览器的方式来访问 WAP 网页，以实现信息的查询，部分解决了第一代移动访问技术的问题。第二代移动访问技术的缺陷主要表现在 WAP 网页访问的交互能力极差，因此极大地限制了移动电子商务系统的灵活性和方便性。此外，WAP 网页访问的安全问题对于安全性要求极为严格的政务系统来说也是一个严重的问题。这些问题也使得第二代技术难以满足用户的要求。

新三代的移动商务系统采用了基于SOA架构的Webservice、智能移动终端和移动VPN技术相结合的第三代移动访问和处理技术，使得系统的安全性和交互能力有了极大的提高。第三代移动商务系统同时融合了3G移动技术、智能移动终端、VPN、数据库同步、身份认证及Web Service等多种移动通信、信息处理和计算机网络的最新前沿技术，以专网和无线通信技术为依托，为电子商务人员提供了一种安全、快速的现代化移动商务办公机制。

移动因特网应用和无线数据通信技术的发展，为移动电子商务的发展提供了坚实的基础。推动移动电子商务发展的技术不断涌现，主要包括：无线应用协议（WAP）、移动IP技术、蓝牙技术（Bluetooth）、通用分组无线业务（GPRS）、移动定位系统（MPS）、第三代移动通信系统（3G）、移动电子商务提供的服务。

移动电子商务使用户能随时随地在网上安全地进行个人财务管理，进一步完善因特网银行体系。用户可以使用其移动终端核查其账户、支付账单、进行转账及接收付款通知等。

1. 交易

移动电子商务具有即时性，因此非常适用于股票等交易应用。移动设备可用于接收实时财务新闻和信息，也可确认订单并安全地在线管理股票交易。

2. 订票

通过因特网预订机票、车票或入场券已经发展成为一项主要业务，其规模还在继续扩大。因特网有助于方便地核查票证的有无，并进行购票和确认。移动电子商务使用户能在票价优惠或航班取消时立即得到通知，也可支付票费或在旅行途中临时更改航班或车次。借助移动设备，用户可以浏览电影剪辑、阅读评论，然后订购邻近电影院的电影票。

3. 购物

借助移动电子商务，用户能够通过其移动通信设备进行网上购物。即兴购物会是一大增长点，如订购鲜花、礼物、食品或快餐等。传统购物也可通过移动电子商务得到改进。例如，用户可以使用“无线电子钱包”等具有安全支付功能的移动设备，在商店里或自动售货机上进行购物。随着智能手机的普及，移动电子商务通过移动通信设备进行手机购物，让顾客体会到购物更随意、更方便。如今比较流行的手机购物软件如“掌店商城”等，实现了手机下单、手机支付，同时也支持货到付款，不用担心没有PC就会错过的限时抢购等促销活动，尽享购物便利。

4. 娱乐

移动电子商务带来了一系列娱乐服务。用户不仅可以从移动设备上收听音乐，还可以订购、下载或支付特定的曲目，并且可以在网上与朋友们玩交互式游戏，还可以为游戏付费，并进行快速、安全的博彩。

5．无线医疗

医疗产业的显著特点是每一秒对病人都非常关键，这一行业十分适合于移动电子商务的开展。在紧急情况下，救护车可以作为治疗场所，而借助无线技术，救护车可以在移动的情况下同医疗中心和病人家属建立快速、动态、实时的数据交换，这对每一秒都很宝贵的紧急情况来说至关重要。在无线医疗的商业模式中，患者、医生、保险公司都可以获益，也愿意为这项服务付费。由于医疗市场的空间非常巨大，并且提供这种服务的公司为社会创造了价值，同时，这项服务又非常容易扩展到全国乃至世界，我们相信在这整个流程中，存在着巨大的商机。

6．移动 MASP

一些行业需要经常派遣工程师或工人到现场作业。在这些行业中，移动 MASP 将会有巨大的应用空间。MASP 结合定位服务技术、短信息服务、WAP 技术及 Call Center 技术，为用户提供及时的服务，提高用户的工作效率。

互联网发展速度之快，令人叹为观止。什么是移动电子商务？它与传统电子商务相比又有什么可取之处？我们知道，电子商务是指不需要见面就可以进行的商贸活动。而移动电子商务与它的区别仅仅是商贸活动进行的方式不一样。传统的电子商务通过 PC 进行沟通，而移动电子商务，顾名思义，就体现在“移动”二字上，它的主要传播途径是手机、Pad、掌上电脑等手持移动终端。与传统的电商相比，移动电商在商贸谈判中更上一层楼：

①更加广泛；

②方式更加开放；

③商机更大；

④推广方式更加灵活。

知识回顾

电子商务借助于计算机网络技术而不断发展，为此，计算机网络的基本概念和基本原理，以及局域网技术在 Windows 环境中的具体实现和 Internet 及 Internet 的应用成为初入门者的必修内容。

拓展训练

技能训练 3-1　利用 FTP 软件进行文件上传。

技能训练 3-2　注册一个新浪电子邮箱。

第2篇

用一用电子商务

项目4　电子支付

项目5　网络营销

项目6　电子商务物流

项目 4

电 子 支 付

案例引入

支 付 宝

浙江支付宝网络科技有限公司是国内领先的提供网上支付服务的互联网企业，由全球领先的 B2B 网站阿里巴巴集团创办。支付宝（www.alipay.com）致力于为中国电子商务提供各种安全、方便、个性化的在线支付解决方案。

支付宝交易服务从 2003 年 10 月在淘宝网推出，在短时间内便迅速成为使用极其广泛的网上安全支付工具，深受用户喜爱，支付范围涵盖了虚拟游戏、数码通信、商业服务、机票等行业。支付宝采用业界领先的安全技术，并提供最高规格的数据加密，实现了网上购物安全付款。支付宝与百余家银行及金融机构合作，最大限度地满足客户的需求。支付宝支持多种支付方式，解决不同客户的资金问题，并提供优惠便捷的在线转账功能，为客户带来便捷经济的商务体验。

作为一种生活方式，支付宝的适用范围早已超出了过去的网购范畴，开始涵盖生活的方方面面，如今，在转账、缴费、信用卡还款、O2O 线下消费，餐饮、超市便利店消费，出行、理财、社交等多个场景，都有支付宝的“身影”。

从支付宝的成功案例中我们可以得到以下启示:

（1）由阿里巴巴集团创办的支付宝是国内领先的第三方支付平台，解决了网上支付的难题。

（2）以信任作为产品和服务的核心，确保用户在线支付的安全。

（3）支付宝支持多种支付方式，解决不同客户的资金问题，并提供优惠便捷的在线转账功能，为客户带来便捷经济的商务体验。

任务 4.1 电子支付工具的使用

任务介绍

电子支付工具的正确使用，是电子商务交易的根本，电子支付工具的种类较多，要清楚了解不同类型工具各自的特点和使用方法。本节主要任务是熟悉电子支付工具，申请一种电子支付工具——中国建设银行网上银行卡，并开通网上银行卡的功能。

相关知识

4.1.1 电子支付概述

1. 电子支付的概念

电子支付（Electronic payment）是以计算机和通信技术为手段，通过计算机网络系统以电子信息传递形式实现的货币支付与资金流通。

电子支付是消费者、商家、银行三者组成的一个整体，它们是电子支付的三个主体因素，三者缺一不可。当前三者之间的运作模式、工作流程如图 4.1 所示。

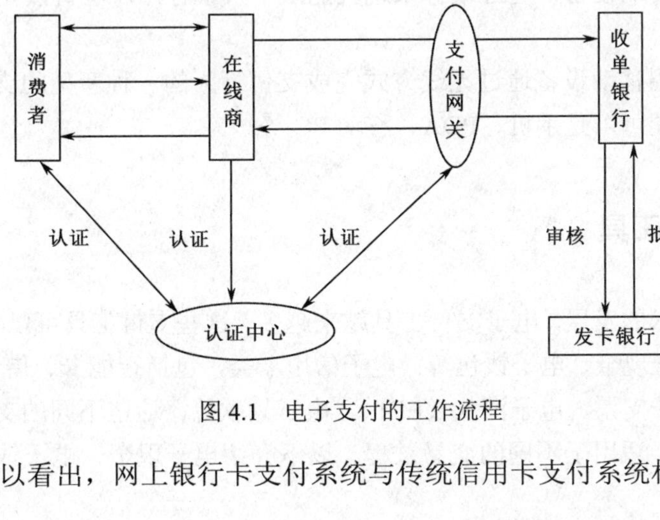

图 4.1 电子支付的工作流程

从图 4.1 可以看出，网上银行卡支付系统与传统信用卡支付系统相比，其差别在于以下几点。

1）使用的信息传递通道不同：传统信用卡支付系统使用专用网，因此较安全；网上银行卡支付系统的消费者和商家均使用 Internet，银行使用专用网，因此必须在 Internet 与银行的专用网之间设置支付网关以保障银行网以及交易的安全性。

2）付款地点不同：传统信用卡支付系统必须在商场使用商场的 POS 机进行付款；网上银行卡支付系统则可以在家庭或办公室使用自己的个人计算机进行购物和付款。

3）身份认证方式不同：传统信用卡支付系统在购物现场使用身份证或其他身份证明验证持卡人的身份；网上银行卡支付系统在计算机网络上使用 CA 中心提供的数字证书验证持卡人身份、商家、支付网关以及银行的身份。

4）付款授权方式不同：传统信用卡支付系统在购物现场使用手写签名的方式授权商家扣款；网上银行卡支付系统使用数字签名进行远程授权。

5）商品和支付信息采集方式不同：传统信用卡支付系统使用商家的 POS 机、条形码扫描仪和读卡设备采集商品及信用卡信息；网上银行卡支付系统直接使用自己的计算机、通过鼠标和键盘输入商品信息和银行卡信息。

2. 电子支付的类型

电子支付的业务类型按电子支付指令发起方式分为网上支付、电话支付、移动支付、销售点终端交易、自动柜员机交易和其他电子支付。

(1) 网上支付

网上支付是电子支付的一种形式。广义地讲，网上支付是以互联网为基础，利用银行所支持的某种数字金融工具，发生在购买者和销售者之间的金融交换。实现从购买者到金融机构、商家之间的在线货币支付、现金流转、资金清算、查询统计等。

(2) 电话支付

电话支付是电子支付的一种线下实现形式，是指消费者使用电话（固定电话、手机）或其他类似电话的终端设备，通过银行系统就能从个人银行账户里直接完成付款的方式。

(3) 移动支付

移动支付是使用移动设备通过无线方式完成支付行为的一种新型的支付方式。移动支付所使用的移动终端可以是手机、PDA、移动 PC 等。

4.1.2 电子支付工具

随着计算机技术的发展，电子支付工具越来越多。这些支付工具可以分为以下三大类：电子货币类，如电子现金、电子钱包等；电子信用卡类，包括智能卡、借记卡、电话卡等；电子支票类，如电子支票、电子汇款（EFT）、电子划款等。这些不同的支付工具各有自己的特点和运作模式，适用于不同的交易过程。以下介绍电子现金、电子钱包、电子支票和智能卡。

1. 电子现金

电子现金（E-Cash）是一种以数据形式流通的货币。它把现金数值转换成一系列的加密序列数，通过这些序列数来表示现实中各种金额的市值，用户在开展电子现金业务的银行开设账户并在账户内存钱后，即可在接受电子现金的商店购物。

2. 电子钱包

电子钱包是电子商务活动中网上购物顾客常用的一种支付工具，是在小额购物或购买小商品时常用的新式钱包。

电子钱包一直是全世界各国开展电子商务活动中的热门话题，也是实现全球电子化交易和因特网交易的一种重要工具，全球已有很多国家正在建立电子钱包系统以便取代现金交易模式。目前，我国也正在研发电子钱包服务系统。使用电子钱包购物，通常需要在电子钱包服务系统中进行。电子商务活动中的电子钱包软件通常都是免费提供的，可以直接使用与自己银行账号相连接的电子商务系统服务器上的电子钱包软件，也可以从因特网直接调出使用，采用各种保密方式利用因特网上的电子钱包软件。目前世界上有 VISA cash 和 Mondex 两大电子钱包服务系统，其他电子钱包服务系统还有 HP 公司的电子支付应用软件（VWALLET）、微软公司的电子钱包 MS Wallet、IBM 公司的 Commerce POINT Wallet 软件、Master Card cash、Euro Pay 的 Clip 和比利时的 Proton 等。

3. 电子支票

电子支票是一种借鉴纸张支票转移支付的优点，利用数字传递将钱款从一个账户转移到另一个账户的电子付款形式。这种电子支票的支付是在与商户及银行相连的网络上以密码方式传递的，多数使用公用关键字加密签名或个人身份证号码（PIN）代替手写签名。

用电子支票支付，事务处理费用较低，而且银行也能为参与电子商务的商户提供标准化的资金信息，因此可能是最有效率的支付手段。

4. 智能卡

智能卡是在法国问世的。20 世纪 70 年代中期，法国 Roland Moreno 公司采取在一张信用卡大小的塑料卡片上安装嵌入式存储器芯片的方法，率先开发成功 IC 存储卡。经过 20 多年的发展，真正意义上的智能卡，即在塑料卡上安装嵌入式微型控制器芯片的 IC 卡，已由摩托罗拉和 Bull HN 公司于 1997 年研制成功。

近年来，中国国家金卡工程取得了令人瞩目的成绩，目前 IC 卡已在金融、电信、社会保障、税务、公安、交通、建设及公用事业、石油石化、组织机构代码管理等许多领域得到广泛应用，如第二代居民身份证（卡）、社会保障 IC 卡、城市交通 IC 卡、电话 IC 卡、三表（水电气）IC 卡、消费 IC 卡等，IC 卡应用已经渗透到人们生活的方方面面，并取得了较好的社会效益和经济效益，这对提高各行业及地方政府的现代化管理水平，改变人民的生活模式和提高生活质量，推动国民经济和社会信息化进程产生了重要作用。

4.1.3 电子支付方式

1．信用卡支付方式

(1) 信用卡含义

信用卡就是银行提供给用户的一种先消费后还款的小额信贷支付工具。当购物需求超出了支付能力或者不希望使用现金时，可以向银行借钱，这种借钱不需要支付任何的利息和手续费。信用卡就是银行答应借钱给持卡人的凭证，信用卡将告诉持卡人可以借银行多少钱并在什么时候需要还。另外持卡人还可以在需要现金的情况下，直接从 ATM 机器中取出一定限额的现金。

(2) 信用卡的使用过程

目前在线购物大部分都可用信用卡进行支付。信用卡是银行或金融公司发行的，是授权持卡人在指定的商店或场所进行记账消费的凭证，是一种特殊的金融商品和金融工具。持卡人通过提供有效的卡号和有效期，商店就可以通过银行计算机网络与持卡人进行结算。信用卡可以透支一定的额度，借记卡不可以透支，只能在卡上存有的金额内支付。

信用卡的最大优点是持卡人可以不用现金，凭卡购买商品和享受服务，其款项由发卡银行支付。信用卡支付通常涉及三方，即持卡人、商家和银行。支付过程包括清算和结算，前者是指支付指令的传递，后者是指与支付相关的资金转移。

2．通过第三方代理的银行卡支付

改善信用卡事务处理安全性的一个途径，就是在买方和卖方之间，启用第三方代理，目的是使卖方看不到买方信用卡信息，避免信用卡信息在网上多次公开传输而导致的信用卡信息被窃取。通过第三方代理的银行卡支付过程是：用户在第三方代理人处开账号；第三方代理人持有用户账号和信用卡号；用户用账号从商家订货；商家将用户账号提供给第三方代理人；第三方代理人验证商家身份，给用户发送电子邮件，要求用户确认购买和支付后，将信用卡信息传给银行，完成支付过程。

通过第三方代理的银行卡支付特点是：用户账号的开设不通过互联网；信用卡信息不在开放的网络上传送；使用 E-mail 邮件确认用户的身份，防止伪造登录；商家自由度大，无风险；支付是通过双方都信任的第三方代理人完成的。

支付原理如下：

第一，买方在线或离线在第三方代理人处开账号，第三方代理人持有买方信用卡号和账号；

第二，买方用账号从卖方在线订货，即将账号传送给卖方；

第三，卖方将买方账号提供给第三方代理人，第三方代理人验证账号信息，将验证信息返回给卖方；

第四，卖方确定接收订货。

现以 CyberCash 公司安全互联网信用卡支付系统为例，介绍通过第三方代理的加密银行卡支付流程。CyberCash 公司提供一款软件，用户在商家订货后，通过电子钱包将信用卡信息加密后传给商家服务器；商家服务器验证接收到的信息有效性和完整性后，将用户加密的信用卡信息传给 CyberCash 服务器，但商家服务器看不到用户的信用卡信息；CyberCash 服务器验证商家身份后，将用户加密的信用卡信息转移到非互联网的安全地方解密，然后将用户信用卡信息通过安全专用网传送到商家银行；商家银行通过银行之间的电子通道从用户信用卡的发行银行获得证实后，将结果传送给 CyberCash 服务器，CyberCash 服务器通知商家服务器完成交易或拒绝，商家通知用户。第三方代理的信用卡支付流程图如图 4.2 所示。

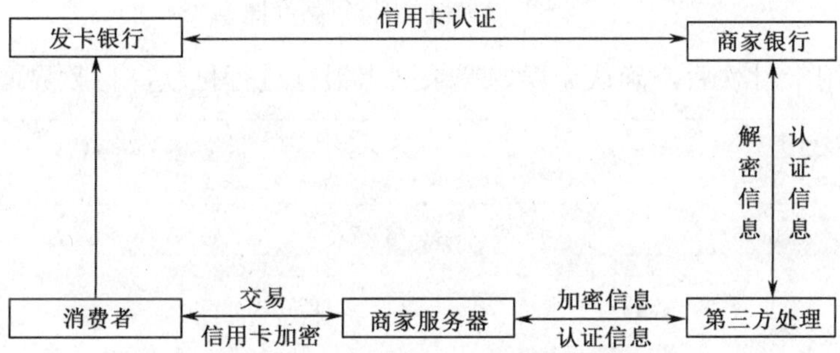

图 4.2　第三方代理的信用卡支付流程图

以在淘宝网购物为例说明在淘宝网上找到支持信用卡支付商品的流程。信用卡支付的标志如图 4.3 所示。

图 4.3　支持信用卡支付的标志

1）单击【立刻购买】，填写地址和购买的信息后，进入收银台进行付款，选择【信用卡付款】，选择信用卡付款界面如图 4.4 所示。

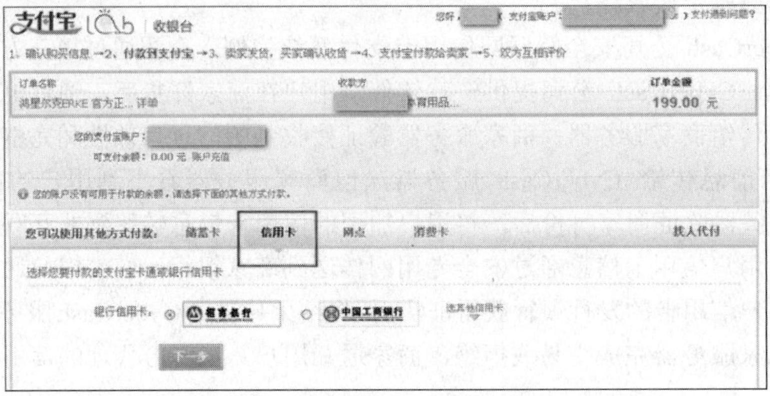

图 4.4 选择信用卡付款界面

2）选择信用卡付款后，确认无误，登录网上银行进行付款，付款界面如图 4.5 所示。

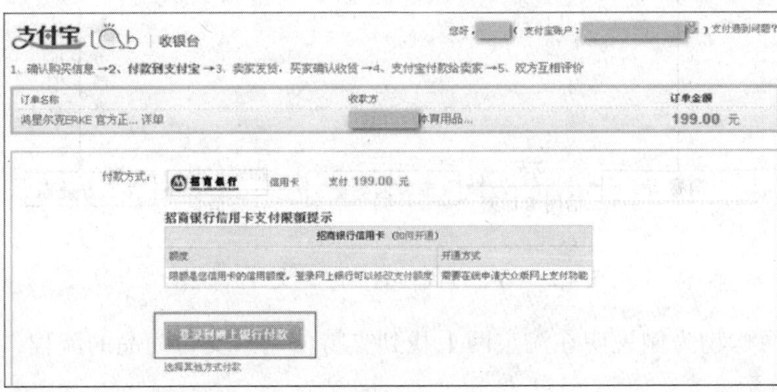

图 4.5 付款界面

3. 电子现金支付方式

(1) 电子现金的含义

电子现金（E-Cash）又称为数字现金，是一种表示现金的加密序列数，它可以用来表示现实中各种金额的币值，是能被客户和商家、银行接受的、通过购买商品或服务时使用的一种交易媒介。电子现金与信用卡不同，每个用户的钱都挂在自己货币系统的账号上，交易的结果都是从一个持卡人账户到另一个持卡人账户的数字形式的“钞票”转移。它比信用卡方便，在进行联机购物时，可通过 Internet 把钱转给卖主，而无须经过银行及电子资金转账系统。电子现金带来了纸币在安全和隐私性方面所没有的便利性，电子现金的应用开辟了一个全新的市场，电子现金正在尝试取代纸币作为网上支付的主要手段之一。

(2) 电子现金的属性

货币价值：电子现金必须有一定的现金、银行授权的信用或银行证明的现金支票进行支持。当电子现金被一家银行产生并被另一家所接受时不能存在任何不兼容问题。如果失去了银行的支持，电子现金会有一定风险，可能存在支持资金不足的问题。

独立性：不依赖于所用的计算机系统。

可交换性：电子现金可以与纸币、商品或服务、网上银行卡、银行账户存储金额、支票或负债等进行互换。电子现金的发行商倾向于电子现金在一家银行使用，但事实上不是所有的买方都会使用同一家银行的电子现金，他们甚至不使用同一个国家银行的电子现金。因而电子现金就面临多银行的广泛使用问题。

匿名性与可传递性：可以容易地从一个人传给另一个人，但不能提供用于跟踪持有者的信息。

不可重复使用性：必须防止电子现金的复制和重复使用。因为买方可能用同一个电子现金在不同国家、地区的网上商店同时购物，这就造成电子现金的重复使用。一般的电子现金系统会建立事后检测和惩罚机制。

可存储性：可存储性将允许用户在家庭、办公室或途中对存储在一个计算机的外存、IC卡或者其他更易于传输的标准或特殊用途的设备中的电子现金进行存储和检索。电子现金的存储是从银行账户中提取一定数量的电子现金，存入上述设备中，由于在计算机上产生或存储现金，因此复制电子现金非常容易，这种设备应该有一个友好的用户界面以有助于通过口令或其他方式的身份验证，以及对于卡内信息的浏览显示。

(3) 电子现金的应用过程

电子现金的应用过程见图4.6。

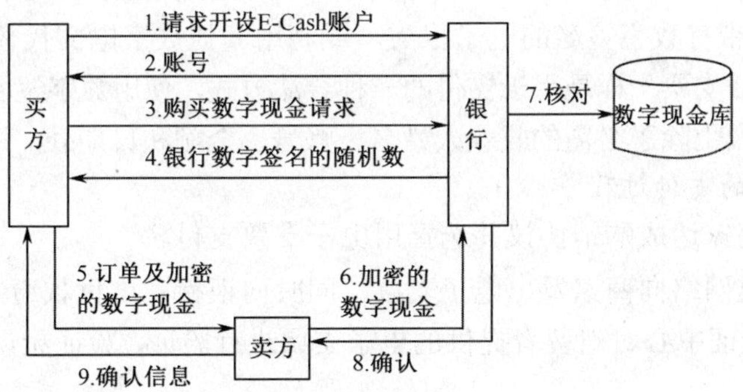

图4.6　电子现金的应用过程

1）购买电子现金。

电子现金系统要求买方在一家网上银行上拥有一个账户，将足够资金存入该账户以支持今后的支付。买方在电子现金发布银行购买电子现金，电子现金的面额通常小于100美元。

2）存储电子现金。

一旦账户建立，买方就可以使用电子现金软件产生一个任意面额的电子现金，银行对其使用私钥进行数字签名，这样就有效了。使用专用软件从电子现金银行取出电子现金存在特定的设备上。

3）用电子现金购买商品或服务。

买方与同意接收电子现金的卖方订货，用卖方的公钥加密电子现金后，传送给卖方。

4）资金清算。

接收电子现金的卖方与电子现金发放银行之间进行清算，电子现金银行将买方购买商品的钱支付给卖方。这时可能有两种支付方式：双方的和三方的。双方支付方式涉及买卖双方。在交易中卖方用银行的公共密钥检验电子现金的数字签名，然后将电子现金存入机器，随后通过电子现金银行将相应面值的金额转入账户。所谓三方支付方式，是在交易中，电子现金被传给卖方，卖方迅速将其直接传给发行电子现金的银行，银行检验电子现金的有效性，并确认没有被重复使用后转入卖方账户。在许多情况下，双方交易是不可行的，因为可能存在重复使用的问题。为了检验是否重复使用，银行将从卖方获得的电子现金与已使用电子现金的数据库进行比对。像纸币一样，电子现金通过一个序列号进行标识。为了检验重复使用，电子现金将以某种全球同一标识的形式注册。

5）确认订单。

卖方获得付款后，向买方发送订单确认信息。

4．电子支票支付方式

(1) 电子支票的含义

电子支票是网络银行常用的一种电子支付工具，是纸质支票的电子替代物，电子支票将纸质支票改变为带有数字签名的电子报文，或利用其他数字电文代替纸质支票的全部信息。电子支票与纸质支票一样是用于支付的一种合法方式，使用数字签名和自动验证技术来确定其合法性。支票上除了必需的收款人姓名、账号、金额和日期外，还隐含了加密信息。

(2) 电子支票的支付过程

1）消费者和商家达成购销协议并选择用电子支票支付。

2）消费者通过网络向商家发出电子支票，同时向银行发出付款通知单。

3）商家通过验证中心对消费者提供的电子支票进行验证，验证无误后将电子支票送交银行索付。

4）银行在商家索付时通过验证中心对消费者提供的电子支票进行验证，验证无误后即向商家兑付或转账。

5．电子钱包支付方式

(1) 电子钱包的含义

电子钱包（Ewallet）是电子商务活动中购物顾客常用的一种支付工具，是小额购物或购买小商品时常用的新式“钱包”。电子钱包是一款用来携带信用卡或借记卡的可在具有中文环境的 Windows 95 或 Windows NT 操作系统上独立运行的软件，就像生活中随身携带的钱包一样。持卡人将这种电子钱包安装在自己的计算机上，在进行网上安全电子交易时使用。

(2) 电子钱包的使用过程

1）申请一张中国银行的长城电子借记卡。

2）获得中银电子钱包。

3）安装中银电子钱包。

4）申请证书。

5）订购商品。

6）付款。

(3) 使用电子钱包应注意的问题

持卡人在线申请电子安全证书必须在电子钱包中进行。电子钱包实行密码管理，持卡人每次使用电子钱包都必须输入密码，所以持卡人对自己的用户名及口令应该严格保密，以防电子钱包被他人窃取，否则就像生活中钱包丢失一样会带来一定的经济损失。

任务实施

申请银行卡的网上支付功能

操作步骤如下。

1）到建设银行的营业点用身份证和存折办理“龙卡”，此步骤略。

2）登录中国建设银行网上银行办理页面 http://www.ccb.com/cn/home/indexv3.html，如图 4.7 所示。

图 4.7　建设银行网上银行

3）单击“个人网上银行”的链接。在登录页面中单击“马上开通”超链接，个人网上银行登录及新用户注册界面如图 4.8 所示。

图 4.8　个人网上银行登录及新用户注册界面

4）阅读个人网上银行开通指南。选择普通客户，再次单击“马上开通”超链接。在中国建设银行个人网银申请风险提示页面中，请仔细阅读条目，然后单击“我已认真阅读《中国建设银行电子银行个人客户服务协议》、《中国建设银行电子银行风险提示》”选项，单击“同意”按钮。注册新用户时的风险提示页面如图 4.9 所示。

图 4.9　注册新用户时的风险提示页面

5）填写建设银行网上银行个人申请表。进入此页面后，使用已经办理好的龙卡在接受协议后填写个人基本信息和账户信息，并设置好自己的网上银行密码，单击“确认”按钮。填写中国建设银行网上银行个人申请表如图 4.10 所示。

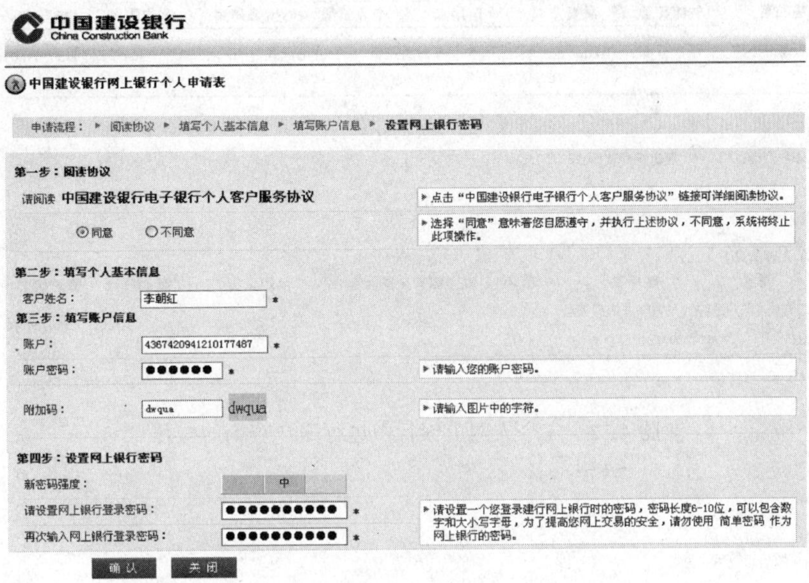

图 4.10　填写中国建设银行网上银行个人申请表

6）进入登录个人网上银行页，输入注册的信息和附加码后，即可单击“登录”按钮，如图 4.11 所示。

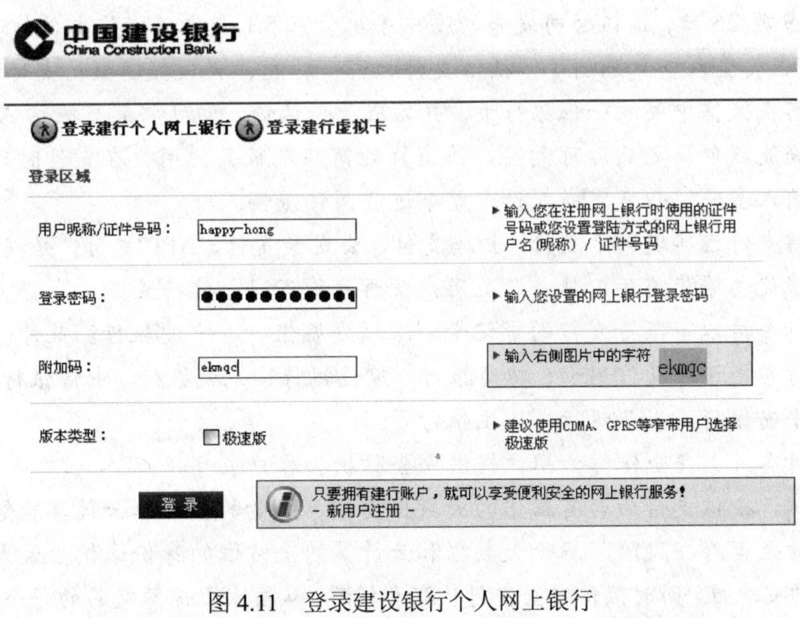

图 4.11　登录建设银行个人网上银行

7）完成个人网上银行服务。可根据个人需要进行个人网上银行的业务处理，在个人网上银行中进行账户查询的操作如图 4.12 所示。

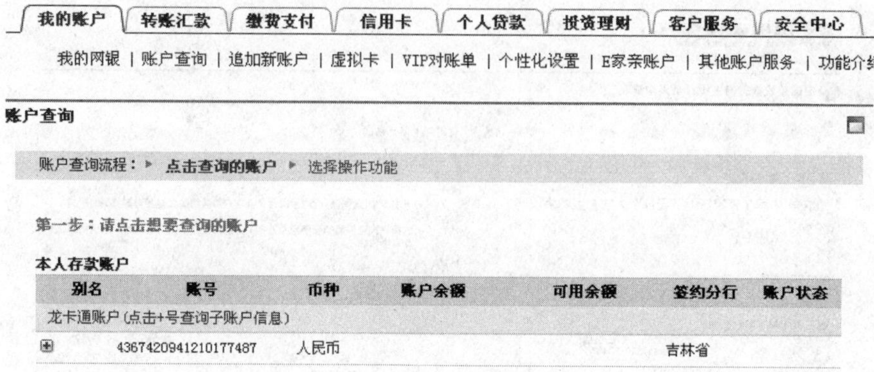

图 4.12　在个人网上银行中进行账户查询的操作

知识扩展

微信支付平台

微信支付是由腾讯公司旗下知名移动社交通信软件微信及第三方支付平台财付通联合推出的移动支付创新产品。微信的支付和安全系统由腾讯财付通提供支持。财付通是持有互联网支付牌照并具备完备的安全体系的第三方支付平台。

2014 年 9 月 26 日，腾讯公司发布的腾讯手机管家 5.1 版本为微信支付打造了“手机管家软件锁”，在安全入口上独创了“微信支付加密”功能，大大提高微信支付的安全性。

用户只需在微信中关联一张银行卡，并完成身份认证，即可将装有微信 APP 的智能手机变成一个全能钱包，之后即可购买合作商户的商品及服务，用户在支付时只需在自己的智能手机上输入密码，即可完成支付，整个过程简便流畅。

目前微信支付已实现刷卡支付、扫码支付、公众号支付、APP 支付，并提供企业红包、代金券、立减优惠等营销新工具，满足用户及商户的不同支付场景。

微信支付支持以下银行发行的贷记卡：深圳发展银行、宁波银行。此外，微信支付还支持以下银行的借记卡及信用卡：招商银行、建设银行、光大银行、中信银行、农业银行、广发银行、平安银行、兴业银行、民生银行等。

微信支付有五大安全保障为用户提供安全防护和客户服务。

技术保障：微信支付后台有腾讯的大数据支撑，海量的数据和云计算能够及时判定用户的支付行为是否存在风险。基于大数据和云计算的全方位的身份保护，最大限度地保证了用户交易的安全性。同时微信安全支付认证和提醒，从技术上保障交易的每个环节的安全。

客户服务：7×24 小时客户服务，加上微信客服，及时为用户排忧解难。同时为微信支付开辟了专属客服通道，以最快的速度响应用户提出的问题并做出处理判断。

业态联盟：基于智能手机的微信支付，将受到多个手机安全应用厂商的保护，如腾讯手机管家等，将与微信支付一起形成安全支付的业态联盟。

安全机制：微信支付从产品体验的各个环节考虑用户心理感受，形成了整套安全机制和手段。这些机制和手段包括硬件锁、支付密码验证、终端异常判断、交易异常实时监控、交易紧急冻结等。这一整套的机制将对用户形成全方位的安全保护。

赔付支持：如果出现账户被盗被骗等情况，经核实确为微信支付的责任后，微信支付将在第一时间进行赔付；对于其他原因造成的被盗被骗，微信支付将配合警方，积极提供相关的证明和必要的技术支持，帮用户追讨损失。

2014 年 9 月 26 日，腾讯公司发布的腾讯手机管家 5.1 版本建立了以微信为核心的丰富移动支付安全入口，同时还为微信支付打造了“手机管家软件锁”，贯穿了微信支付的整个服务链条，实现微信支付的全程保护。腾讯公司为了区别于市场上的“手机泛安全管理”的概念，更加突出移动支付安全的概念，在品牌形象上给用户更专业的感受，还在安全入口上独创了“微信支付加密”功能，其风险预警系统可直接调用微信支付的内部数据，加大力度为微信支付的安全保驾护航。

知识回顾

电子支付工具合理有效的使用是电子商务时代发展的有力支撑，支付工具的不断完善将继续引领电子商务时代前进的步伐，熟练掌握各种支付工具的使用，有利于成功完成电子商务交易。

拓展训练

1. 申请一种电子支付工具——中国工商银行网上银行卡，并开通网上银行卡的功能。
2. 申请中国招商银行“一网通”，并写出“一网通”的功能。

任务 4.2　网络银行

任务介绍

以中国建设银行（https://ibsbjstar.ccb.com.cn/V5/index.html）的个人网上银行系统和当当网络书店（http://www.dangdang.com/）为例练习个人网上购物支付。了解电子支付的形式和内容。

相关知识

网 络 银 行

4.2.1 网络银行的概念

网络银行诞生的时间不长，但其扩展速度以几何级数增长，大有取代传统银行业务方式的势头。新兴的网络银行无疑是对传统银行的挑战。

网络银行也称为网上银行、在线银行，是指利用 Internet、Intranet 及相关技术处理传统的银行业务并支持电子商务网上支付的新型银行。它实现了银行与客户之间安全、方便、友好、实时的连接，可向客户提供开户、销户、查询、对账、行内转账、跨行转账、信贷、网上证券、投资理财以及其他贸易或非贸易的银行业务服务。可以说，网络银行是在 Internet 上的虚拟银行柜台。

4.2.2 网络银行的特点

与传统银行相比，网上银行具有如下特点。

1）网上银行实现交易无纸化、业务无纸化和办公无纸化。

2）所有传统银行使用的票据和单据全面电子化，使用电子支票、电子汇票和电子收据等。

3）不再使用纸币，全面使用电子钱包、电子信用卡、电子现金等电子货币。电子银行的高新技术将信用卡的信息资料输入计算机（主要是存款信息）保存在电子钱包内，成为电子信用卡。

4）一切银行业务文件和办公文件完全改为电子化文件、电子化票据和证据，签名也采用数字化签名。

5）不再以邮寄的方式传送银行与客户相互之间的纸面票据和各种书面文件，而是利用计算机和数据通信网传送，利用电子数据交换（EDI）进行往来结算。

6）客户不必到银行，只要在家里点击鼠标就可以进入电子银行，获得电子银行令人满意的服务。

7）网上银行改变了传统的金融机构的结构和运行模式。

网上银行突破了银行传统的操作模式，摒弃了银行由店堂前台接柜开始的传统服务流程，把银行的业务直接在互联网上推出。金融机构不再需要大量的分支机构，营业机构将被网络和计算机取代。网上银行的出现改变了原来金融机构在时间、空间和形式上的限制，它可依托迅猛发展的计算机网络与通信技术，将银行服务渗透到全球的每个角落。客户处理金融服务业务不会再受到地点和时间因素的限制。完善的网上银行能够提供“3A 式服务”，即在任何时间（Anytime，就是任意一天的任何时间，没有上下班和节假日的限制）、任何地方（Anywhere，就是家中、办公室或者旅途，不必再到银行营业点排队等待）、以任何方式（Anyhow，可以通过个人电脑、手机、掌上电脑、电视机顶盒连接上网进入网上银行），为客户提供安全、准确、快捷的金融服务。

8）网上银行将极大降低银行服务的成本。

在传统银行的运营中，营业点的租金和银行员工工资占最大的比重，而网上银行则通过计算机和网络处理客户要求，不需要依赖密集的分支行网点，节省建立网点的投资，同时通过网上交易，又可以大大节省交易费用。据资料分析，网上银行经营网上业务的经营成本仅相当于经营收入的 15%～20%，而普通银行的经营成本却占收入的 60%。正因为如此，网上银行才有可能在低成本下提供和传统银行一样甚至更优的服务。

9）实现了银行机构网络化。

网络银行实际就是一种无边界银行，它突破了营业网点约束对银行业务扩张的限制，使金融服务从有形的物理世界延伸到无形的数字世界。由于网络银行的兴起，银行发展将由注重扩大分支机构和营业网点变为注重扩展网络金融服务。

4.2.3 网络银行的业务

网络银行基本业务主要包括家庭银行、企业银行、信用卡业务、各种支付、特色服务、商务服务、信息发布。

1. 家庭银行

家庭银行为用户提供便捷的个人理财渠道，包括网上开户、账户余额与利息查询、交易历史查询、个人账户挂失、电子转账、票据汇兑等。

2. 企业银行

企业银行为企业或团体提供综合账户业务，如查阅本企业或下属企业账户余额和历史业务情况，在企业内部各单位之间划转资金，核对调节账户，进行账户管理，以电子支付方式支付职工工资，了解支票利益情况，支票挂失，将账户信息输出到空白表格软件或打印每日资产负债报告、详细业务记录表、银行明细表之类的各种金融报告或报表。

3. 信用卡业务

信用卡业务包括网上信用卡的申办、信用卡账户查询、收付清算等功能。与传统的信用卡系统相比，网上信用卡更便捷。用户可通过 Internet 在线办理信用卡申请手续；持卡人可通过网络查询用卡明细；银行可通过电子邮件定期向用户发送账单，进行信用卡业务授权、清算、传送黑名单及紧急止付名单等。

4．各种支付

网络银行提供数字现金、电子支票、智能卡、代付或代收费等网上支付方式，以及各种企业间的转账或个人转账，如同一客户不同账号间的转账。

5．特色服务

特色服务主要是指通过互联网向客户提供各种特色金融服务，如网上证券、期货、外汇交易、电子现金、电子钱包及各种金融管理软件下载等。

6．商务服务

商务服务主要提供资本市场、投资理财和网上购物等子功能。在资本市场方面，除人员直接参与现金交易之外的任何交易均可通过网络银行进行。在投资理财方面，客户可主动进入银行的网站进行金融账户等信息的查询以及处理自己的财务账目。在网上购物方面，网络银行可以以网上商店的形式向供求双方提供交易平台。

7．信息发布

目前网络银行所发布的信息主要有：国际市场外汇行情、对公利率、汇率、证券行情等金融信息，以及业务范围、服务项目、经营理念等银行信息，客户可随时通过 Web 网站了解这些信息。

任务实施

个人网上购物支付

操作步骤如下。

1）登录当当网络书店，如图 4.13 所示，注册成为用户，此操作步骤略。

2）选择商品。在当当网络书店选定所需的商品后，单击“购买”按钮将商品放入购物车。在当当网选择商品页面如图 4.13 所示。

3）进入“购物车”页面，核对所选择的商品信息。当当网选择商品后的购物车界面如图 4.14 所示。

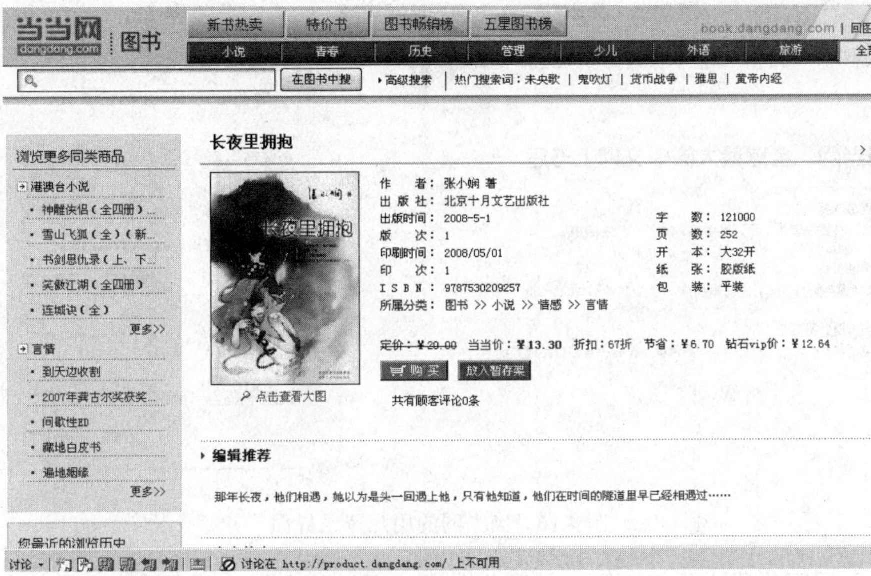

图 4.13　在当当网选择商品页面

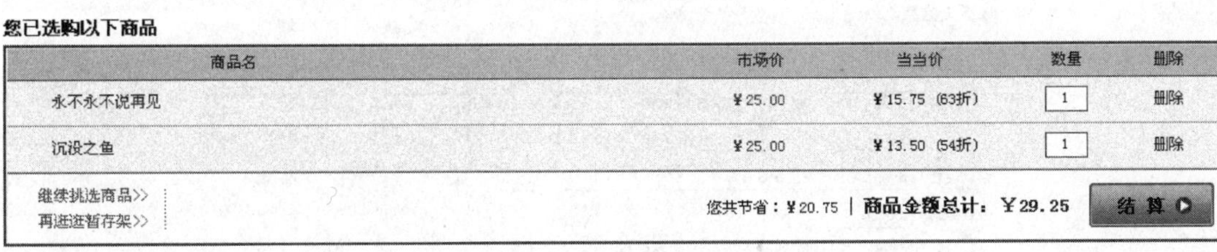

图 4.14　当当网选择商品后的购物车界面

4）在页面中，可修改所要购买商品的“数量”，之后弹出提示信息提示修改成功和商品的总金额，可单击“结算”按钮。在购物车中修改商品的数量页面如图 4.15 所示。

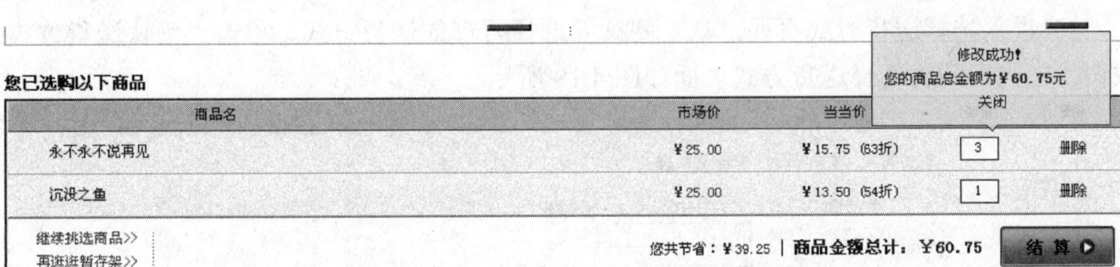

图 4.15　在购物车中修改商品的数量页面

5）进入用户登录页面，正确填写用户信息及密码后，单击“登录”按钮进行用户登录。当当网的用户登录界面如图 4.16 所示。

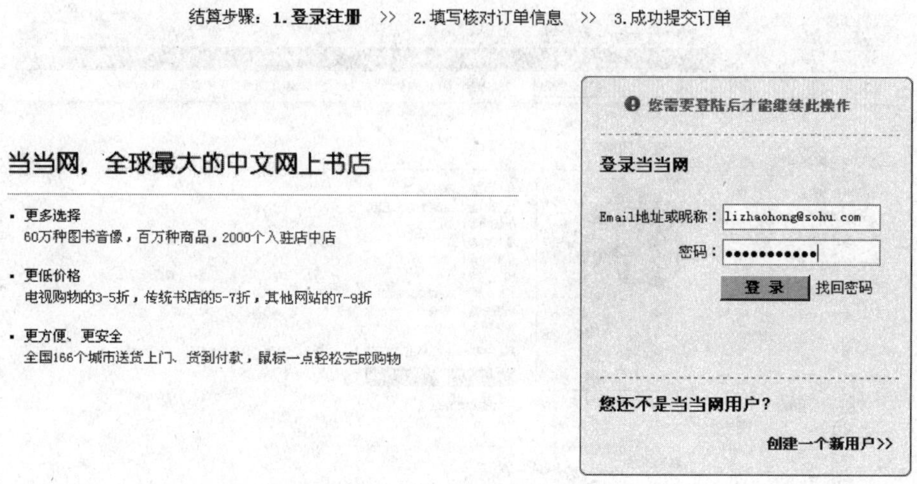

图 4.16　当当网的用户登录界面

6）进入填写收货人信息页面，填写收货人的详细信息后，单击“确认收货人信息”按钮提交收货人信息。当当网购物收货人信息填写页面如图 4.17 所示。

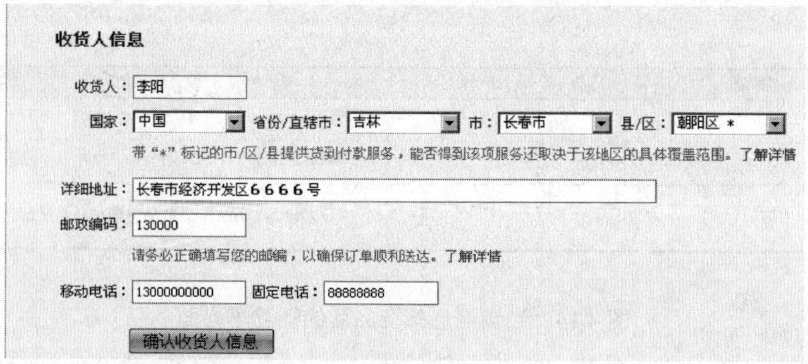

图 4.17　当当网购物收货人信息填写页面

7）进入选择送货方式页面，认真阅读并选择合理的送货方式，单击“确认送货方式”按钮。当当网购物选择送货方式页面如图 4.18 所示。

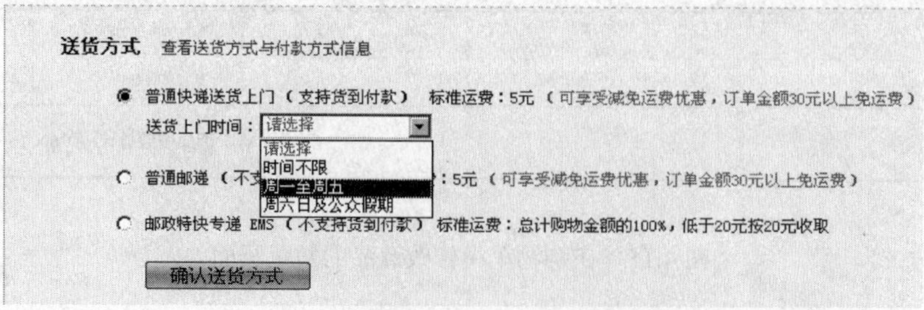

图 4.18　当当网购物选择送货方式页面

8）选择付款方式，这里我们选择建设银行的网上支付选项。当当网购物选择网上支付的付款方式页面如图 4.19 所示。

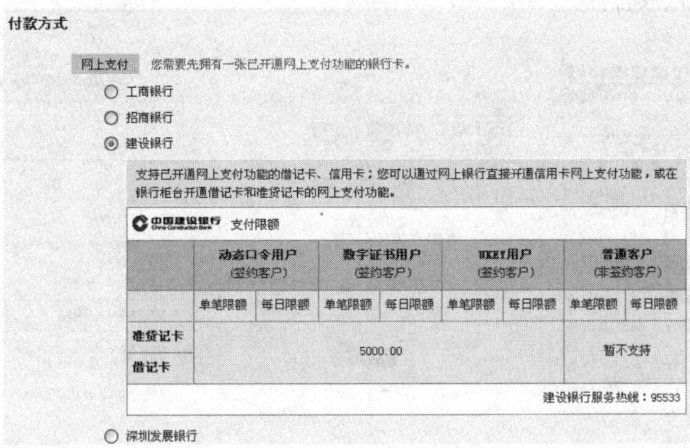

图 4.19　当当网购物选择网上支付的付款方式页面

9）填写核对修改订单后，输入验证码，单击“提交订单”按钮。当当网购物确认选购商品订单的提交页面如图 4.20 所示。

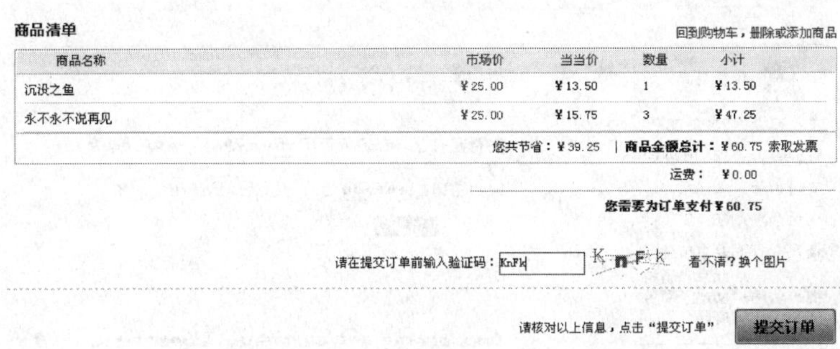

图 4.20　当当网购物确认选购商品订单的提交页面

10）成功提交订单后，请记录订单号，以方便订单查询等操作，单击“建设银行网上支付”按钮进入建设银行的支付平台。当当网购物成功提交订单页面如图 4.21 所示。

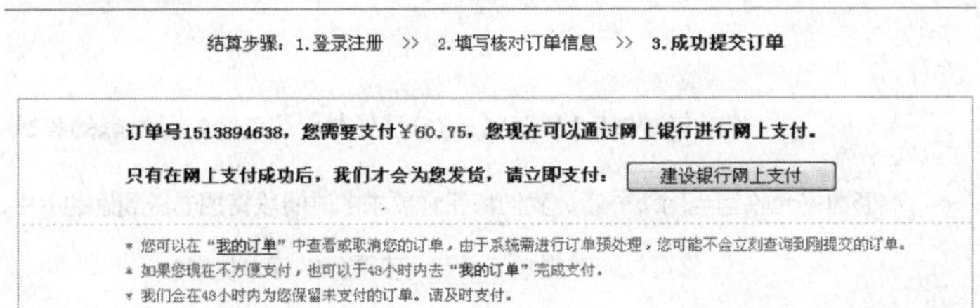

图 4.21　当当网购物成功提交订单页面

11）进入建设银行的个人网上银行平台页面。在页面中，输入注册网上银行时的用户昵称或者证件号码、登录密码及附加码，单击“下一步”按钮，进行个人网上银行的登录。建设银行的个人网上银行平台如图 4.22 所示。

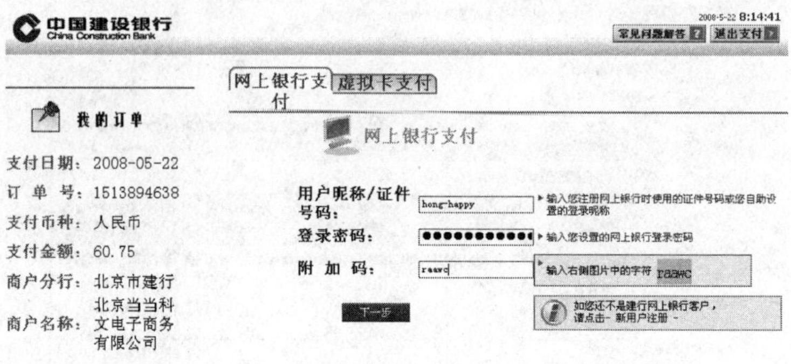

图 4.22　建设银行的个人网上银行平台

12）在线支付。在支付页面中输入支付账号和账户密码，单击“支付”按钮确认本次购物支付。中国建设银行网上银行支付页面如图 4.23 所示。

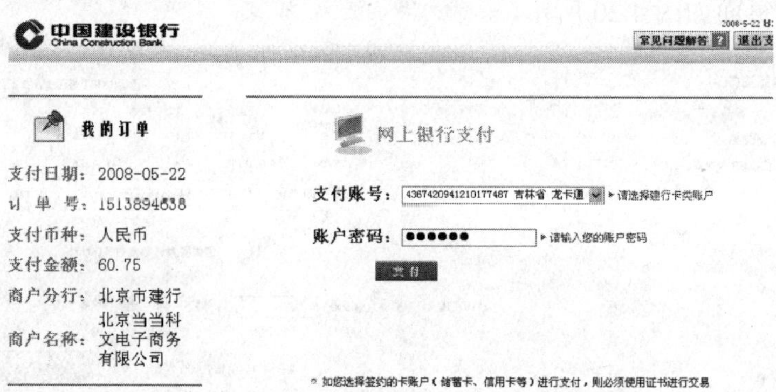

图 4.23　中国建设银行网上银行支付页面

13）完成购物。弹出完成页面，到此，网上支付完成。当当网完成购物页面如图 4.24 所示。

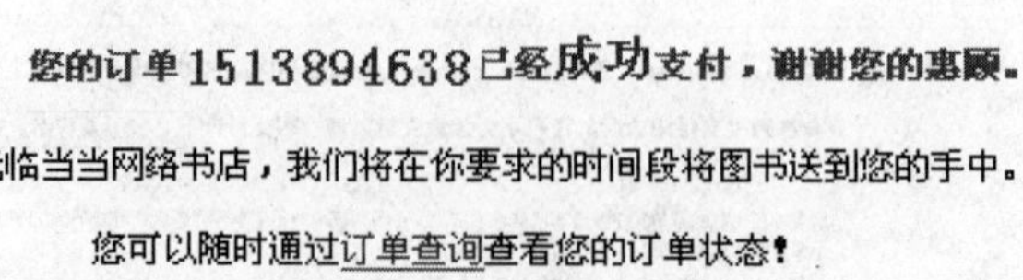

图 4.24　当当网完成购物页面

知识扩展

一、网上银行业务介绍

一般说来网上银行的业务品种主要包括基本业务、网上投资、网上购物、个人理财、企业银行及其他金融服务。

1. 基本网上银行业务

商业银行提供的基本网上银行服务包括：在线查询账户余额、交易记录、下载数据、转账和网上支付等。

2. 网上投资

由于金融服务市场发达，可投资的金融产品种类众多，国外的网上银行一般提供包括股票、期权、共同基金投资和信用违约互换CDS买卖等的多种金融产品服务。

3. 网上购物

商业银行的网上银行设立的网上购物协助服务，大大方便了客户网上购物，为客户在相同的服务品种上提供了优质的金融服务或相关的信息服务，加强了商业银行在传统竞争领域的竞争优势。

4. 个人理财助理

个人理财助理是国外网上银行重点发展的一个服务品种。各大银行将传统银行业务中的理财助理转移到网上进行，通过网络为客户提供理财的各种解决方案，提供咨询建议，或者提供金融服务技术的援助，从而极大地扩大了商业银行的服务范围，并降低了相关的服务成本。

5. 企业银行

企业银行服务是网上银行服务中最重要的部分之一。其服务品种比个人客户的服务品种更多，也更为复杂，对相关技术的要求也更高，所以能够为企业提供网上银行服务是商业银行实力的象征之一，一般中小网上银行或纯网上银行只能提供部分，甚至完全不提供这方面的服务。

企业银行服务一般提供账户余额查询、交易记录查询、总账户与分账户管理、转账、在线支付各种费用、透支保护、储蓄账户与支票账户资金自动划拨、商业信用卡等服务。此外，还包括投资服务等。部分网上银行还为企业提供网上贷款业务。

6. 其他金融服务

除了银行服务外，大型商业银行的网上银行均通过自身或与其他金融服务网站联合的方式，为客户提供多种金融服务产品，如保险、抵押和按揭等，以扩大网上银行的服务范围。

二、银行交易系统的安全性

"网上银行"系统是银行业务服务的延伸，客户可以通过互联网方便地使用商业银行核心业务服务，完成各种非现金交易。但互联网是一个开放的网络，银行交易服务器是互联网的公开站点，网上银行系统只能将银行内部网向互联网敞开大门。因此，如何保证网上银行交易系统的安全，关系到银行内部整个金融网的安全，这是网上银行建设中至关重要的问题，也是银行保证客户资金安全的最根本的考虑。

为防止交易服务器受到攻击，银行主要采取以下四方面的技术措施。

1. 设立防火墙，隔离相关网络

一般采用多重防火墙方案。其作用分别为分隔互联网与交易服务器，防止互联网用户的非法入侵；用于交易服务器与银行内部网的分隔，有效保护银行内部网，同时防止内部网对交易服务器的入侵。

2. 高安全级的 Web 应用服务器

服务器使用可信的专用操作系统，凭借其独特的体系结构和安全检查，保证只有合法用户的交易请求才能通过特定的代理程序送至应用服务器进行后续处理并 24 小时实时安全监控。例如，采用 ISS 网络动态监控产品，进行系统漏洞扫描和实时入侵检测。在 2000 年 2 月 Yahoo 等网站遭到黑客入侵破坏时，使用 ISS 安全产品的网站均幸免于难。

3. 身份识别和 CA 认证

网上交易不是面对面交易，客户可以在任何时间、任何地点发出请求，传统的身份识别方法通常是依靠用户名和登录密码对用户的身份进行认证。但是，用户的密码在登录时以明文的方式在网络上传输，很容易被攻击者截获，进而可以假冒用户的身份登录，如此身份认证机制就会被攻破。

在网上银行系统中，用户的身份认证依靠基于"RSA 公钥密码体制"的加密机制、数字签名机制和用户登录密码的多重保证。银行对用户的数字签名和登录密码进行检验，全部通过后才能确认该用户的身份。用户的唯一身份标识就是银行签发的"数字证书"。用户的登录密码以密文的方式进行传输，确保了身份认证的安全可靠性。数字证书的引入，同时实现了用户对银行交易网站的身份认证，以保证访问的是真实的银行网站，另外还确保了客户提交的交易指令的不可否认性。由于数字证书的唯一性和重要性，各家银行为开展网上业务都成立了 CA 认证机构，专门负责签发和管理数字证书，并进行网上身份审核。2000 年 6 月，由中国人民银行牵头、12 家商业银行联合共建的中国金融认证中心（CFCA）正式挂牌运营。这标志着中国电子商务进入了银行安全支付的新阶段。中国金融认证中心作为一个权威的、可信赖的、公正的第三方信任机构，为今后实现跨行交易提供了身份认证基础。

4．网络通信的安全性

由于互联网是一个开放的网络，客户在网上传输的敏感信息（如密码、交易指令等）在通信过程中存在被截获、被破译、被篡改的可能。为了防止此种情况发生，网上银行系统一般都采用加密传输交易信息的措施，使用最广泛的是 SSL 数据加密协议。

SSL 协议是由 Netscape 首先研制开发的，其首要目的是在两个通信间提供秘密而可靠的连接，目前大部分 Web 服务器和浏览器都支持此协议。用户登录并通过身份认证之后，用户和服务方之间在网络上传输的所有数据全部用会话密钥加密，直至用户退出系统为止。而且每次会话所使用的加密密钥都是随机产生的。这样，攻击者就不可能从网络上的数据流中得到任何有用的信息。同时，引入了数字证书对传输数据进行签名，一旦数据被篡改，则必然与数字签名不符。SSL 协议的加密密钥长度与其加密强度有直接关系，一般是 40～128 位，可在 IE 浏览器的“帮助”、“关于”中查到。目前，建设银行等已经采用有效密钥长度 128 位的高强度加密。

知识回顾

本节介绍了网上银行的含义、功能、特点、交易流程，目的就是要明确网上银行在电子交易中的重要地位，支付平台的合理使用是网上交易的成功保障。

拓展训练

1．浏览中国工商银行网站。

2．了解网上个人银行业务的内容。

3．熟悉网上个人银行业务的电子支付流程及有关规定。

任务 4.3 第三方支付

任务介绍

第三方支付平台越来越受到消费者的喜爱，因操作简单而易于接受，了解第三方支付的含义、模式和交易流程是十分重要的。本次课程将重点学习有关以下几个方面的内容，可以帮助读者更好地理解和认识电子支付的重要性。

相关知识

4.3.1 第三方支付的概念

第三方支付是指第三方平台提供商通过采用通信、计算机和信息安全技术，在商家和银行之间建立起连接，从而实现从消费者到金融机构、商家的货币支付、现金流转、资金清算、查询统计等，为商家开展B2B、B2C交易等电子商务服务和其他增值服务提供完善的支持。

第三方支付平台的经营模式大致分为两种：一种是第三方支付平台在与银行相连完成支付功能的同时，充当信用中介，为客户提供账号，进行交易资金代管，由其完成客户与商家的支付后定期统一与银行结算；另一种是第三方支付平台与银行密切合作，实现多家银行数十种银行卡的直通服务，第三方支付平台只是充当客户和商家的第三方的银行支付网关。

4.3.2 行业分类

一类是以支付宝、财付通、盛付通为首的互联网型支付企业，它们以在线支付为主，捆绑大型电子商务网站，迅速做大做强。

一类是以银联电子支付、快钱、汇付天下为首的金融型支付企业，侧重行业需求和开拓行业应用。

4.3.3 中国国内的第三方支付产品

目前中国国内的第三方支付产品主要有PayPal（易趣公司产品）、支付宝（阿里巴巴旗下）、财付通（腾讯公司，腾讯拍拍）、盛付通（盛大旗下）、易宝支付（Yeepay）、快钱（99bill）、百付宝（百度C2C）、物流宝（网达网旗下）、网易宝（网易旗下）、网银在线（Chinabank）、环迅支付、汇付天下、汇聚支付（Joinpay）、宝付（我的支付导航）。其中用户数量最大的是PayPal和支付宝，前者主要在欧美国家流行，后者是马云阿里巴巴旗下产品，据统计，截至2009年7月，支付宝用户已超过2亿。

另外，中国银联旗下银联电子支付也开始发展第三方支付，其实力不容小视。下面重点介绍一种第三方支付平台——支付宝。

1．支付宝模式

支付宝的功能就是为淘宝的交易者以及其他网络交易的双方乃至线下交易者提供“代收代付的中介服务”和“第三方担保”。从支付流程上来讲类似于 PayPal 的电子邮件支付模式，业务上的不同之处在于 PayPal 业务是基于信用卡的支付体系，并且很大程度上受制于信用卡组织规则（在消费者保护方面）和外部政策的影响。另外 PayPal 支持跨国（地区）的网络支付交易，而支付宝虽然不排斥“国际使用者”，但规定“需具备国内银行账户”。支付宝的设计初衷同样也是为了解决中国国内网上交易资金安全的问题，特别是为了保证在其关联企业淘宝网 C2C 业务中买家和卖家的货款支付流程能够顺利进行。其早期基本模式是买家在网上把货款付给支付宝公司，支付宝收到货款之后通知卖家发货，买家收到货物之后再通知支付宝，支付宝这时才把货款转到卖家的账户上，交易到此结束。在整个交易过程中，如果出现欺诈行为，支付宝将进行赔付。

2．支付宝流程简介

要想成为支付宝的用户，与 PayPal 的流程很相似，必须经过注册流程，用户须有一个私人的电子邮件地址，作为在支付宝的账号，然后填写个人的真实信息（也可以公司的名义注册），包括姓名和身份证号码。在接受支付宝设定的“支付宝服务协议”后，支付宝会发电子邮件至用户提供的邮件地址，用户在接收的邮件中单击激活链接后，才能激活支付宝账户，由此通过支付宝进行下一步的网上支付步骤。同时，用户必须将其支付宝账号绑定一个实际的银行账号或者信用卡账号，与支付宝账号相对应，以便完成实际的资金支付流程。

3．基于交易的进程，支付宝在处理用户支付时的两种方式

第一种方式：买卖双方达成付款的意向后，由买方将款项划至其支付宝账户（其实是支付宝在相对银行的账户），支付宝发电子邮件通知卖家发货，卖家发货给买家，买家收货后通知支付宝，支付宝于是将买方先前划的款项从买家的虚拟账户中划至卖家在支付宝的账户。

第二种方式：是支付宝的即时支付功能，“即时到账交易（直接付款）”，交易双方可以不经过确认收货和发货的流程，买家通过支付宝立即发起付款给卖家。支付宝发给卖家电子邮件（由买家提供），在邮件中告知卖家买家通过支付宝发给其一定数额的款项。如果卖家这时不是支付宝的用户，那么卖家要通过注册流程成为支付宝的用户后才能取得货款。需要说明的是，支付宝提供的这种即时支付服务不仅适用于淘宝和其他的网上交易平台，而且还适用于买卖双方达成的其他的线下交易。从某种意义上说，如果实际上没有交易发生（即双方不是交易的买卖方），也可以通过支付宝向任何一个人进行支付。

任务实施

支付宝（Alipay）最初作为淘宝网公司为了解决网络交易安全所设的一个功能，该功能为首先使用的“第三方担保交易模式”，由买家将货款打到支付宝账户，由支付宝向卖家通知发货，买家收到商品确认后通知支付宝将货款转于卖家，至此完成一笔网络交易。下面是申请注册支付宝账号的方法。

1）登录淘宝网网站（百度搜索即可），在淘宝网网站的右上角有“网站导航”，在此选择“支付宝”选项，即可进入支付宝页面，然后在个人、企业两个注册方式中选中一个单击注册，这里选择个人注册。支付宝页面如图 4.25 所示。

图 4.25　支付宝页面

2）选择“立即注册”，进入支付宝注册页面。支付宝创建账户页面如图 4.26 所示。

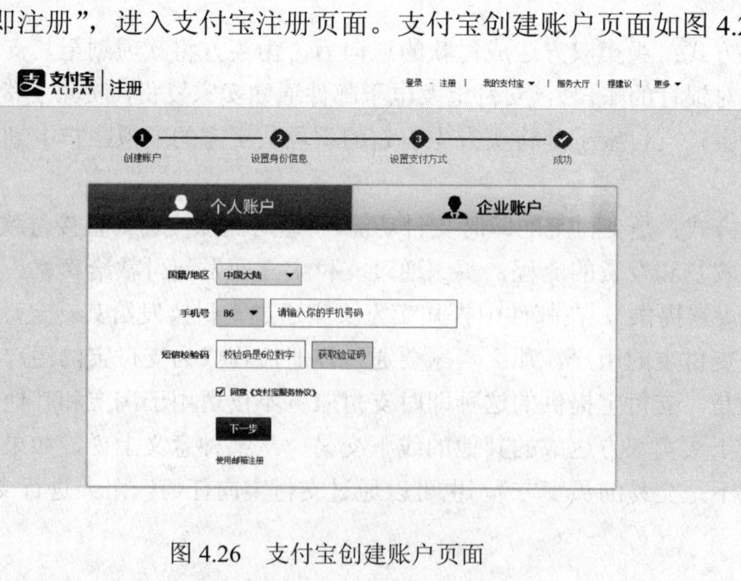

图 4.26　支付宝创建账户页面

3）填写支付宝注册信息，单击“下一步”按钮，进入支付宝设置信息界面。支付宝身份设置界面如图 4.27 所示。

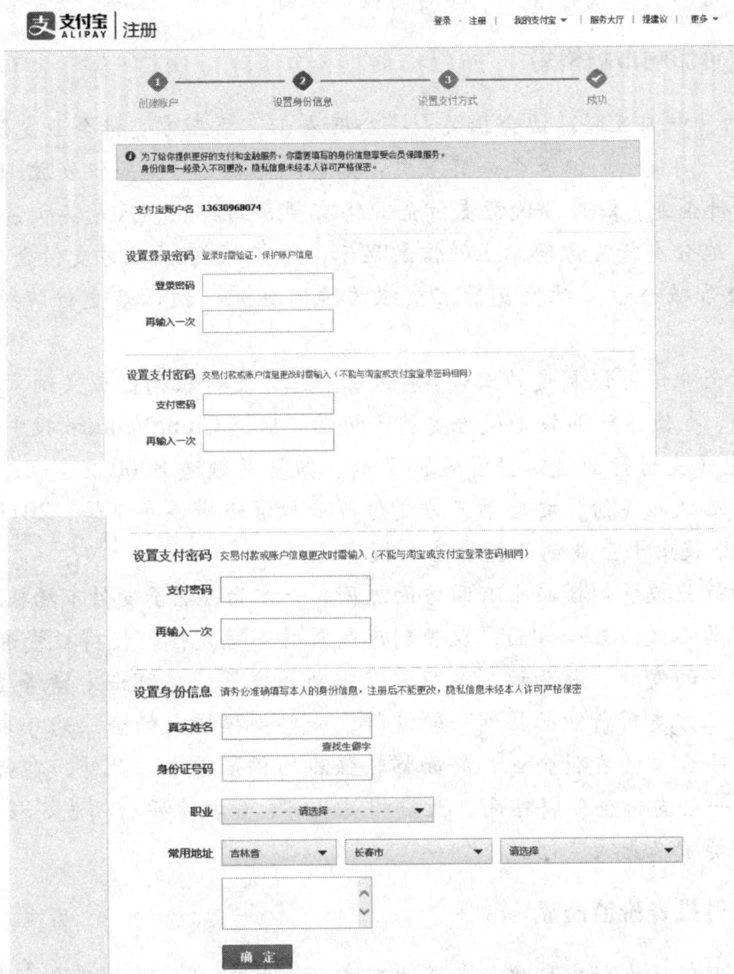

图 4.27 支付宝身份设置界面

4）填写完身份注册信息，单击“确定”按钮，即可注册成功，然后进入注册邮箱，找到刚收到的支付宝系统发的邮件，单击相应链接并激活支付宝账户。

知识扩展

第三方支付获官方认可 移动支付投资价值凸显

当前，在线支付公司支付宝从阿里巴巴集团脱离，据雅虎提交给美国证券交易委员会的文件显示，阿里巴巴集团已经将支付宝的所有权转让给马云控股的另一家新公司。文件称，为了尽快获得监管部门的牌照，阿里巴巴对支付宝进行了重组，支付宝将成为中国一家国内公司的全资子公司，而马云持有该公司的多数股权。支付宝的重组操作显示了当前中国第三方支付行业所面临的监管现状，而未来支付牌照的发放，或将对中国第三方支付市场格局产生一定影响，或将催生一些新的投资机会。

一、行政许可影响市场格局

2011 年年初，中国互联网协会相关人士公开表示，第三方支付企业支付业务许可证将最早于 1 月最后一周发放，但至今未有下文。据悉，首批支付牌照仅发放 10 张，并首先考虑“国字号”支付企业，但部分民营支付企业仍有望拿到牌照，只是其所占比例不会太高。而据此前央行各地分支行官方网站上的信息显示，共有 17 家第三方支付企业申请《支付业务许可证》的公告被公示。此次支付宝重组为境内企业，预示着支付牌照的发放将有实质进展。

第三方支付企业许可证制度的出台，意味着第三方支付机构被正式纳入国家监管体系，并拥有合法身份，也使该行业投资风险更易于评估。根据 ChinaVenture 投中集团数据统计，2006 年第三方电子支付行业披露投资案例 7 起，投资总额逾 8000 万美元，这也是历史上该行业投资最为活跃的年份，之后第三方支付行业投资规模逐年下降，2011 年至今仅披露 1 起案例——瀚银获中小企业创业投资基金投资。

第三方支付行业投资规模减小有两方面原因：一方面，电子支付市场格局已基本形成，投资新的企业意义不大；另一方面，监管制度政策的不确定性，使得投资者望而却步。

随着支付牌照的发放，将为该行业投资带来新的发展。许可证申请资质门槛的设定，将意味着目前第三方支付行业面临新一轮洗牌，一些规模较大的企业为寻求融资以展开收购，尤其是一些平台型的支付企业，将面临较强烈的扩张需求。此外，在行业巨头及行政许可的挤压下，一些支付企业将转向产业链相关业务，如技术平台研发、移动支付终端等，这也为该行业投资带来更大空间。

二、移动支付投资价值凸显

在传统互联网领域支付市场格局已基本确定的形势下，无线应用将为第三方支付产业带来新的发展方向。目前，移动应用成为 TMT 领域投资者最为关注的细分行业，但由于盈利模式的不确定，该行业的投资规模远远落后于被关注的热度。而未来移动互联网要构建成熟的盈利模式，支付渠道将是面临的首要问题，因此，移动支付将是投资者最关注的领域。

目前来看，电信运营商、银行和第三方支付平台都已积极地融入移动支付领域，但移动支付涉及很多行业和环节，且运营模式各不相同，将不可避免地面临着各种发展难题。而各方首要面临的问题则是如何把市场做大做强。由于移动支付产业的参与者众多，仅凭某一方的力量难以推动移动支付产业快速发展。

ChinaVenture 投中集团分析师冯坡认为，从当前移动支付市场来看，仍处于“割据”状态。而第三方移动支付作为跨通信与金融的模式，最有能力整合移动支付产业链的各方参与者，加强整个产业链的合作。但是在此过程中，由于金融机构与运营商的强势地位，各自围绕利益分配和主导权的竞争或将成为行业发展的瓶颈。不过，支付牌照的发放，将为第三方支付企业带来更多话语权，实现多方合作的可能性大为增强。

未来，移动支付会因银联和银行的推动及电信运营商的配合，而成为一个规模庞大的市场。与金融服务有关的通道或平台型第三方支付公司将成为投资者青睐的对象。而移动支付平台一旦建立，用户就可以在接入该平台的商户联盟中使用手机刷卡购物、消费，以手机支付进行购物、就餐、影院看电影，甚至缴纳水、电、煤气费及乘坐公交等将成为可能，从而整个移动支付的市场规模将成倍增长。

知识回顾

第三方支付平台是现代电子商务交易的重要交易媒介，第三方平台的使用保障了买卖双方的合法权利，是现代商务时代网络交易的有效途径，掌握第三方平台的相关知识是正确完成电子支付的基础。

拓展训练

1．阿里巴巴的支付宝（典型的第三方支付平台）。

①了解支付宝的作用与申请流程（查看支付宝客服中心的相关信息）；

②申请支付宝账户并激活账户（根据提示操作）；

③登录支付宝账户，进行账户信息查看和管理（如设置收件地址、邮政编码等信息）。

注意1：在实际使用支付宝支付时，还需要通过网上银行在线支付方式为支付宝充值，在此不具体叙述。

注意2：申请后相关信息务必牢记，供以后使用。

2．打开淘宝网，进行会员注册，申请支付宝，完成支付宝认证后，购买自己喜欢的商品。

项目 5

网络营销

案例引入

海尔的发展

中国海尔创立于 1984 年，经过 30 年的创业创新，从一家资不抵债、濒临倒闭的集体小厂发展成为全球家电知名品牌。作为中国家电企业的一面旗帜，海尔在网络营销上走在了很多企业的前面。

赢得全球供应链网络。在海尔，仓库不再是储存物资的“水库”，而是一条流动的“河”，“河”中流动的是按订单采购生产必需物资，也就是按订单进行采购、制造等活动，这样，从根本上消除了呆滞物资、消灭了库存。海尔集团每月平均接到 6000 多个销售订单，这些订单的定制产品品种达 7000 多个，需要采购的物料品种达 15 万余种。新的物流体系将呆滞物资降低了 73.8%，仓库面积减少了 50%，库存资金减少了 67%。

海尔通过整合内部资源、优化外部资源使供应商由原来的 2336 家优化至 978 家，国际化供应商的比例却上升了 20%，建立起强大的全球供应链网络，有力地保障了海尔产品的质量和交货期。不仅如此，还引进一批国际化大公司的高科技和新技术参与到海尔产品的前端设计中，目前参与产品开发的供应商比例已高达 32.5%，实现三个 JIT（Just In Time，即时），即 JIT 采购、JIT 配送和 JIT 分拨物流的同步流程。

在企业外部，海尔 CRM（客户关系管理）和 BBP 电子商务平台的应用架起了与全球用户资源网、全球供应链资源网沟通的桥梁，实现了与用户的零距离。目前，海尔 100%的采购订单由网上下达，使采购周期由原来的平均 10 天降低到 3 天；网上支付已达到总支付额的 20%。

在企业内部，计算机自动控制的各种先进物流设备不但降低了人工成本、提高了劳动效率，还直接提升了物流过程的精细化水平，达到质量零缺陷的目的。计算机管理系统搭建起海尔集团内部的信息高速公路，将电子商务平台上获得的信息迅速转化为企业内部的信息，以信息代替库存，达到零营运资本的目的。

海尔在物流方面所做的探讨与成功，尤其是采用国际先进的协同电子商务系统进一步提升了海尔企业的核心竞争力。

从海尔网络营销成功案例中我们得到以下启示。

1）可以借助网络让更多的人了解自己的产品，以此强化品牌，树立企业正面形象。

2）由于海尔既坚持做传统零售，又从网络营销下手，所以一直保持着强劲的核心竞争力，使海尔集团不断地向前发展。

任务5.1　网络营销与传统营销的比较

任务介绍

小王大学毕业后到一家企业负责销售工作，为了更好地完成销售任务，小王准备拓展销售渠道，开展网络营销，小王首先要通过网络收集有用的网络商务信息。

相关知识

网络营销是随着互联网的产生和发展而产生的新型营销方式，已成为很多企业关注的焦点，各企业纷纷采用这种新的手段来推广自身品牌，开展网络公关。

5.1.1　网络营销的含义

网络营销是以国际互联网为基础，利用数字化的信息和网络媒体的交互性来辅助实现营销目标的一种新型的市场营销方式。网络营销也是一种新型的直销模式。但网络营销不单是网上销售，它是企业现有营销体系的有力补充，其实质是利用互联网在产品的售前、售中、售后各环节进行即时、双向的信息沟通和跟踪服务。网络营销贯穿于企业经营的全过程，涉及市场调查、客户分析、产品开发、销售策略拟制、客户服务与管理等方面。

我们从以下两方面理解网络营销。

1. 网络营销是现代营销的主要方式

网络营销的本质仍然是营销，是通过减少或消除营销过程中各种障碍，使商品或服务从生产者顺利向消费者转移的过程。一种商品或服务从设计、生产到实现消费是一个复杂的过程，在这个过程中，存在着种种时间与空间上的障碍。通过营销可在一定程度上消除这种不利因素。但因时间的继起，空间上的分离所产生的负面影响，又不可能通过传统的营销方式消除。例如，某企业通过市场调研，发现某种物品是当前市场所紧缺的。但与此同时可能有一些企业正在生产该种物品，那么在该企业研制生产、投放市场的过程中，可能被其他厂家抢先占领市场。

而网络营销的价值，就在于企业可以使从生产者到消费者之间的信息收集、信息传递、价值交换更便利、更充分、更有效率。因为，信息技术的发展，特别是通信技术的发展，促使互联网络成为一个辐射面更广、交互性更强的新型媒体，它不再局限于传统的广播电视等媒体的单向性传播，还可以与媒体的接收者进行实时的交互式沟通和联系。而网络营销正是依托互联网开展营销，以便最大限度地实现企业的经营目标。这就使得网络营销具有传统营销方式所不具备的特点：信息交流的自由、开放和平等。

2. 网络营销是企业经营的创新

网络技术的发展和虚拟市场的扩展，为企业的经营创新留下了广阔的空间。随着多媒体技术、Internet 及通信技术、数据库等技术的实现和发展，不断地为企业经营者和网上营销者开拓无限的生存和发展空间。新的网上业务不断被创造出来。例如，搜索引擎成为网上流行的业务类型，并创造了 Yahoo!、Sohu 这样的公司。

5.1.2 网络营销的优势

与传统营销手段相比，网络营销无疑具有许多明显的优势。

1. 利于取得未来的竞争优势

我国许多家庭购买计算机都是为了便于孩子学习，使他们能跟上时代的脚步，而好奇心极强的孩子们大都对计算机甚为着迷，如果能抓住他们的心，当十几年以后，他们成长为消费者时，早先为他们所熟知的产品无疑会成为他们的首选，也就是说，抓住了现在的孩子，也就抓住了未来的消费主力，也就能顺利地占领未来市场。从长远来看，网络营销能带给商家长期的利益，就是在不知不觉中培养一批忠实顾客。

2. 决策的便利性、自主性

如今人们都生活在信息充斥的社会中，无论是报纸、杂志、广播，还是电视，无不充满着广告，甚至电视剧中也被见缝插针地播放广告，让人们不得不被动地接收各种信息，在这种情况下，广告的到达率和记忆率之低也就可想而知了。于是，商家感慨广告难做，消费者抱怨广告无处不在，而好广告则太少。网络营销则截然不同，消费者不必面对广告的轰炸，只需根据自己的喜欢或需要去选择相应的信息，如商家、产品等，然后相互比较，做出购买决定。这种轻松自在的选择，不必受时间、地点的限制，24 小时皆可，浏览的信息可以是国内外任何上网的信息，不用一家家商场跑来跑去比较质量、价格，更不必面对售货员的“热情推销”，完全由自己做主，只需操作鼠标而已，这样的灵活、快捷与方便是商场购物所无法比拟的。

3. 成本优势

在网站发布信息，代价有限，将产品直接向消费者推销，可缩短分销环节，发布的信息谁都可以自由地索取，可拓宽销售范围，从而减少促销费用、降低成本，使产品更具有价格竞争力。并且访问的消费者多是对此类产品感兴趣的顾客，受众准确，避免了许多无用的信息传递，也可节省费用。还可根据订货情况调整库存量，降低库存费用。例如网上书店，其书目可按中图法分类，分为社科类、文学类、外文类、计算机类、电子类等，还可按出版社、作者、国别等进行索引，以方便读者查找，还可以辟出专栏介绍新书及内容简介，信息更新及时、方便，以较低的场地费、库存费提供更多更新的图书，争取更多顾客。

4. 良好的沟通

可利用调查表收集顾客的意见，让顾客参与产品的设计、开发、生产，使生产真正做到以顾客为中心，从各方面满足顾客的需要，避免不必要的浪费。而顾客对参与设计的产品会倍加喜爱，如同是自己生产的一样。商家可设立专人解答疑问，帮助消费者了解有关产品的信息，让沟通人性化、个性化。例如，汽车生产商可提供各式各样的发动机、转向盘、车身颜色等供顾客挑选，然后在计算机上试安装，使顾客能看到成型的汽车，并加以调整，满意后，定制生产批量汽车。商家也可由此得知顾客的兴趣、爱好，进行新产品的研发。

5. 优化服务

消费者最怕遇到两种售货员，一种 “冷若冰霜”，让人不敢买；另一种“热情似火”，让人不得不买，虽推销成功，顾客却心中留怨。网络营销的一对一服务，留给顾客更多自由考虑的空间，避免冲动购物，可以更多地比较后再做决定。网上客服 24 小时的服务，让信息更加快捷。例如，顾客买了惠普公司的打印机，总是出现问题，通过客服咨询得知是打印程序的问题，于是找到惠普公司的网站，下载了打印程序，问题就解决了，多么快捷与方便，惠普公司也因此节省人工成本。不仅是售后服务，在顾客咨询和购买的过程中，商家也可及时地提供服务，帮助顾客完成购买行为。通常售后服务的费用占研发费的 67%。提供网络服务可降低此项费用。

6. 多媒体效果

网络广告既具有平面媒体的信息承载量大的特点，又具有电波媒体的视、听觉效果，可谓图文并茂、声像俱全。而且，广告发布不需要印刷，节省纸张，且不受时间、版面限制，顾客只要需要就可以随时索取。

任务实施

1. 使用搜索引擎收集网络商务信息

搜索引擎是指能及时发现所需要的调研对象内容的电子指针。在互联网上查找商务信息，既可以用综合类搜索引擎，也可以用各种专题搜索引擎，如商贸引擎。对于不同的信息，可以用中文搜索引擎，也可以用英文搜索引擎。

(1) 使用英文搜索引擎收集商务信息

1）Altavista（http://www.altavista.com/）。它是全球最知名的网上搜索引擎公司之一，同时提供搜索引擎后台技术支持等相关产品。它对商业检索、产品检索、专题讨论组三个专题检索特别有用，Altavista 搜索引擎如图 5.1 所示。

图 5.1　Altavista 搜索引擎

2）Excite（http://www.excite.com）。它是一个用户喜爱的搜索引擎。在 Excite 中查找商务信息，可以采用关键词检索；也可以通过分类目录检索，分类目录中与市场营销密切相关的有商业、投资、汽车、计算机等。它的专题检索栏目有黄页、人物、地图等，Excite 搜索引擎如图 5.2 所示。

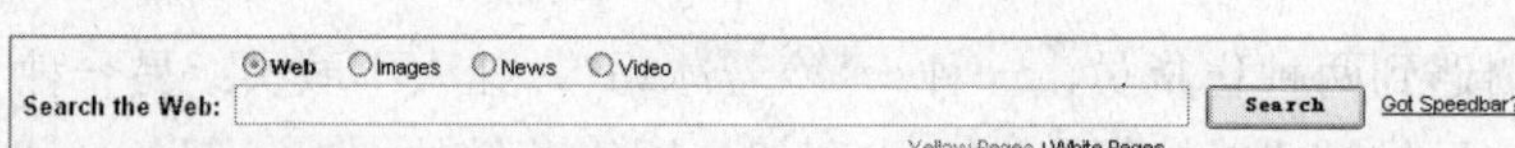

图 5.2　Excite 搜索引擎

(2) 使用中文搜索引擎收集网络商务信息

目前在互联网上可选择的搜索引擎有许多，如百度、谷歌、搜狗、新浪、雅虎、搜狐等。

1）百度搜索引擎。它使用了高性能的“网络蜘蛛”程序自动地在互联网中搜索信息，可定制、高扩展性的调度算法使得搜索器能在极短的时间内收集最大数量的互联网信息。百度在中国各地和美国均设有服务器，搜索范围涵盖了中国大陆、香港地区、台湾地区、澳门地区、新加坡等华语地区及北美、欧洲的部分站点。百度搜索引擎拥有目前世界上最大的中文信息库，总量达到 6000 万页以上，并且还在以每天几十万页的速度快速增长，百度搜索引擎如图 5.3 所示。

图 5.3　百度搜索引擎

2）搜狗搜索引擎。它是搜狐公司旗下的子公司，于 2004 年 8 月 3 日推出，目的是增强搜狐网的搜索技能，主要经营搜狐公司的搜索业务。搜狗查询非常简洁方便，只需输入查询内容并单击回车键（Enter），或单击“搜狗搜索”按钮即可得到相关的资料，搜狗搜索引擎如图 5.4 所示。

图 5.4　搜狗搜索引擎

3）新浪搜索引擎。新浪网搜索引擎是面向全球华人的网上资源查询系统，它收录了大量的中文网站地址，内容丰富，分类详细，是目前互联网上最大规模的中文搜索引擎之一，新浪搜索引擎如图 5.5 所示。

图 5.5　新浪搜索引擎

2. 利用电子邮箱收集网络商务信息

调查表明，电子邮件是互联网上最常使用的工具，对企业管理人员而言，利用电子邮件收集商务信息不失为一种好方法。

（1）如何获得客户的电子邮件地址

1）查阅企业原有客户的通信文件或者数据库，以获得原有客户的电子邮件地址。

2）企业网站建立客户留言簿供访问者留言，在每个客户留言之前，要求必须先行注册成为本网站的会员，方能在本网站留言，在会员的注册页面中巧妙地获得客户的电子邮件地址，凡客诚品网站新用户注册页面如图 5.6 所示。

3）在网站建立与产品或者服务内容相关联的讨论，吸引客户参加并以留言方式获取电子邮件地址，凡客诚品网站的客户留言板添加留言界面如图 5.7 所示。

4）通过专门的电子邮件地址服务商租用或者购买电子邮件地址。

5）通过专用的电子邮件地址收集软件，在特定的范围内收集消费者电子邮件地址。

图 5.6　凡客诚品网站新用户注册页面

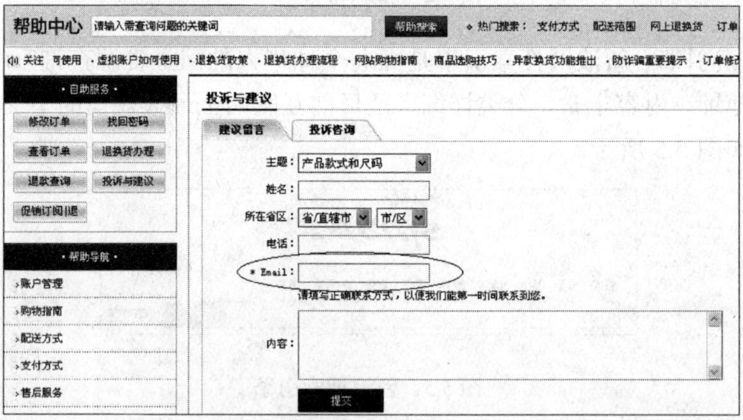

图 5.7　凡客诚品网站的客户留言板添加留言界面

(2) 制作网上调查问卷

网上调查问卷可由多个问题组成，问题可包括需用户输入信息的填空问题、单项选择问题、多项选择问题，并可指定必答项和非必答项。问卷生成前后都可即时修改。问卷应清楚写明自己企业的通信地址和联系方式。

(3) 通过电子邮件向客户发送调查问卷

问卷星发送电子邮件界面如图 5.8 所示。

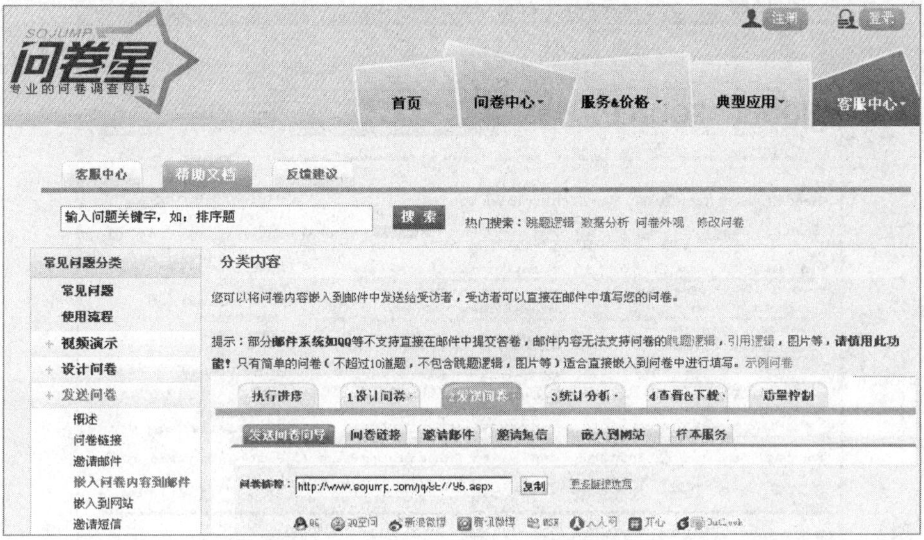

图 5.8　问卷星发送电子邮件界面

(4) 汇集反馈

通过邮箱接收客户反馈信息后，汇集反馈信件，并统计问卷返回比例，对调查问卷的相关信息进行整理汇总，以获得目标信息。

3. 利用互联网商业资源站点查找商务信息

互联网上有大量的商业资源站点，集中了大量的商务信息，而且极大部分是供用户免费使用的。其中与网络市场调研有关的资源站点很多，如商业门户网站、专业资源网站、专业调查网站、传统商业媒体转型的网站、电子商务网站、工商企业网站等，市场调研人员通过这些平台可获得许多有价值的商务信息。

(1) 利用商业门户网站收集商务信息

1）环球资源（http://www.globalsources.com）。环球资源是一个 B2B 多渠道的国际贸易平台，也是大中华地区双边贸易的主要促进者。其提供的服务首先是基于买家的需求而设计的，买家只需说明感兴趣的产品类目，一旦供应商有相应信息上网，系统自动以电子邮件通知买家上网查看。其强大的搜索引擎分三大类：产品搜索、供应商搜索、全球搜索。环球资源网站的首页面如图 5.9 所示。

2）阿里巴巴（http://china.alibaba.com/）。阿里巴巴是全球著名的 B2B 系列网站，旗下公司有阿里巴巴 B2B、淘宝、天猫、支付宝、阿里软件、阿里妈妈、口碑网、阿里云、中国雅虎、一淘网、中国万网、聚划算、CNZZ、一达通。

阿里巴巴网站的主要信息服务栏目包括：商业机会、产品展示、公司全库、行业资讯、价格行情、以商会友、商业服务等。阿里巴巴中国网站首页如图 5.10 所示。

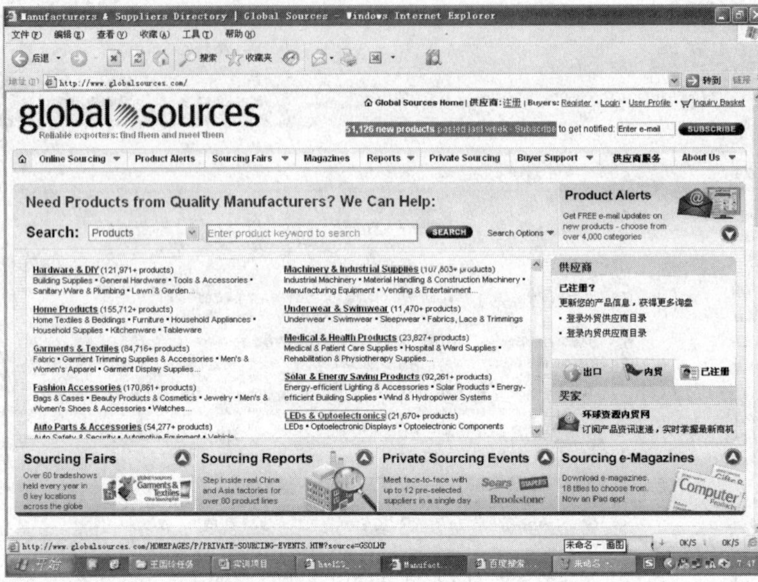

图 5.9　环球资源网站

图 5.10　阿里巴巴中国网站首页

(2) 利用专业调查网站收集商务信息

专业信息网站都是由政府或一些业务范围相近的企业或某些网络服务机构开办的，如中国调查网、中国商品交易市场、中国广告信息网、中国粮食贸易网等。通过这些专业调查网站和相关调查平台的资源分布，可免费查阅各个行业、各种产品已完成的市场调查报告等相关信息。中国调查网首页如图 5.11 所示。

图 5.11　中国调查网首页

任务 5.2　网络营销的基本方法

任务介绍

小王要通过网络对自己企业产品进行全方位的推广，其中搜索引擎营销是一种非常重要的营销实务方法。

相关知识

5.2.1　搜索引擎营销

1．搜索引擎

(1) 搜索引擎的含义

搜索引擎是指根据一定的策略、运用特定的计算机程序搜集互联网上的信息，在对信息进行组织和处理后，为用户提供检索服务的系统。从使用者的角度看，搜索引擎提供了一个包含搜索框的页面，用户在搜索框中输入词语，通过浏览器提交给搜索引擎后，搜索引擎就会返回与用户输入内容相关的信息列表。

(2) 搜索引擎的分类

搜索引擎一般可以分为以下几种类型。

1）全文索引。全文搜索引擎是名副其实的搜索引擎，国外有谷歌，国内则有著名的百度。它们都从互联网上提取各个网站的信息，建立起数据库，并能检索与用户查询条件相匹配的记录，按一定的排列顺序返回结果。根据搜索结果来源的不同，全文搜索引擎又可分为两类：一类拥有自己的检索程序，俗称“蜘蛛”程序或“机器人”程序，能自建网页数据库，搜索结果可以直接从自身的数据库中调用，谷歌和百度就属于此类；另一类则租用其他搜索引擎的数据库，并按自定的格式重新排列搜索结果。

2）目录索引。目录索引虽然有搜索功能，但从严格意义上来讲并不能称为真正的搜索引擎，只是一种按目录分类的网站链接列表而已。用户完全可以按照分类目录找到所需要的信息，不依靠关键词进行查询。目录索引中最具代表性的有雅虎、新浪分类目录搜索。

3）元搜索引擎。元搜索引擎接收用户查询请求后，便同时在多个搜索引擎上展开搜索，并将结果返回给用户。在搜索结果排列方面，有的直接按来源排列搜索结果，有的则按自定的规则将结果重新排列组合。

(3) 知名搜索引擎

主要搜索引擎有国内的百度、搜狗和国外的谷歌等。北京正望咨询有限公司发布的《2010 年中国搜索引擎用户市场调查报告》数据显示，2010 年我国主要搜索引擎有百度、谷歌、搜狗、雅虎等。

1）百度（http://www.baidu.com）。2000 年 1 月创立于北京中关村的百度，是全球最大的中文网站、最大的中文搜索引擎，属于计算机自动搜索型搜索引擎。2000 年 1 月 1 日，公司创始人李彦宏、徐勇从美国硅谷回国，共同创建了百度。2000 年 5 月，百度首次为门户网站——硅谷动力提供搜索技术服务，之后迅速占领中国的搜索引擎市场，成为最主要的搜索技术提供商。2001 年 8 月，百度发布 Baidu.com 搜索引擎 Beta 版，从后台技术提供者转为面向公众独立提供搜索服务，并且在中国首创了竞价排名商业模式。2001 年 10 月 22 日，正式发布 Baidu 搜索引擎。2003 年 12 月，开创性地推出百度贴吧，开创了搜索社区化之先河。2005 年 8 月 5 日，百度在美国纳斯达克上市，成为 2005 年全球资本市场上最引人注目的上市公司。2008 年 1 月 23 日，百度全面启动国际化战略，百度日本公司正式运营。

2）谷歌（http://www.google.com）。谷歌目前被公认为全球规模最大的搜索引擎，创建于 1998 年 9 月 7 日，具有网页搜索、图片搜索、文件搜索、新闻搜索、天气查询、手机号码查询、股票查询、英汉翻译等众多功能。它属于计算机自动搜索型搜索引擎。

3）搜狗（http://www.sogou.com）。搜狗是搜狐公司于 2004 年 8 月 3 日推出的全球首家第三代互动式中文搜索引擎。搜狗以搜索技术为核心，致力于中文互联网信息的深度挖掘，帮助中国上亿网民加快信息获取速度，为用户创造价值。搜狗的产品线包括网页应用和桌面应用两大部分。网页应用以网页搜索为核心，在音乐、图片、新闻、地图领域提供垂直搜索服务，通过说吧建立用户间的搜索型社区；桌面应用则旨在提升用户的使用体验；搜狗工具条帮助用户快速启动搜索，拼音输入法帮助用户更快速地输入，PXP 加速引擎则帮助用户享受在线音视频直播、点播服务。

(4) 搜索引擎的商务模式

在搜索引擎发展早期，搜索引擎通常作为技术提供商为其他网站提供搜索服务，网站付钱给搜索引擎。2001 年以后，大多转向为竞价排名方式。现在搜索引擎的主流商务模式都是在搜索结果页面放置广告，通过用户的点击量向广告主收费。这种模式具有两个特点：一是点击付费，用户不点击则广告主不用付费；二是竞价排序，根据广告主的付费多少排列结果。谷歌推出的 AdWords 也采用点击付费和竞价的方式。

2. 搜索引擎营销

搜索引擎营销在中国经过几年的发展，已经被更多的企业广告主所重视。目前中国有逾 20 万个企业广告主正积极地投入搜索营销中，与目前中国 4000 万家企业相比，尚有一定的距离，所以搜索引擎营销市场的发展潜力巨大。

(1) 搜索引擎营销的含义

搜索引擎营销（Search Engine Marketing，SEM）是一整套的技术和策略系统，一般用于引导更多的访问者从搜索引擎寻找商业网站。

(2) 搜索引擎营销的实现方式

搜索引擎营销包括付费链接、内容定向广告、付费收录及自然排名搜索引擎优化。

1）付费链接。通过诸如 Google AdWords 和百度推广这类广告服务将内容广告在搜索引擎上通过关键词搜索显示出来，多指“付费搜索”“点击付费”广告和“竞价排名”广告。

2）内容定向广告。是指显示在搜索联盟成员的内容站点而不是搜索站点的广告，例如，通过诸如 Google Adsense 和 Yahoo Search“Content Match”这类程序搜索到的新闻文章、博客等。

3）付费收录。通过向搜索引擎和类似黄页站点付费的行为，使企业网站和网页能够被收录到服务器的索引信息中，但是通常不需要被显示在搜索结果列表上的某个特殊位置。

4）自然排名搜索引擎优化。通过使用一些技术，包括 HTML 代码放大、站点导航、网页复制编辑、竞价链接等来提高企业网站或网页在特定搜索主题中的自然搜索结果排名。

5.2.2 电子邮件营销

电子邮件营销往往需要利用邮件列表。邮件列表的建立有两种方式：一种是自己建立邮件列表，让目标客户掌握在自己手中，邮件列表一旦建立就是一笔财富；另一种是利用第三方的邮件列表，自己手中没有客户，要用第三方的客户进行营销，缺点是信息资源被第三方掌握。无论用哪一种方式建立邮件列表，都是为了针对有用的客户发布信息。

邮件列表具有传播范围广的特点，可以向互联网上的用户迅速传递消息，传递的方式可以是主持人发言、自由讨论和授权发言人发言等。邮件列表还具有使用简单方便的特点，只要能够使用 E-mail 就可以使用邮件列表。

1. 电子邮件营销的形式

1）电子刊物。电子刊物是指在网上定期更新，或用电子邮件发送到客户信箱里的电子形式的杂志，可以是网页、Word 文件、PDF 文件、TXT 文件、图片等。目前国内提供电子杂志制作的网站较有影响的有希网、通易、博大等。通过希网电子杂志发行系统发送的电子杂志已达 25000 多种，杂志订阅人数达 760 多万。

2）新闻邮件。新闻邮件是电子杂志的一种表现形式。在编写新闻邮件时要注意几个问题：首先，主题、发送地址、创意、格式和品牌要保持一致；其次，要言简意赅，消费者往往不愿意阅读长达数页的文本，越是流行的新闻邮件越是简洁；最后，要注重主题，主题重点体现人们所关心的问题，并带有品牌元素以方便消费者识别。

3）注册会员通信。注册会员通信是指利用会员注册时提供的电子邮件地址发送信息。客户在企业的网站注册时，企业网站通常会提示客户输入有效的电子邮件地址，并问询客户是否接收信息、接收什么类型的信息等。

2. 电子邮件营销的注意事项

1）不要在未经用户允许的情况下发送电子邮件。在不尊重用户权利的情况下，强制性地将邮件发送到目标者的邮箱，违背了邮件营销的基本概念，一方面降低了自己电子商务网站的品牌美誉度；另一方面有可能将您加入黑名单或被过滤掉，从而将潜在用户拱手让与他人。对于如何才能获得用户允许，一般包含线上与线下两大类，线上的方式通常有注册、订阅、促销活动等，线下的方式有名片交换、展会等。

2）邮件的内容要注意精挑细选。

邮件内容的可读性决定着阅读者是否愿意花费一部分时间去继续阅读自己感兴趣的内容，所以说邮件的内容决定了邮件营销的成功与否，那么作为邮件发送者就应该将大部分心思放在整理邮件内容上。

邮件的内容一定要千挑万选，一定是对目标用户重要的信息，内容可涉及商品打折、免费服务的相关信息。当一名注册会员付款购买完一款笔记本电脑时，作为邮件发送者发送的内容最好包含：计算机使用诀窍、计算机保养说明、如何更健康地上网等。总之，要时刻站在接收者的角度，思考用户在购买相关产品后的使用困惑，帮助他们解决遇到的困惑，这才是电子邮件营销所要实现的最佳效果。

3）及时回复邮件的评论。一封营销类型的电子邮件发送出去，营销方最期待的便是获得顾客的反应率，在一定程度上表现为进入网站的点击率，或是邮件的回复率。对于邮件接收者的回复，作为电商网站的管理者一定要及时回复发件人的疑问或难题，一个潜在的客户在给你发送了一封关于产品的咨询后，一定会迫不及待地等待回复，如果两三天后仍得不到答复，可能此时他已成为竞争对手的客户了。

4）邮件格式切勿混淆凌乱。虽说电子邮件的格式并没有形成统一的风格体系，但是作为一封商业性质营销的电子邮件，必须形成一定的特有格式，至少包括称呼、邮件正文、发件人签名、信息来源、退订按钮等。

5）用户的订阅及退订邮件要简单易行。

一封营销类型的电邮，在其顶部或底部，拥有着简单有效的订阅及退订按钮，此按钮的存在能够让目标者拥有权利选择订阅及退订，简单有效的按钮能够对用户的体验起到至关重要的作用，相反，复杂的按钮则会让目标者反感。

记住千万别给用户取消订阅制造任何障碍，那些选择退订此消息的用户，在一定程度上不会成为电商网站的忠实客户，但要及时统计分析数据的变化，从自身寻找退订邮件问题出现的原因。

6）每封邮件的底部都要有邮件列表来源的版权说明。邮件底部的内容来源能权威性地指明发送邮件信息的所有单位，收信者通过查看此信息能够清晰地知道信息的来源，从而验证了信息的权威性及真实性。此类消息在一定程度上明示了邮件版权所有，对于电子商务网站的品牌效应形成起着至关重要的作用。信息来源版权声明中，其一要有简单十几字的网站概述，其二要有网站的网址。总之，信息来源的版权声明注重的是怎样方便邮件阅读者记忆与访问。

7）邮件发送频率要恰到好处。每日一封的发送频率会使收件者邮箱内尽是贵网站的邮件，这样做对于电商网站来讲是很有成效，但还需考虑到收件者的心理接受能力。频繁的邮件来往往往会使收件者对发送者产生厌倦之感，轻者将所有邮件删除，重者加入黑名单。

所以，邮件发送的频率不宜过高，也不宜过低，并且不要波动太大，一定要注意邮件发送的周期频率，一个月两三封邮件即可，具体根据大多数邮件订阅者的总体习性确定，电商网站是否具有值得阅读的内容也是参考的标准之一。

5.2.3 第三方电子商务平台营销

1. 第三方电子商务平台概述

所谓第三方电子商务模式，其实质就是企业依托第三方电子商务平台开展电子商务。第三方电子商务平台是指提供电子商务服务的网络平台，其为多个买方和多个卖方提供信息和交易等服务。目前全球比较知名的第三方电子商务平台包括阿里巴巴、亚马逊、环球资源等。其特性及功能包括：保持中立立场以得到信任，集成买方需求信息和卖方供应信息，撮合买卖双方，支持交易方便市场操作。

第三方电子商务平台以其较强的市场推广力度、相对庞大的信息量服务于制造业、流通渠道和零售终端，为生产企业和潜在买家提供高效的信息交流渠道，获得了很多企业的青睐。选用第三方电子商务平台是买卖双方应用电子商务不错的选择。买卖双方在第三方平台上发布买卖信息，能够很好地利用第三方平台的规模效益。买卖双方成为第三方电子商务平台的会员后，就可以在这个平台拥有自己的网页，并按照平台预先设定的标准网页格式发布自己的供求信息。

2. 第三方电子商务平台盈利模式

（1）会员费

企业通过第三方电子商务平台参与电子商务交易，必须注册为 B2B 网站的会员，每年要缴纳一定的会员费，才能享受网站提供的各种服务，目前会员费已成为我国 B2B 网站最主要的收入来源。

（2）广告费

网络广告是门户网站的主要盈利来源，根据其在首页的位置及广告类型来收费。例如，中国化工网有弹出广告、漂浮广告、 Banner 广告、文字广告等多种表现形式可供用户选择。

（3）竞价排名

企业为了促进产品的销售，都希望在 B2B 网站的信息搜索中使自己的排名靠前，而网站在确保信息准确的基础上，会根据会员交费的不同对排名顺序做相应的调整。

（4）增值服务

B2B 网站通常除了为企业提供贸易供求信息以外，还会提供一些独特的增值服务，包括企业认证、独立域名、提供行业数据分析报告、搜索引擎优化等。如现货认证就是针对电子行业提供的一个特殊增值服务，因为通常电子采购商比较重视库存。

（5）线下服务

线下服务主要包括展会、期刊、研讨会等。通过展会，供应商和采购商面对面地交流，一般的中小企业还是比较青睐这种方式的。期刊主要是关于行业资讯等的信息，期刊里也可植入广告。

（6）商务合作

商务合作包括广告联盟、政府、行业协会合作、传统媒体的合作等。广告联盟通常是网络广告联盟，亚马逊通过这种方式已经取得了不错的成效，但在我国，联盟营销还处于萌芽阶段，大部分网站对联盟营销还比较陌生。国内做得比较成熟的广告联盟有百度联盟、谷歌联盟等。

（7）按效果付费

所谓“按效果付费”服务，是指 ECVV 供应商用户自愿依据公司为其推广带来的效果支付服务费的一种增值服务。

该系统研发历时半年之久，针对当前中国电子商务的实情和特点，并充分考虑了未来 5 年全球电子商务发展的趋势，投入大量人力物力研发，最终成功。按效果付费系统融合了 Google 竞价排名和传统 B2B 两种模式的精华。

目前 Google 竞价排名是根据用户出价高低决定网站排名，但按照实际点击付费。而传统 B2B 服务为固定年费，根据不同的服务等级价格不同。

供应商使用“按效果付费”服务，决定付费的前提在于供应商通过网站收到的有效询盘，供应商在收到买家的大量询盘后，可根据询盘的内容自主判断是否为有效询盘，平台只对在供应商自主筛选后的有效询盘收费。

3. 如何选择第三方电子商务平台

从当前的大环境而言，国内众多商家进入电子商务网络营销时代最佳解决办法就是依托和借力于第三方电子商务平台，选择适合自身发展的第三方电子商务平台，商家才能更好地可持续发展，尤其是中小商家。

(1) 第三方电子商务平台对中小商家发展的意义

第三方电子商务平台，对于中小商家意义非凡，是中小商家进入电子商务时代的最有效途径。①通过第三方电子商务平台，中小商家可以获得与大公司、大企业同台竞争的机会，想象空间更为宽广，第三方电子商务平台在为商家节约了推广成本的同时，让商家把更多的精力放在自身产品和服务的提升上，从而增加了中小商家的核心竞争力；②由于第三方电子商务平台地域性推广广泛，让电子商务全球化，中小商家通过第三方电子商务平台，可直接参与到国际市场的竞争中；③电子商务让信息全球化，第三方平台凭借自身的专业及海量的信息集成系统，提供给众多平台应用商海量的信息服务。

(2) 合理选择第三方电子商务平台，实现企业自身可持续发展

中小商家可持续发展进程中，电子商务成为大势所趋，现今国内第三方电子商务平台很多，各行各业都有，选择适合企业发展特点的第三方电子商务平台作为电子商务合作伙伴尤为重要。

以商务模式划分，第三方电子商务平台可分为以下几种。

1）以阿里巴巴为代表的 B2B 模式。B2B 是企业对企业的营销模式，商家通过 B2B 平台可以开拓自己的分销渠道，建立自己的营销体系，通过网络的快速反应，为客户提供更好的服务，从而促进企业的业务发展。

2）以京东商城、淘宝商城为代表的 B2C 模式。B2C 即商家对客户，这种模式下零售商家直接面对消费者销售产品和服务。B2C 为商家和消费者节约了时间和空间，提高了交易效率，商家借助 B2C 平台巨大的流量基础，在推广自己品牌的同时也获得了新的客户资源。B2C 模式和下面的 O2O 模式有异曲同工之妙，不同的是 B2C 主要是实物销售，而 O2O 以服务销售为主。

3）以淘宝为代表的 C2C 模式。C2C 模式更倾向于个人对个人的交易模式，是企业电子商务模式的有效补充。

4）以千品网为代表的 O2O 模式。这是新兴的商业模式，团购、团购导航均为 O2O 模式。O2O 模式即线上购买线下消费，这种模式让互联网成为线下交易的前台，通过 O2O

平台招揽线上的客户购买。O2O 模式更多的是强化品牌网络推广概念，营造良好的用户体验。从本质上讲，O2O 模式与 B2C 最大的区别就是 O2O 模式以服务为主，为商家提供整合的网络营销方案，而不是卖产品。通过 O2O 平台不仅仅是做成一单、两单、几百单、几千单的交易那么简单，更多的是平台为商家量身定制的网络营销解决方案，商家可持续发展，得到了最强有力的支持。

综上所述，商家对于电子商务时代的网络营销势在必行，但对于电子商务平台的选择一定要理性，适合自身的发展才是最有效的，如今团购行业的发展使中小商家的营销方式更为丰富，随着科技的发达和互联网应用得越来越广泛，越来越多的营销模式也将出现，抓住机遇、合理发展才是硬道理。

5.2.4 博客营销

1. 博客营销的含义

博客营销利用博客这种网络应用形式开展网络营销。公司、企业或者个人利用博客网络交互性平台，发布并更新企业、公司或个人的相关概况及信息，并且可密切关注并及时回复平台上客户对于企业或个人的相关疑问以及咨询，通过较强的博客平台帮助企业或公司零成本获得搜索引擎的较前排位，以达到宣传目的。

2. 博客营销的模式

（1）在博客网站上做广告

在博客世界，标准的、口号式的广告仿佛是鸡尾酒会上的大声喧闹。广告的设计要把博客考虑进去，要让博客成为广告对话的一部分。

（2）发表专业文章

作为专业文章的主角——产品，一定要有一个知识点，用来和公众沟通，并建立权威感。

（3）打造博客团队

通过公关公司发布博客日记，影响主流媒体的报道。

（4）监测博客网站

通过监测博客网站，及时发觉当前谈论最多的公司或时下民众最关注的话题，为潜在的公关危机做好准备。

3. 博客营销的优势

（1）细分程度高，广告定向准确

博客是个人网上出版物，拥有其个性化的分类属性，因而每个博客都有其不同的受众群体，其读者也往往是一群特定的人，细分程度远远超出其他形式的媒体。而细分程度越高，广告的定向性就越准。

（2）互动传播性强，信任程度高，口碑效应好

博客在广告营销环节中同时扮演了两个角色，既是媒体（blog）又是人（blogger），既是广播式的传播渠道又是受众群体，能够很好地把媒体传播和人际传播结合起来，通过博客与博客之间的网状联系扩散开去，放大传播效应。

每个博客都拥有一个相同兴趣爱好的博客圈子，而且这个圈子内部的博客之间的相互影响力很大，可信程度相对较高，朋友之间互动传播性也非常强，因此可创造的口碑效应和品牌价值非常大。虽然单个博客的流量绝对值不一定很大，但是受众群明确，针对性非常强，单位受众的广告价值自然效果明显，所创造的品牌价值远非传统方式的广告所能比拟。

（3）影响力大，引导网络舆论潮流

随着多起博客门事件的陆续发生，证实了博客作为高端人群所形成的评论意见广泛性和影响力越来越大，博客渐渐成为了网民们的"意见领袖"，引导着网民舆论潮流，他们所发表的评价和意见在极短的时间通过互联网迅速传播到开来，对企业品牌造成巨大影响。

（4）大大降低传播成本

口碑营销的成本主要集中于教育和刺激小部分传播样本人群上，即教育、开发口碑意见领袖，因此成本比面对大众人群的其他广告形式要低得多，且结果也往往事半功倍。

如果企业在营销产品的过程中巧妙地利用口碑的作用，必定会达到很多常规广告所不能达到的效果。例如，博客规模盈利和传统行业营销方式创新，都是当下社会热点议题之一，因而广告客户通过博客口碑营销不仅可以获得显著的广告效果，还会因大胆利用互联网新媒体进行营销创新而吸引更大范围的社会人群、营销业界的高度关注，会引发各大媒体的热点报道，这种广告效果必将远远大于单纯的广告投入。

5.2.5 数据库营销

1. 数据库营销的含义

数据库营销就是企业通过收集和积累会员（用户或消费者）信息，经过分析筛选后针对性地使用电子邮件、短信、电话、信件等方式进行客户深度挖掘与关系维护的营销方式。或者，数据库营销就是以与顾客建立一对一的互动沟通关系为目标，并依赖庞大的顾客信息库进行长期促销活动的一种全新销售手段。我们认为它是一套内容涵盖现有顾客和潜在顾客，可以随时更新的动态数据库管理系统。数据库营销的核心是数据挖掘。[1]

这些数据将在公司的数据库中进行维护。虽然在传统销售中，用于客户数据的数据库已经存在很长一段时间了，但在维护更多客户数据、数据处理，以及创新更加复杂的方式方面，数据库营销方式仍然存在很大不同。在其他事情中，市场商人使用数据来学习更多有关客户的知识，为特定的公司选择目标市场（通过客户分割），细分市场为对公司有价值的客户，提供更多专业性的服务。

2. 数据库营销策略

数据库营销有几种运营方式，根据企业所处行业不同、企业产品生命周期不同、企业经营战略与经营策略的不同阶段，可以为企业量身定制一种合适的运营方式。

（1）基础运营方式。无论企业处于任何不同情况，只要希望在市场上有所作为，企业就应该实施的运营方式即基础运营方式。基础运营方式，是指企业建设自己的数据库营销运营平台，对企业自身已有数据进行集中管理，通过自身网站获取潜在目标客户，通过一系列数据库营销策略开展数据库营销，与目标客户建立信任与忠诚的互动关系，为企业创造长期的商业价值。

（2）数据租赁运营方式。这种运营方式利用专业的数据库营销公司提供的潜在目标客户数据，向潜在目标客户投递品牌信息或者产品信息，实现精准营销的广告投放效果。这种运营方式是企业最重要的、需要长期执行的数据库营销策略。通过数据租赁这种运营方式，企业可以精准地吸引目标客户对企业品牌与产品的关注，为建立客户关系、销售线索挖掘、品牌推广等市场行为提供较好的ROI。

（3）数据购买运营方式。这种运营方式通过一系列的、符合法律程序的形式获取潜在目标客户数据，企业通过自己的数据库营销部门开展数据库营销。这种运营方式通常和基础运营方式匹配使用。这种方式的效果在很大程度依赖两个因素：一是基础运营方式中是否搭建适合企业的数据库营销平台；二是企业是否已经建立了数据库营销运营机制及是否已经具备了数据库营销所要求的人力资源条件。

总之，三种数据库营销方式的配合使用，是通向成功的最为重要的数据库营销策略。

3. 数据库营销的优势

（1）精准地找到目标群体

对数据库中用户信息进行分析，能够较为准确地根据企业自身的产品和服务情况找到相应的目标客户，这是一种资本投入较为合适的方式。相对于广撒网的其他营销方式来说，数据库营销的针对性较强。

（2）降低投入成本

对于一般的营销方式来说，由于投放面比较广，所以其中所包含的目标用户比率就相对较低，因此网站的营销投入所带来的收益较低，而数据库营销是从数据入手找出准确细分的目标用户，这样再进行营销的投资回报率就会相对较高。对于资金不太充足的小公司，利用数据库营销能有效地减少营销费投入。

（3）增强用户忠诚度

数据库营销是一对一的营销模式，让用户对企业的产品、服务产生较好的印象，将企业与用户之间的关系变得比较紧密，从而增强用户对企业的忠诚程度。

（4）制定新的发展策略

数据库营销所研究的数据库信息都是用户的第一手资料。通过对这些内容的研究，可以了解不同用户的不同需求，根据这些需求及时调整企业产品和服务的发展方向，这样能很好地掌握用户的需要，谋求新的发展。

(5) 隐蔽营销更安全

参与数据库营销，这种营销模式比较隐蔽，不像大多数的传统营销、网络营销那样大张旗鼓，人人皆知，这样就不会引起竞争对手的注意，避免恶意中伤。

(6) 降低成本，提高营销效率

数据库营销可以使企业能够集中精力于更少的潜在客户，最终让目标集中在最小消费单位个人，实现准确定位。运用消费者数据库能够准确地找出某种产品的目标消费者，如此，企业可以避免使用昂贵的大众传播媒体，可以运用更经济的促销方式，从而降低成本，增强企业的竞争力。

(7) 企业制胜的秘密武器

传统营销中，运用大众传媒（报纸、杂志、网络、电视等）大规模地宣传新品上市，或实施新的促销方案，容易引起竞争对手的关注，使竞争企业紧跟其后推出对抗方案，势必影响预期效果。而运用数据库营销，可与消费者建立紧密关系，一般不会引起竞争对手的注意，避免公开对抗。

5.2.6 移动营销

1. 移动营销的含义

移动营销（Mobile Marketing）指面向移动终端（手机或平板电脑）用户，在移动终端上直接向分众目标受众定向和精确地传递个性化即时信息，通过与消费者的信息互动达到市场营销目标的行为。移动营销早期称为手机互动营销或无线营销。移动营销是在强大的云端服务支持下，利用移动终端获取云端营销内容，实现把个性化即时信息精确有效地传递给消费者个人，达到“一对一”的互动营销目的。移动营销是互联网营销的一部分，它融合了现代网络经济中的“网络营销”（Online Marketing）和“数据库营销”（Database Marketing）理论，亦为经典市场营销的派生，是各种营销方法中最具潜力的部分，但其理论体系才刚刚开始建立。

移动营销的目的非常简单：增大品牌知名度；收集客户资料数据库；增大客户参加活动或者拜访店面的机会；改进客户信任度和增加企业收入。

2. 移动营销的4I模式

移动营销的模式可以用“4I模型”来概括，即：Individual identification（分众识别）、Instant message（即时信息）、Interactive communication（互动沟通）和I（我的个性化）。

Individual Identification（分众识别）：移动营销基于手机进行一对一的沟通。由于每一部手机及其使用者的身份都具有唯一对应的关系，并且可以利用技术手段进行识别，所以能与消费者建立确切的互动关系，能够确认消费者是谁、在哪里等问题。

Instant Message（即时信息）：移动营销传递信息的即时性，为企业获得动态反馈和互动跟踪提供了可能。当企业对消费者的消费习惯有所觉察时，可以在消费者最有可能产生购买行为的时间发布产品信息。

Interactive Communication（互动沟通）：移动营销“一对一”的互动特性可以使企业与消费者形成一种互动、互求、互需的关系。这种互动特性可以甄别关系营销的深度和层次，针对不同需求识别不同的分众，使企业的营销资源有的放矢。

I（我的个性化）：手机的属性是个性化、私人化、功能复合化和时尚化的，人们对于个性化的需求比以往任何时候都更加强烈。利用手机进行移动营销也具有强烈的个性化色彩，所传递的信息也具有鲜明的个性化。

3. 移动营销的优势

（1）低成本：费用非常低廉，与传统媒体动辄数十万甚至上百万的广告费用相比，利用短信发布企业广告的成本几乎可以忽略不计。而通过营销平台提交短信，比直接用手机发短信更便宜，大大降低了企业的广告发布成本。

（2）速度快：传播不受时间和地域的限制，全国任意一个省市都一样；发送数百万手机用户，均可在发送完毕后对方马上接收到信息。发布内容可以随时更改，保证最新信息在最短的时间内传播给消费者。

（3）分众性、回报高：直接影响到最有消费力的人，且同一产品可根据不同的接收对象轻松传递不同的信息，以最大限度提高客户的购买欲。

（4）投资省：打破传统传播媒体的定价行规，企业能够制订自己的支出预算，定向定条发送给目标客户。传播形式时尚、新颖。

（5）精确性：利用会员管理系统发布信息，信息直达接收者手机，“一对一”的传递方式，强制性阅读，时效性强。在媒介与人接触的有限时间中，能提高人与企业的接触频率。

（6）蔓延性：具有很强的散播性，速度快。接收者可将信息随身保存，随时咨询企业，需要时可反复阅读，并可随时发送给感兴趣的朋友。

（7）灵活性：发布时间极具灵活性，企业可以根据产品特点弹性选择信息投放时间，甚至具体到某个具体的时间段发布。

（8）互动性：可以让机主与销售终端互动，与大众媒体互动，通过这些使手机用户参与到商业互动中，使人们参与互动的机会大增。

任务实施

1. 网民利用搜索引擎寻找商品

搜索引擎如百度，百度首页如图 5.12 所示。

图 5.12　百度首页

2. 网民单击推广信息

百度的推广信息页面如图 5.13 所示。

图 5.13　推广信息页面

3．找到企业网站

通过上述方法找到企业网站并进行访问，企业网站显示页面如图 5.14 所示。

图 5.14　企业网站显示页面

4．与企业沟通

与企业沟通方式选择页面如图 5.15 所示。

图 5.15　与企业沟通方式选择页面

5．提高企业知名度

提升销售额和品牌知名度页面如图 5.16 所示。

图 5.16　提升销售额和品牌知名度页面

知识扩展

微信营销方法和技巧

集文字、语音、视频于一体的微信，正在深刻地改变着人们的社交与生活。当自媒体迅速崛起，微信公众号广泛受宠，微信已拥有 7 亿用户，微信圈成为人们晒心情、晒活动的社交圈时，媒体营销人蓦然发现，以电视、广播和纸媒为途径的传统传播模式已经遇到了成长的“天花板”，而以微信朋友圈口碑传播为主要表现形式的微信营销，因为拥有了海量用户和实时、充分的互动功能，成为营销利器。

由于移动互联网的快速发展，一个崭新的传播时代已经来临。微信营销，这个以分众和精准市场为目标诉求的营销模式，正是这个营销新时代的先锋和代表。

一、助力思维

助力营销，是病毒式传播的一种，它通过朋友间的不断转发支持，实现快速传播和全民关注。助力思维通常的方式是：技术公司在制作活动微网页时，添加助力一栏。用户参加活动时，在活动页面上输入姓名、手机号码等信息后，单击报名参与，即进入具体活动页面。用户如果想赢取奖品，就要转发至朋友圈并邀请好友助力，获得的好友助力越多，获奖的概率也就越大。为发挥助力者的积极性，还可以让参加助力的好友抽奖。就这样，因为有大奖的吸引，就可以通过报名者与其众多好友的关注和转发，达到泛传播的目的。

运用微信助力思维，不但可以在后台清晰地掌握报名者的基本数据和信息，如名字、性别和手机号码等，也在最大程度上发掘了他的朋友圈资源，让更多的人关注甚至参与此项活动。这种经济学上的乘数效应，使得活动消息得以成倍扩散，企业品牌得以迅速传播。

二、抢红包思维

抢红包思维，顾名思义就是为用户提供一些具有实际价值的红包，通过抢的方式吸引用户积极参与，引起强烈关注，找到潜在客户，并实施针对性营销。抢红包的思维方式比较适合电商企业，客户得到红包后即可在网店中消费，这样一来，既起到了品牌推广作用，又拉动了商城销售。

抢红包思维营销一般由商家提供一笔总体金额，由此分散出多个不同金额的红包。想参与的用户首先关注并填写注册信息，成为某商家的会员，然后到活动页面领取红包，并在指定时间内抵扣消费。

2016 年春节，腾讯公司最先在微信平台推出了抢红包活动，一时热闹非凡，但这次抢红包的钱是由用户自己掏腰包，然后分享给自己好友的。此后，抢红包思维在企业中生根开花。京东商城在“6 · 18”活动中，出资 10 亿元作为红包与全民分享。不同的是，京东将红包的种类分为两种——普通红包和群红包，普通红包只要刮开就可以得到一定的金额，最高面额 618 元；而群红包则是另一种方式的扩散，一个群红包内有 10～15 个普通红包，用户可将群红包分享到朋友圈，让更多的朋友关注这项活动，打开群红包的每个用户也能相应地得到随机金额。每个群红包可以被多次分享，直至金额全部领完。

时至今日，很多商家已习惯在店庆或节庆时推出抢红包游戏。其实，商家看似发了红包、让了利，但实际上得到了自己的目标消费者，有力地推动了商品销售。因此，抢红包思维对于电商来说是个十分有效的营销手段，既在短时间内取得了良好的经济效益，又获得了不错的社会效益。

三、流量思维

互联网时代，流量为王，网站如果没有流量，那就是“无源之水，无本之木”。而对手机上网族而言，流量就像“人之于水，车之于油”。因此，抓住消费者的痛点，也就抓住了营销的根本。流量思维的基本思想是转发送流量，用户只要转发某家公司或某个产品的微网页，就可以得到一定的流量。

四、游戏思维

游戏思维的概念很简单，就是通过游戏的转发传播来认识某个品牌。在微信的战略发展方向中，游戏与社交是重点，足见游戏在移动互联网上的地位。微信小游戏的特点普遍是设计新颖、规则简单却不单调，可以在短短几分钟内吸引到大量用户。

五、节日思维

逢年过节，互致问候是中国人的良好传统。在经历了书信、电话和短信贺年祝节后，微信祝福逐渐流行，一段语音、几句文字、一个视频，简单却温暖。节日思维，就是利用节假日人们相互送祝福的机会，在微信文字或视频中植入品牌形象，恰到好处地进行传播推广。

2015 年端午节前夕，作为浙江粽子大王的嘉兴五芳斋，巧妙地在端午送粽微信视频祝福中植入了自身品牌。整个视频画面唯美、流畅，音乐悠扬、古典，在向人们传递中国粽子古老文化的同时，也传递了五芳斋的品牌。无独有偶，杭州台海岸餐厅借用流行的“这才是我的菜”的卡通短视频，通过一道道精美菜肴的呈现，向微信用户表达了端午祝福之情，也很好地推广了台海岸的当家菜肴，让人心生一品为快的欲望。

同样的道理，想在“情人节”“七夕节”、春节等节日促销的企业，也可以事先制作一个祝福短视频，提前在微信圈向大家致以节日的问候；想吸引用户长假旅游的景点和宾馆，可以在“五一”“十一”假日前借祝福做微信圈营销。一个简单的祝福，传递的是关爱，传播的却是企业品牌。

六、大奖思维

“重赏之下，必有勇夫。”自古以来，奖与赏是很多人难以拒绝的诱惑。借用互联网的说法，设奖促销搔到了用户的痒点。在当下的微信营销中，给奖甚至给大奖是媒体和企业用得最多的招数，实力雄厚的，用房子或车子作为大奖；实力稍弱的，也常常用年轻人最爱的 iPhone6、iPad 等通信工具或者门票、电影票和旅游券等作为奖品，而且效果良好。

可以说，大奖思维瞄准的是消费者的痒点，只要有奖，就会有人参与、有人转发；只要给大奖，就会有很多人参与并转发。而企业和活动品牌，就在用户的广泛参与下得到了有力的传播与推广。当然，像房产这样的微信活动，由于奖项是购房抵价券，就可以通过微信圈的转发寻找到目标客群，并通过后台数据进行针对性营销。

七、众筹思维

众筹是指用团购或预购的形式向用户募集项目资金的模式。相对于传统的融资方式，众筹更为开放，更为灵活。对圈子的精准把握是微信适合众筹最核心的竞争力。无论是从发起者还是从投资者的角度去考量，众筹都是一个风险投资效率较高的方式。对于发起者来说，筹资的方式更灵活，而对于投资的用户来说，可以在最短的时间内获得较好的收益。因此微信众筹思维也是一个较好的微信营销方式，传播方式快，扩散范围广，产生效益大。

八、生活思维

生活思维，就是把人们所关心的日常生活知识发布到微信平台上，通过这些信息的转发，起到良好的传播作用。如今，人们对生活质量的要求越来越高，对生活知识的需求也越来越大，有关生活类的知识在网络上的转发率相当高，如冬病夏治、节假日旅游、十大美食去处、最美民宿等，凡是与生活、旅游、美食、教育等相关的信息，都会引起人们的关注。而这些信息不但适合转发，而且很多人还会收藏，这样一来，即是对信息进行了二次传播。因此，在这些生活类信息中植入产品图片、文字或者做链接进行传播，是不错的思维方式。

医药类的微信，可以经常发布一些养生、医药方面的生活资讯，通过这些资讯的转发传播自己。一些旅游类的微信，可以发布一些景点信息，或者美食、住宿情况，通过这些信息的高转发率来推广自己或相关酒店与景点。用生活思维时，所传播的信息必须是公众关注度高、实用性强的信息。在这样高、强的信息中推广活动信息或企业品牌，可以达到润物细无声的效果。

九、新闻思维

新闻思维，是借助突发性新闻或关注度较大的新闻夹带图片进行传播。移动互联网时代，新闻的传播速度已经以秒计算，地球上任何一个地方发生的重大新闻，都能在瞬间传递到地球的每个角落。新闻在微信圈的阅读量往往以十万甚至百万计。因此，如果在转发率如此高的新闻中植入广告，其传播影响力将不可估量。

十、测试思维

测试思维，也就是通过一些小测试，如智商测试、情商测试、心理测试等来对一些品牌进行传播。今天的微信圈内，各类测试甚是风靡，这些测试情商、智商的题目，抓人眼球，很容易让人点单链接测试。而这些测试的最后，往往都会跳出“分享到朋友圈，分享截图后测试答案自动弹出”，这样无形中进行了二次传播，而藏在这些题目开篇或结尾的网站或咨询机构，也同时传播宣传了自己。

“未来的营销，不需要太多的渠道，只要让你的产品进入消费者的手机，就是最好的营销。”这是世界营销大师克里曼特•斯通对未来营销的精辟议论，因为洞察深刻、一针见血，如今广为营销人所传颂。的确，国内移动互联网和微信的快速发展，给传统媒体的营销人提供了巨大的营销舞台，和展示自己营销思想与才情的机会。微信朋友圈，因为聚集了一群信任度高、相互了解的朋友，是口碑营销的最佳场地，而信息的高关注度和高转发率，为营销提供了快跑和飞翔的机会。虽然有人反感朋友圈营销，但如果运用得恰到好处，给用户带来知识，带来乐趣，甚至带来好处，那么用户就会欣然接受。微信营销十大思维，就是告诉你如何在朋友圈做好演员，以优秀的演技获得用户的好感甚至鼓掌。因此，做好微信营销，再小的品牌，也能在下一秒创造出奇迹！

知识回顾

网络营销是一种全新的营销方式。广义而言，凡是以互联网为主要手段的营销活动都可以称作网络营销。网络营销随着网络的发展而发展，随着 Web 2.0 的发展，达到一个高潮。可以这么说，谁掌握了互联网，谁就掌握了未来。网络营销作为一种全新的营销方式，具有传播快、范围广、信息量大、交流方便、反馈迅速、边缘成本低、变化多等特点。正是因为网络营销既新鲜又迅猛，很多时候都没有先例可循，因此，企业应在熟悉各种营销手段的基础上，结合自己企业特点和产品特色，灵活应用各种网络手段，达到事半功倍的效果。

拓展训练

技能训练 5-1 在搜狐网站上创建一个博客，撰写一个关于小米手机的博客软文。

技能训练 5-2 利用搜索引擎营销进行推广自己的网店，并写出操作步骤。

项目 6

电子商务物流

案例引入

京东商城物流配送

2009 年京东商城宣布建立自己的快递公司，投资 2000 万元在上海成立快递公司，欲在全国范围内建立起自己的配送网络。与此同时，还在苏州、杭州、天津、深圳、南京、无锡、宁波这七个城市开通配送站，并欲在华东物流中心旁建一座更大的物流仓储中心来支持企业的自营配送模式。由此可见，建立自己的物流系统，依靠自身的配送队伍，是京东较为青睐的一种方式。

京东商城在北京、上海、广州、成都这四座城市都建设了自己的物流体系。因为这些城市的消费者是京东的主要顾客，因此在这四座城市建设大型物流中心。以华东物流中心为例，京东每日能正常处理 2.5 万个订单，日订单极限处理能力达到 5 万单。而北京的货品基本都是由京东自己的配送队伍配送，一般都是当日或是次日到达。

京东商城作为国内大型电子商务交易平台，为了满足自营商品和入驻商家的物流配送要求，采取自营物流和第三方配送相结合的模式，共同构造了京东商城完善的物流配送体系。

1. 京东商城自营物流配送模式

京东商城年营业额在百亿元以上，随着其迅猛的发展和业务范围的不断扩大，外包式的物流配送逐渐成为京东商城的发展瓶颈。物流配送体系的欠缺成为影响京东商城发展的关键因素，并且阻碍顾客服务水平的提高。因此京东决定建立自营物流配送体系，把外部融资来的大部分资金都投入到物流体系建设中。京东在全国购买了 1200 多亩土地，用于自身物流仓储的建设，并在北京、上海、广州等地建立了多个大型物流配送中心。例如其在北京的物流配送，日处理订单量达 3 万单，极限处理能力可达到 5 万单/日。配送范围辐射北京、天津、河北等省市。2009 年京东商城宣布成立快递公司，并开始接受社会订单。

2．京东商城第三方物流配送模式

虽然京东自营物流体系很完善，但对于部分偏远地区，京东自营物流很难涵盖。或者因为部分地区的物流体系建设成本很高，以电商平台为核心业务的京东，为战略需要和资金成本的限制，选择与第三方物流企业合作。充分利用第三方物流企业的资源优势，为顾客提供更好的物流服务。利用社会化的物流配送体系，在保证企业商品的可送范围的同时增加了社会效益。例如，对大型家电的配送，京东自营配送成本很高，借助于社会物流的配送，可以有效降低配送成本和货物损失的责任。

从京东商城物流配送成功案例中我们可以得到以下启示。

1）京东商城建立了大型仓储中心，可以进行集中采购和保管，集中采购降低了采购成本和商品成本，具有价格优势。

2）仓储中心及时掌握商品动态，制定合理、有效的采购和储存方案，提高企业运转效率和灵活性。

3）配送中心和自营运输省去了仓储、配货、运输环节的物流企业的利润。

任务 6.1　电子商务物流概述

任务介绍

小王任职于某网上销售公司，为了更好地了解与电子商务配套的物流，小王多次浏览相关物流网站。

相关知识

6.1.1　物流的基本知识

1．物流的概念

物流（Physical Distribution）一词源于国外，最早出现在美国。1915 年阿奇·萧在《市场流通中的若干问题》一书中提到了“物流”一词。那时，西方一些国家正处于经济危机，企业界为了扩大销售，提出了销售和物流的问题，着重研究在销售过程中的物流。

第二次世界大战中，围绕战争供应，美国军队建立了“Logistics”（后勤学）理论，并将其应用于战争活动中，其中所提到的“后勤”是将战时物资的生产、采购、运输、配送等活动作为一个整体来进行统一布置，并在战争活动中加以实践和应用，取得了很好的效果。战后，“Logistics”的理论被应用到企业界，内容涵盖了整个生产过程和流通过程，因而是一个包含范围更广泛的物流概念。20 世纪 50 年代，日本派团考察美国的物流技术，引进了“物流”的概念。20 世纪 80 年代初，我国从日本直接引入“物流”概念至今。物流的定义很多，综合目前国内、国际的不同理解，可以将物流综合定义为：物流是指商品在空间和时间上的位移，包括采购配送、生产加工和仓储包装等流通环节，它以满足顾客的需要为服务目标，尽量消除物流过程中各种形式的浪费，追求物流过程的持续改进和创新，其最终目的是满足客户的需求与企业盈利目标。

2．物流活动的构成要素

物流活动由物资运输、储存、装卸、搬运、包装、流通加工、配送、信息处理等构成。这些基本要素有效地组合、连接在一起，相互平衡，形成一个密切相关的系统。

（1）运输

运输是物流的主要活动要素之一，指物品的运载及输送。是物品的空间位移，可以创造“场所效应”，实现“空间价值”。“场所效应”是指物品在不同场所的使用价值不同，通过空间的转换最大限度地发挥其使用价值，提高投入产出比。“空间价值”是通过改变物品的空间位置而创造价值。运输按其设备与工具不同可分为公路运输、铁路运输、水路运输、航空运输、管道运输。

（2）储存

储存也是物流的主要活动要素之一。在物流中，运输承担了改变物品空间状态的责任，储存则改变了物品的时间状态。

储存包含储备与库存。储备是一种有目的的储存物品的行动；库存是指仓库中处于暂时停滞状态的物品，它是存储的静态形式。库存主要分为基本库存和安全库存。基本库存是补给过程中产生的库存。在订货之前，库存处于最高水平，日常的需求不断地“抽取”存货，直至该储存水平降为零。实际中，在存储没有降低到零之前，就要开始启动订货程序，于是，在发生缺货之前，就会完成商品的储备。补给订货的量就是订货量。在订货过程中，必须保持的库存量就是基本库存。为了防止不确定因素，例如，运输延误；商品到货，但品种、规格、质量不符合要求；销售势头好，库存周转加快；紧急需要等对连锁物流的影响，都需要企业必须另外储备一部分库存，这就是安全库存。

（3）装卸、搬运

装卸是在一定范围内改变物品的存放、支撑状态的活动。搬运是在一定范围内改变物品空间位置的活动。在实际操作中，装卸与搬运是密不可分的，是一起发生的。如果能正确规划装卸搬运系统，可以降低成本、减少劳动力、增加安全性、提高生产率、减少浪费、提高容积的使用率及服务水平。

（4）包装

包装是指在流通过程中保护产品、方便运输、促进销售，按一定的技术方法而采用的容器、材料及辅助物等的总体名称。

包装处于生产过程的末尾和流通过程的开头，传统的观念强调包装是生产的终点，而现代物流观念则强调包装是物流的起点。

包装按其在流通中的作用不同分为销售包装和运输包装，物流要素中的包装侧重于运输包装。运输包装是用于安全运输、保护商品的较大单元的包装形式。一般体积较大、外形尺寸标准化程度高、坚固耐用，广泛采用集合包装，表面有明显的识别标志，主要功能是保护商品，方便运输、装卸和储存。

商品在一定的环境中移动并存储，所以包装必须能够保护商品，避免在移动和储存过程中发生货损。保护程度由运输条件、商品价值来决定。商品价值越高，包装成本越高。对于国际运输，包装成本相对高些；对于国内运输或短途运输，包装成本可低些，但目前在包装方面经常出现过度包装的现象，所以有必要从连锁物流环境和必需物流环境两个方面来考察包装的主要目的。

（5）流通加工

流通加工是一种特殊的物流形式。物品从生产地到使用地的过程是物品从生产领域向消费领域流动的过程，为了促进销售、维护产品的质量和提高物流效率，根据需要施加包装、分割、计量、分拣、刷标志、拴标签、组装等简单作业的总称。流通加工对物流起到补充、完善、提高的作用，但它不是每一个物流系统都必需的功能。

（6）配送

配送是按照用户的订货要求和时间计划，在物流据点进行分拣加工和配货等作业后，将配好的货物送交收货人的过程。配送是物品位移的一种形式，一般距离较近、批量较小、品种较繁杂。配送不是单纯的运输或输送，而是运输与其他活动共同构成的组合体。

配送中心是从事货物配备（集货、加工、分货、拣选、配货）和组织对用户的运货，以高水平实现销售或供应的现代流通设施。配送中心的业务流程包括收货、验货、分类整理、储存、流通加工、配货和发货等。

现代物流已经不是简单的物资流通，也不仅存在于采购、销售、流通领域，它贯穿于社会生产的全过程，从原材料的采购到储存、从生产到销售、从消费到废弃与回收，无处不存在物流。

6.1.2 电子商务物流

1. 电子商务物流概述

电子商务物流是伴随电子商务技术和社会需求的发展而出现的，是电子商务真正的价值实现不可缺少的重要组成部分，由于电子商务所独具的电子化、信息化、自动化等特点，以及高速、廉价、灵活等诸多好处，使得电子商务物流在其运作特点和需求方面也有别于一般物流。

电子商务中的任何一笔交易，都包含几种基本的“流”，即信息流、商流、资金流和物流。

信息流既包括商品信息的提供、促销行销、技术支持、售后服务等内容，也包括诸如询价单、报价单、付款通知单、转账通知单等商业贸易单证，还包括交易方的支付能力、支付信誉等。

商流是指商品在购销之间进行交易和商品所有权转移的运动过程，具体是指商品交易的一系列活动，商品所有权在购销合同签订的那一刻起便由供方转移到需方，而商品的实体并没有因此而移动。

资金流主要是指资金的转移过程，包括付款、转账等过程。在电子商务过程中，以上三种流的处理都可以通过计算机和网络通信设备实现。

物流作为四流中最为特殊的一种，是指物质实体（商品或服务）的流动过程，即伴随商流过程发生的产品从生产地到消费地的移动过程，具体指运输、储存、配送、装卸、保管、物流信息管理等各种活动。对于少数商品和服务来说，可以直接通过网络传输的方式进行配送，如各种电子出版物、计算机软件、娱乐产品消费、信息咨询服务、订票、付款等。而对于大多数商品和服务来说，物流仍要由物理方式传输，在整个电子商务的交易过程中，物流实际上是以商流的后续者和服务者的姿态出现的，快速、敏捷的现代化物流是电子商务蓬勃发展的保证。

由图 6.1 所示的电子商务流程图可知，物流在电子商务中具有重要的地位，物流在电子商务中具有独立的无可替代的作用，物流决定了电子商务的效率。物流联系供需两方面，其在两者之间的连接是否完美决定着供需两方面的运作模式和运作效率。

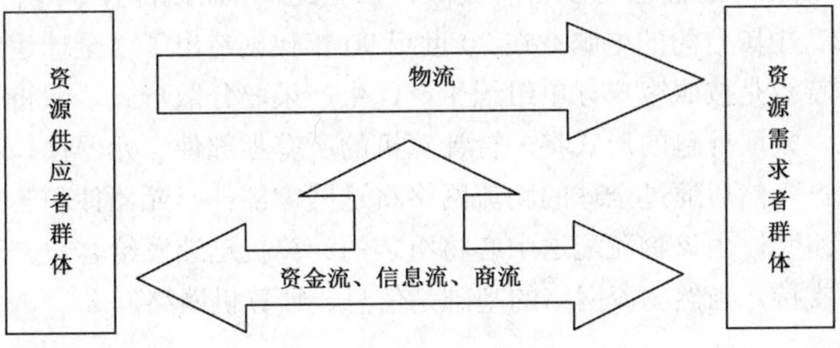

图 6.1　电子商务流程图

2．电子商务物流的特点

电子商务时代的来临，给全球物流带来了新的发展，使物流具备了一系列新特点。

(1) 信息化

电子商务时代，物流信息化是电子商务的必然要求。现代物流高度依赖于对大量数据、信息的采集、分析、处理和即时更新。在信息技术、网络技术高度发达的现代社会，从客户资料取得和订单处理的数据库化、代码化，物流信息处理的电子化和计算机化，到信息传递的实时化和标准化，信息化渗透至物流的每一个领域。因此，条码技术（Bar Code）、数据库技术（Database）、电子订货系统（Electronic Ordering System，EOS）、电子数据交换（Electronic Data Interchange，EDI）、快速反应（Quick Response，QR）及有效的客户反映（Effective Customer Response，ECR）、企业资源计划（Enterprise Resource Planning，ERP）等技术与观念在我国的物流中得到普遍应用。

(2) 自动化

自动化的基础是信息化，自动化的核心是机电一体化，自动化的外在表现是无人化，自动化的效果是省力化。自动化还可以扩大物流作业能力、提高劳动生产率、减少物流作业的差错等。物流自动化的设施非常多，如条码储音/射频自动识别系统、自动分拣系统、自动存取系统、自动导向车、货物自动跟踪系统等。这些设施在发达国家已普遍应用于物流作业流程中，而在我国由于物流业起步晚，发展水平低，自动化技术的普及还需要相当长的时间。

(3) 网络化

物流领域网络化的基础也是信息化，这里说的网络化有两层含义：一是物流配送系统的计算机通信网络，包括物流配送中心与供应商或制造商的联系需通过计算机网络，另外与下游顾客之间的联系也要通过计算机网络通信，如物流配送中心向供应商提出订单这个过程，就可以使用计算机通信方式，借助于增值网（Value-Added Network，VAN）上的电子订货系统（EOS）和电子数据交换技术（EDI）来自动实现，物流配送中心通过计算机网络收集下游客户订货的过程也可以自动完成；二是组织的网络化，即所谓的企业内部网（Intranet）。例如，中国台湾的电脑业在20世纪90年代创造出了“全球运筹式产销模式”，这种模式的基本特点是按照客户订单组织生产，生产采取分散形式，即将全世界的计算机资源都利用起来，采取外包的形式将一台计算机的所有零部件、元器件、芯片交给世界各地的制造商去生产，然后通过全球的物流网络将这些零部件、元器件和芯片发往同一个物流配送中心进行组装，由该物流配送中心将组装的计算机迅速发给客户。这一过程需要有高效的物流网络支持，当然物流网络的基础是信息、计算机网络。

(4) 智能化

这是物流自动化、信息化的一种高层次应用。物流作业过程大量的运筹和决策，如库存水平的确定、运输（搬运）路径的选择、自动导向车的运行轨迹和作业控制、自动分拣机的运行、物流配送中心经营管理的决策支持等问题都需要借助大量的知识才能解决。在物流自动化的进程中，物流智能化是不可回避的技术难题。幸好专家系统、机器人等相关技术在国际上已有比较成熟的研究成果。为了提高物流现代化的水平，物流的智能化已成为电子商务物流发展的一个新趋势。

(5) 柔性化

柔性化原本是为实现“以顾客为中心”理念而在生产领域提出的，但要真正做到柔性化，即真正地能根据消费者需求的变化来灵活调节生产工艺，没有配套的柔性化的物流系统是不可能达到目的的。20 世纪 90 年代，国际生产领域纷纷推出弹性制造系统（Flexible Manufacturing System，FMS）、计算机集成制造系统（Computer Integrated Manufacturing System，CIMS）、制造资源系统（Manufacturing Requirement Planning，MRP）、企业资源计划（ERP）及供应链管理的概念和技术，这些概念和技术的实质是将生产、流通进行集成，根据需求端的需求组织生产、安排物流活动。

另外，物流设施、商品包装的标准化，物流的社会化、共同化也是电子商务中物流模式的新特点。

6.1.3 电子商务对物流活动的影响

电子商务是在网络的环境下进行商务活动的运作，这一运作过程中，物流是很重要的一个环节。电子商务与传统商务的本质区别，在于它以现代网络为基础进行商品买卖和服务的提供，它能对传统的物流活动产生深刻的冲击和影响，表现在以下几个方面。

1. 电子商务改变传统的物流观念

电子商务作为一个新兴的商务活动，为物流创造了一个虚拟性的运动空间。在电子商务的状态下，进行物流活动时，物流的各种职能及功能可以通过虚拟化的方式表现出来，在这种虚拟化的过程中，可以通过各种组合方式寻求物流的合理化，使商品实体在实际的运动过程中，达到效率最高、费用最省、距离最短、时间最少。

2. 电子商务改变物流的运作方式

(1) 电子商务可使物流实现网络的实时控制

传统的物流活动在其运作过程中，不管是以生产为中心，还是以成本或利润为中心，其实质都是以商流为中心从属于商流活动，因而物流的运动方式是紧紧伴随着商流来运动的。而在电子商务下，物流的运作是以信息为中心的，信息不仅决定了物流的运动方向，而且决定着物流的运作方式。在实际运作过程中，通过网络上的信息传递，可以有效地实现对物流的实施控制，实现物流的合理化。

(2) 网络对物流的实时控制是以整体物流来进行的

在传统的物流活动中，虽然也依据计算机对物流实时控制，但这种控制都是以单个的运作方式进行的。例如，在实施计算机管理的物流中心或仓储企业中，所实施的计算机管理信息系统，大都是以企业自身为中心来管理物流的。而在电子商务时代，网络全球化的特点，可使物流在全球范围内实施整体的实时控制。

3. 电子商务改变物流企业的经营形态

(1) 电子商务改变物流企业对物流的组织和管理

在传统经济条件下，物流往往是从某一企业的角度来进行组织和管理，而电子商务则要求物流以社会的角度来实行系统的组织和管理，以打破传统物流分散的状态。这就要求企业在组织物流的过程中，不仅要考虑本企业的物流组织和管理，而且更重要的是要考虑全社会的整体系统。

(2) 电子商务改变物流企业的竞争状态

在传统经济活动中，物流企业之间存在激烈的竞争，这种竞争往往是依靠本企业提供优质服务、降低物流费用等来进行的。而在电子商务时代，这些竞争内容虽然依然存在，有效性却大大降低了。原因在于电子商务需要一个全球性的物流系统来保证商品实体的合理流动，对于一个企业来说，即使规模再大，也是难以达到这一要求的。这就要求物流企业应相互联合起来，在竞争中形成一种协同竞争的状态，在相互协同实现物流高效化、合理化、系统化的前提下，相互竞争。

4. 电子商务将促进物流基础设施的改善和物流技术与物流管理水平的提高

(1) 电子商务促进物流基础设施的改善

电子商务高效率和全球性的特点，要求物流也必须达到这一目标。而物流要达到这一目标，良好的交通运输网络、通信网络等基础设施则是最基本的保证。

(2) 电子商务促进物流技术的进步

物流技术主要包括物流硬技术和软技术。物流硬技术是指在组织物流过程中所需的各种材料、机械和设施等；物流软技术是指组织高效率的物流所需的计划、管理、评价等方面的技术和管理方法。从物流环节考察，物流技术包括运输技术、保管技术、装卸技术、包装技术等。物流技术水平的高低是实现物流效率的一个重要因素，要建立一个适应电子商务运作的高效率的物流系统，加快提高物流的技术水平则起着重要的作用。

(3) 电子商务促进物流管理水平的提高

物流管理水平的高低直接决定和影响着物流效率的高低，也影响着电子商务高效率优势的实现。只有提高物流的管理水平，建立科学合理的管理制度，将科学的管理手段和方法应用于物流管理当中，才能确保物流的畅通进行，实现物流的合理化和高效化，促进电子商务的发展。

6.1.4 物流对电子商务的影响

物流是实现电子商务的保证。

1．物流保障生产

无论在传统的贸易方式下，还是在电子商务下，生产都是商品流通之本，而生产的顺利进行需要各类物流活动的支持。从原材料的采购开始便要求有相应的供应物流活动，将所采购的材料运送到位，否则生产就难以进行；在生产的各工艺流程之间，也需要原材料、半成品的物流过程，即所谓的生产物流，以实现生产的流动性；部分余料、可重复利用的物资的回收，也需要所谓的回收物流；废弃物的处理则需要废弃物物流。可见，整个生产过程实际上就是系列化的物流活动。

合理化、现代化的物流，通过降低费用从而降低成本、优化库存结构、减少资金占用、缩短生产周期，保障现代化生产的高效进行。相反，缺少了现代化的物流，生产将难以顺利进行，那么，无论电子商务是怎样便捷的贸易形式，生产仍将是无米之炊。

2．物流服务于商流

在商流活动中，商品所有权在购销合同签订的那一刻起便由供应方转移到需求方，而商品实体并没有因此而移动。在传统的交易过程中，除了非实物交割的期货交易，一般的商流都必须伴随相应的物流活动，即按照需求方（购方）的要求将商品实体由供应方（卖方）以适当的方式、途径向需求方（购方）转移。而在电子商务下，消费者通过上网购物，完成了商品所有权的交割过程，即商流过程。但电子商务的活动并未结束，只有商品和服务真正转移到消费者手中，商务活动才告以终结。在整个电子商务的交易过程中，物流实际上是以商流的后续者和服务者的姿态出现的。没有现代化的物流，无论多么轻松的商流活动，都会退化为一纸空文。

3．物流是实现“以顾客为中心”理念的根本保证

电子商务的出现，在最大程度上方便了最终消费者。他们不必再跑到拥挤的商业街，一家又一家地挑选自己所需的商品，而只要坐在家里，在互联网上搜索、查看、挑选，就可以完成购物过程。但如果他们所购的商品迟迟不能送到，或商家所送的物品并非自己所购，那消费者还会选择网上购物吗？网上购物的不安全性，一直是电子商务难以推广的重要原因。

物流是电子商务中实现以“以顾客为中心”理念的最终保证，缺少了现代化的物流技术，电子商务给消费者带来的购物便捷性则等于零，消费者必然会转向他们认为更安全的传统购物方式 ，那网上购物还有什么存在的必要？

任务实施

1）打开 IE 浏览器，输入网址：http://www.chinawutong.com/，打开的中国物通网首页如图 6.2 所示。

图 6.2 中国物通网首页

2）打开 IE 浏览器，输入网址：http://www.chinawuliu.com.cn/，中国物流与采购联合会网站首页如图 6.3 所示。

图 6.3 中国物流与采购联合会网站首页

3）打开 IE 浏览器，输入网址：http://www.soo56.com/，装备网的首页如图 6.4 所示。

图 6.4　装备网的首页

任务 6.2　电子商务环境下的物流模式

任务介绍

以瑞星杀毒软件为例，用户登录瑞星官方网站，进行在线下载方式，体验该过程，并了解自营物流过程中无形商品的传递。

相关知识

随着市场经济的发展和电子信息技术的进步，生产和流通之间的界限开始逐渐被打破。生产和消费，以及将两者紧密联系起来的流通等经济活动的各个方面将被“物流”综合在一起，形成电子商务环境下新的物流模式。目前，电子商务环境下的物流模式主要包括自营物流、第三方物流、物流联盟和第四方物流。

6.2.1 自营物流

自营物流就是电子商务企业借助自身物质条件，包括物流设施、设备和管理机构等，建设全资或控股的物流子公司，自行组织完成企业的物流活动。

自建物流系统最大的好处是拥有对物流系统过程的有效控制权，借此提升该系统对企业服务顾客的专用性。

1）电子商务企业可以通过内部行政权力控制商品配送活动，而不必就货物配送的佣金问题进行谈判，提高了配送服务的效率，减少了交易费用。

2）能够控制或避免竞争对手对该商品配送系统的利用，保障企业对顾客服务的优先地位。

3）该商品配送系统能够与企业的营销活动紧密配合，从而提高企业的市场感召力、竞争力和品牌价值。

在电子商务的发展过程中，一些大型企业集团凭借原有的庞大的连锁分销渠道和零售网络，利用电子商务技术构建自身的物流体系，进行物流配送服务。被誉为“中国戴尔”的联想集团已拥有由 3000 多个网点组成的物流体系。自建物流体系的企业大多具有较强的实力，在传统业务经营中有所积累，向电子商务型企业的转型步伐也较为迅速。电子商务企业要想获得竞争优势，必须突破传统的模式，在资源有限的情况下将核心功能与一般功能分离，以保持自身的竞争实力。因而，采取这一模式之前企业应考虑物流服务是否是其核心竞争力所在，自建物流体系能否充分发挥其核心功能。

自建物流系统主要适用于下面一些企业：业务应集中于所在城市，送货方式比较单一；拥有覆盖面很广的代理、分销、连锁店；企业规模大、资金雄厚，并且货物配送量大。这类企业建立自己的物流公司也是一种战略选择。沃尔玛模式如图 6.5 所示。

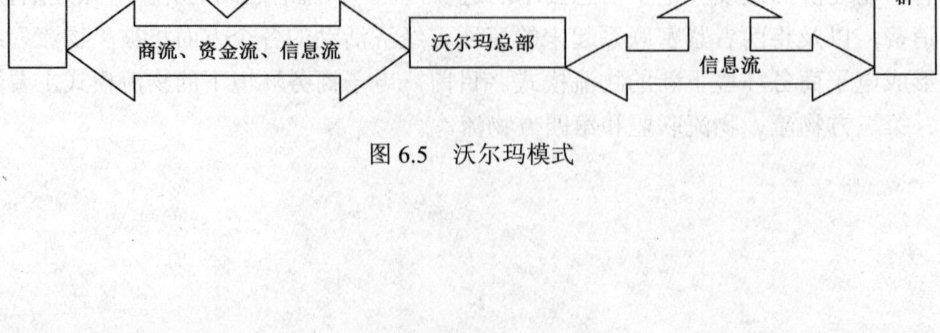

图 6.5　沃尔玛模式

6.2.2 第三方物流

第三方物流（Third Party Logistics，3PL）又称物流代理。第三方物流服务通常是以发货人和专业物流代理商之间的正式合同为条件的，这一合同明确规定了服务费用、期限及相互责任等事项，所以也称为“合同制物流”。从广义的角度以及物流运行的角度看，第三方物流不仅包括了一切物流活动，还包括发货人可以从专业物流代理商处得到的其他一些有价值的增值服务。狭义的第三方物流专指本身没有固定资产，但仍承接物流业务的企业，借助外界力量，负责代替发货人完成整个物流过程的一种物流管理方式。

如果物流在电子商务企业的发展战略中地位并不重要，且该企业自身物流管理能力也比较欠缺，采用“第三方物流”模式是最佳选择，它能够大幅度降低成本，提高服务水平。对于中小型企业而言，鉴于物流业资金占用率高，回收期长，而中小企业本身的规模和资金又相对有限，无力组建自己的物流体系；企业又必须依靠高效的物流活动来支持生产的正常运转，因此第三方物流是其理想的选择。第三方物流模式在目前条件下是我国中小企业运作的最理想的电子商务物流模式。

第三方物流模式的特点如下。

1）有利于企业实现资源优化配置。

在第三方物流模式下，企业将有限的人力、财力集中于核心业务，进行重点研究，努力开发新产品，以便获取最大的投资回报，提高企业竞争力，而那些不属于核心能力的功能应弱化或外包，而物流通常不被大多数电子商务中小企业视为核心业务。

2）第三方物流企业拥有发达的物流网络和针对不同物流市场的专业能力，包括运输、仓储和其他增值服务能力。

对于第三方物流公司来说，获得许多关键信息更为经济，如可得卡车运量、国际清关文件、空运报价等，因为企业可以将物流费用分摊给很多客户。第三方物流企业还拥有信息技术，他们与独立的软件供应商结盟，或者开发企业内部的信息系统，这使其能够最大限度地利用运输和分销网络，有效地进行跨运输方式的货物追踪，进行电子交易和提供其他相关的增值服务。

3）第三方物流企业拥有规模经济优势和成本优势。

第三方物流公司可以从运输公司或者其他物流服务商那里得到比其客户更为低廉的运输报价，或从运输商那里大批量购买运输容量，然后集中配载很多客户的货物，大幅降低单位运输成本。

4）第三方物流为电子商务企业提供了更大的灵活性。

通过物流活动外包的形式，电子商务企业对本身的物流活动的规划，无论是从技术上、地理上，还是服务质量及资源规模上都具有相当大的灵活性。尤其对于业务量呈季节性变化的公司，外包物流对公司赢利的影响就更为明显。

5）能够提升企业形象。

第三方物流企业与电子商务企业之间不是竞争对手，而是战略合作伙伴。第三方物流企业是物流专家，具有丰富的专业知识和经验，利用完备的设施和训练有素的员工减少物流的复杂性，实现规模经济所带来的高效率；同时也提供了更专业的服务，提高了企业为顾客服务的水平，使企业形象得到提升。

6.2.3 物流联盟

物流联盟可以看作自营物流和第三方物流相结合的一种混合模式。物流联盟各组成企业利用电子商务提供的网络通信技术建立信息共享平台，组成动态物流联盟。联盟企业之间具有很强的依赖性，各自应当明确自身在整个物流联盟中的优势及担当的角色，减少内部的对抗和冲突，分工明晰，使供应商把注意力集中在提供客户指定的服务上，最终提高企业的竞争力和竞争效率，满足企业跨地区、全方位物流服务的要求。一般而言，组建物流联盟，开展共同配送的企业应遵循功能互补、平等自愿、互惠互利、协调一致几大原则。

6.2.4 第四方物流

第四方物流（The Fourth Party Logistics，4PL）是一个供应链集成商，它调集和管理组织自己的以及具有互补性的服务提供商的资源、能力和技术，以提供一个综合的供应链解决方案。作为一个全新的概念，第四方物流联盟的提出融合了诸多管理思想。从本质上讲，“第四方物流供应商”是一个供应链的集成商，它充分利用包括第三方物流、信息技术供应商、合同物流供应商、呼叫中心、电信增值服务商、客户及自身等多方面的能力对公司内部和具有互补性的服务供应商所拥有的不同资源技术进行整合和管理，提供一整套供应链解决方案，进行资源整合。在实际运作过程中，第四方物流联盟以“探索发挥集体竞争优势的最佳机遇”为目标，采用虚拟企业管理模式，根据特定的需要构建特定的组合。

电子商务中的第三方物流是对传统物流的继承和突破，而第四方物流联盟则完全是电子商务环境下的新兴产物，包含更多的管理创新和意识。由于其强调协同合作，对第三方物流并不构成威胁。相反，二者相互补充，可进一步扩大物流范围、增强物流服务能力、提高物流管理水平。

第四方物流基本运作方式有以下三种。

1．协助提高者

第四方物流与第三方物流共同开发市场，第四方物流向第三方物流提供一系列服务，包括技术、供应链策略、进入市场的能力和项目管理的能力。第四方物流在第三方物流内部工作，其思想和策略通过第三方物流这样一个具体实施者来实现，以达到为客户服务的目的。第四方物流与第三方物流一般会采用商业合同的方式或战略联盟的方式进行工作。

2. 方案集成者

在这种模式下，第四方物流为客户提供运作和管理整个供应链的解决方案。第四方物流对本身和第三方物流的资源、能力和技术进行综合管理，借助第三方物流为客户提供全面的、集成的供应链方案。第三方物流通过第四方物流的方案为客户提供服务，第四方物流作为一个枢纽，可以集成多个服务供应商和客户的能力。第四方物流方案集成者模型如图 6.6 所示。

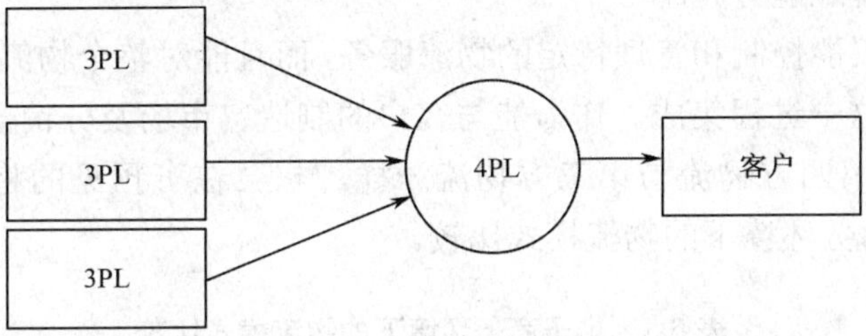

图 6.6 第四方物流方案集成者模型

3. 行业创新者

在这种模式下，第四方物流为多个行业的客户开发和提供供应链解决方案，以整合整个供应链的职能为重点，第四方物流将第三方物流加以集成，向下游的客户提供解决方案。第四方物流行业创新者模型如图 6.7 所示。在这里，第四方物流的责任非常重大，因为它是上游第三方物流集群和下游客户集群的枢纽。

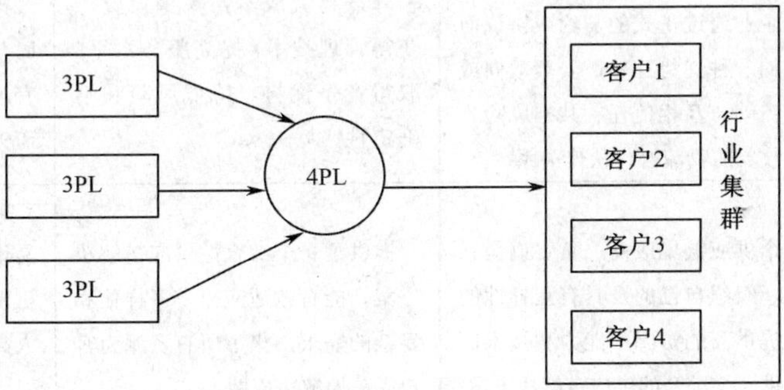

图 6.7 第四方物流行业创新者模型

第四方物流无论采用哪一种模式，都突破了单纯发展第三方物流的局限性，能做到真正的低成本、高效率、实时运作，实现最大范围的资源整合。因为第三方物流缺乏跨越整个供应链运作及真正整合供应链流程所需的战略专业技术，而第四方物流可以不受约束地将每一个领域的最佳物流提供商组合起来，为客户提供最佳物流服务，形成最优物流方案或供应链管理方案。

美国和欧洲的经验表明，要想进入第四方物流领域，企业必须在某一个或几个方面具备很强的核心能力，并且有能力通过战略合作伙伴关系很容易地进入其他领域。专家列出了一些成为第四方物流的前提条件：世界水平的供应链策略制定、业务流程再造、技术集成和人力资源管理能力；在集成供应链技术和外包能力方面处于领先地位；在业务流程管理和外包的实施方面有一大批富有经验的供应链管理专业人员；能同时管理多个不同的供应商；具有良好的关系管理和组织能力；全球化的地域覆盖能力和支持能力；对组织变革问题的深刻理解和管理能力。

第四方物流不仅能控制和管理特定的物流服务，而且能对整个物流过程提出策划方案，并通过电子商务将这一过程集成。作为能与客户的制造、市场及分销数据进行全面、在线连接的战略伙伴，第四方物流与第三方物流一样，它会在可预见的将来得到广泛应用。表 6.1 所示为电子商务环境下的物流模式比较。

表 6.1 电子商务环境下的物流模式比较

物流模式名称	概 念	优 点	缺 点
自营物流	电子商务企业借助于自身物质条件，包括物流设施、设备和管理机构等，建设全资或控股的物流子公司，自行组织完成企业的物流活动	有利于企业直接支配物流资产，控制物流职能和交易时间，有利于保证顾客服务的质量	投资数额巨大，运作成本较高
第三方物流	由物流劳务的供方、需方之外的第三方去完成物流服务的物流运作方式	不需要专门投资，运作成本低，而且还有很大的灵活性	生产企业对物流的控制能力降低，生产企业客户管理职能被弱化
物流联盟	电子商务网站以及邮政、快递等物流企业通过正式的契约或协议而形成的一种优势互补、要素双向或多向流动、互相信任、共担风险、共享收益的物流合作伙伴关系	降低物流成本，减少投资，获得管理技术，提高服务水平，取得竞争优势，降低风险和不确定性	核心优势有可能减弱，同时与竞争者之间的差异也有可能减弱，技术也有可能流失
第四方物流	一个供应链集成商，负责调集、管理、组织自己的及具有互补性的服务提供商的资源、能力和技术，以提供一个综合的供应链解决方案	提供了一个综合性供应链解决方案，能有效适应需方多样化和复杂的需求，集中所有资源为客户完美地解决问题	参与各方大多不愿意轻易地将企业内部管理运作机密泄露给外部。运作价格太高，无法接受。对于委托方而言，隐藏着较高的转换成本

任务实施

1）登录瑞星官方网站：http://www.rising.com.cn/，瑞星网站的首页如图 6.8 所示。

图 6.8　瑞星网站的首页

2）点击“下载”按钮，并指定下载位置即可。瑞星网站的下载界面如图 6.9 所示。

图 6.9　瑞星网站的下载界面

任务 6.3　电子商务与供应链管理

任务介绍

某网上销售公司为了更好地提升本公司的物流水平，决定打造供应链，加强电子商务环境下供应链流程管理。

相关知识

随着市场竞争的加剧，面对激烈的竞争，以顾客为中心的现代营销理念已逐步取代了以生产和产品为中心的营销理念。意识到与合作伙伴之间的真诚合作，追求共同利益是在竞争中生存、搏击、制胜的法宝。哪个企业能够以敏锐的洞察力发现顾客需求并在最短的时间内运用各种先进技术，以最低的成本、最优的服务满足这种需求，它就会在激烈的市场竞争中脱颖而出。近年来，为了顺应时代发展的需要，顺应市场的需要，顺应竞争的需要，生产厂商、分销商、代理商引入了供应链管理的理念。20 世纪 80 年代以后，出现了利用企业外部资源快速响应市场需求的思想，使企业赢得低成本、高质量、快速满足客户等方面的竞争优势，即“横向集成”的供应链思想。尤其是 20 世纪 80 年代以来，随着电子商务的推广，供应链管理（Supply Chain Management）系统研究已经成为国内外管理学、物流学、采购学领域专家学者的一个研究热点。

6.3.1 供应链管理的定义

1．供应链的概念

所谓供应链就是跨企业与部门形成的产品和服务的核心业务流程，产品生产和流通过程中所涉及的原材料供应商、生产商、批发商、零售商以及最终消费者组成的供需网络，即由物料获取、物料加工、将成品送到用户手中这一过程所涉及的企业和企业部门组成的一个网络。供应链是社会化大生产的产物，是重要的流通组织形式和市场营销方式。它以市场高程度的组织化、规模化经营的优势，有机地联结生产和消费，对生产和流通有着直接的导向作用。电子商务将供应链的各个参与方联结为一个整体，实现了供应链的电子化管理。

供应链一般分为内部供应链和外部供应链。内部供应链是指企业内部产品生产和流通过程中所涉及的采购部门、生产部门、仓储部门、销售部门等组成的供需网络。而外部供应链则是指企业外部的，与企业相关的产品生产和流通过程中涉及的原材料供应商、生产厂商、储运商、零售商及最终消费者组成的供需网络。内部供应链和外部供应链共同组成了企业产品从原材料到成品再到消费者的供应链。它们的区别在于外部供应链范围大，涉及企业众多，企业间的协调更困难。在电子商务中，需更加注重“BtoB”模式下从产品供应商到订购产品企业的外部供应链的管理。

2．供应链的构成

供应链与价值链有着紧密的关系。要研究供应链，就先看一下价值链。价值链考察包括实现连接企业与消费者这一过程的目标所需的全部活动。企业获得竞争优势主要靠为顾客提供价值实现，企业的基本活动就是由下述 5 个基本的增值活动构成的。

（1）内部后勤。物料的接收、存储、在制品移动等活动，如物料的搬运、仓储、库存控制、车辆安排及向供应商退货等。

（2）生产。将投入转换为最终产品的活动。如加工、装配、包装、设备维修、测试和设施维护。

（3）外部后勤。集中、存储和把产品发送给买方的活动，如产品配送、仓储、物料搬运、送货车辆安排、订单处理和计划等。

（4）市场营销。为购买者提供购买渠道及引导消费者购买的活动，如广告、促销、销售队伍、配送渠道的选择、配送渠道的联系及定价等。

（5）服务。通过提供服务维持和提高产品价值的活动，如安装、维修、培训、零配件供应和产品调试等。

这5种基本的增值活动就构成了一个价值链。在这样一个价值链中，从物料采购开始，通过后勤活动和生产活动，物料逐渐向市场移动，每次移动都成为增值的一部分。价值最后的增加将在最终产品所有权在顾客所制定的事件和地点转移给顾客的时候发生。在一个典型的企业中，生产运作活动可分为3大块：采购、生产及地区配送。这3种形式的运作通常会重叠。然而，如果把每块看作价值增加过程中的一个集成部分，将3种运作看作一个价值链，就有可能创造更好地利用每一块各自特性的机会。从这个意义上来说，每一个组织都可以看成一个价值链，或一条完整价值链中的一部分。而产业，正是由多个这样的价值链，通过一个组织的产品被另一个组织作为原料加以利用这样的联系组成的。

这样的由多个组织构成的完整的价值链，就构成了一个供应链。这样的供应链通常由原料供应商、生产商、批发商、零售商或企业客户等多个组织所构成。在这个链中，一个组织既是链中某个组织的用户，又是另一个组织的供应商。或者说，任何一个组织实际上都是由多个组织形成的相互联系、相互作用、相互依赖的“链”或“网”中的一分子，在其全部行为中，至少有一部分是作为其他组织的用户或供应商的。如果把这样的供应链看作一个完整的运作过程对其进行集成管理，就有可能避免或减少各个环节之间的很多延误、浪费。就有可能在更短的时间内用更少的总成本实现价值的增值。这就是供应链管理的基本思想。由此可以看出，它所涉及的不仅是组织内部的管理问题，还包括组织之间的协作和责任分担问题，每个组织都是其他供应链的联盟成员，而不能将其视为竞争者。这一思想的本质，是力图通过相互间的责任分担来共同获得收益。这是一种新型的思想，这种合作关系的基础是相互间的共同目标、相互信任、信息的自由交流和知识革新成果的共享。

3．供应链管理

供应链管理的基本思想是利用计算机网络技术全面规划供应链中的商流、物流、信息流、资金流等，并进行计划、组织、协调与控制。它涉及各种企业及企业管理的方方面面，是一种跨行业的管理，并且企业之间作为贸易伙伴，为追求共同经济利益的最大化而共同努力。所以开展电子商务必须加强对供应链的管理。

6.3.2 电子商务下的供应链管理与传统的供应链管理

1. 电子商务下的供应链管理与传统的供应链管理的区别

传统的供应链关系是从供应商、制造商、分销商、零售商到最终的用户。而电子商务意义下的供应链是围绕核心企业的，通过对物流、信息流和资金流的控制，从采购原材料开始，制成中间产品及最终产品，最后由销售网络把产品送到将供应商、制造商、分销商、零售商直到最终用户连成一个整体的功能网络。

传统的供应链模式叫作“推销”模式，如图 6.10 所示。即根据商品的库存情况，有计划地将商品推销给客户。在传统经济条件下，信息技术比较落后，这使得信息获取和传递的成本较高，致使企业无法深入市场进行全面、准确的需求调研，只能按照自己的管理方式运作，很少考虑上下游企业的利益，因而常常会出现生产计划与市场需求脱节、信息反应迟缓等问题，以及产品的实际需求量与预测需求量之间偏差较大的情况，最终的结果是造成库存积压和商品的无效移动，无形中增加了物流成本。

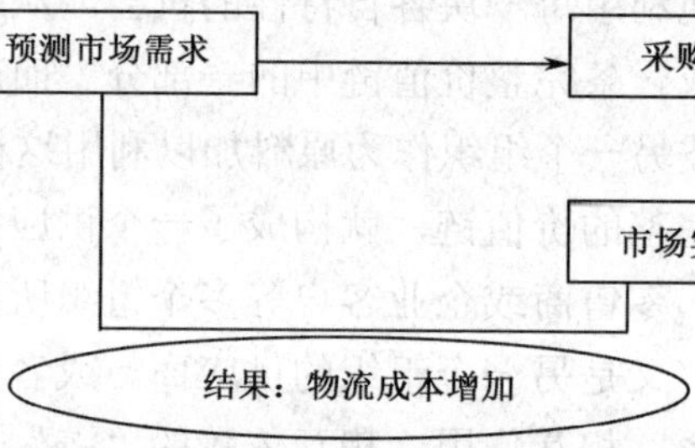

图 6.10 传统的供应链模式

电子商务环境下的供应链管理模式又叫“需求动力”模式，如图 6.11 所示。“需求动力”模式源于客户需求，客户是该供应链中一切业务活动的最终驱动力。无论是生产还是采购，都以市场需求为依据，由客户的需求来拉动。在这种模式下，采购、生产和销售基本可以做到同步进行，这就可以减少库存，避免商品的无效移动，降低物流总成本，提高物流整体效率。

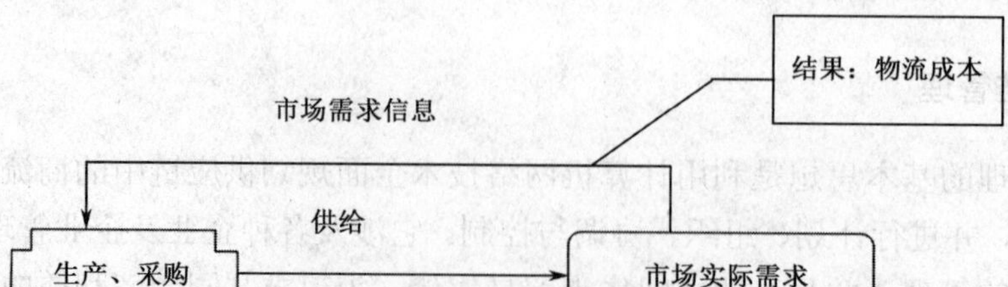

图 6.11 电子商务环境下的供应链管理模式

基于电子商务的供应链管理的核心思想主要有协同电子商务、电子企业和业务外包三种。

(1) 协同电子商务

协同电子商务是电子商务时代供应链管理的核心。企业通过建立自己的电子商务网将自身业务流程、客户、供应商及其他业务伙伴集成起来，使企业在本身的市场领域降低交易成本，提高竞争力。

(2) 电子企业

电子企业是指把现实资产和网络结合在一起并很好加以平衡的企业，它是电子商务发展的最高阶段。在电子企业中，每个雇员会像重视关系到企业生存的战略任务那样重视互联网。不是某一个专家管理着员工，而是详细的分析和投资回报率指导着企业的领导者。网络应用程序受到重视，最有价值的资产将是那些把网络科技和商业结合在一起为公司服务的科技人员。

(3) 业务外包

业务外包是企业将自己的业务集中在拥有核心技术、能够增加最大附加值的环节，而把不属于核心能力的功能弱化或独立分离出去，以便获取最大的投资回报。业务外包体现了企业在新的竞争形式下，通过不断发掘进而强化自身核心竞争力。充分利用业务外包是企业重要的经营战略。耐克作为世界上最大的运动鞋制造商，没有生产过一双完整的鞋；波音作为世界上最大的飞机制造公司，自己只生产座舱和翼尖，波音747飞机的450多万个零部件，大都是由世界上几十个国家的相关企业提供的；通用汽车公司居世界500强前列，仍把年营业额高达200亿美元的生产汽车零配件的Delphi公司分离出去。这些厂商或拥有设计，或拥有品牌，或在销售上具有独特竞争优势，所以他们将生产过程外包给其他厂商，从而获取了更大的利润。据调查，全球外包市场以年增长25%的速度发展，其中亚洲外包市场将以年增长50%的速度发展。

2. 电子商务环境下供应链管理模式的特点

(1) 以客户价值为导向的“需求动力”模式

在电子商务环境下，这种管理模式的目标已经从初期的提高效率、降低成本和满足顾客日益增强的需要方面，转向以提高客户价值为中心，将重点放在创造和提高客户价值上。深入了解客户的需求及需求的时间和地点是成功管理供应链的关键所在。也就是说，供应链中的企业必须首先了解客户需要企业生产何种产品、提供何种服务，然后在尽可能降低成本的前提下，满足客户需求并给客户提供最大的利润空间。因此，供应链管理必须以最终客户服务（Customer Service）、客户满意（Customer Satisfaction）与客户成功（Customer Success）这“3CS”为管理的出发点，将其贯穿于供应链管理的全过程，并将改善客户服务质量，让客户满意，提高对变化的客户需求的反应能力。只有当整个供应链以客户的购买为动力时，才能消除商品在流通中产生的库存，最终实现零库存效应。

UPS 公司代表着世界运输和速递业务的最高水准。该公司运用先进的物流和计算机技术建立了一个覆盖世界各地的发送中心网络。其经营指导思想也由运作的效率和可靠性转向以客户为导向，将每位客户的需求放在第一位。

(2) 供应链管理是一种基于流程的集成化管理模式

自 20 世纪 90 年代以来，随着电子商务的推广，供应链管理也出现了新的方式——集成供应链管理（Integrated Supply Chain Management），即一种基于流程的集成化管理模式。在传统的管理模式下，往往由于利益目标冲突、信息分散等原因，各职能部门无法充分发挥其潜在效能，因而很难实现整体目标最优化。集成供应链管理通过从供应商到消费者的综合运作，使物流供应链在整体上做到最优化。它不同于传统的企业管理，不仅强调设计、技术、制造、销售系统的集成，而且强调供应链管理理念、整体核心能力和资源的集成与协调，要求链条中各企业围绕物流、信息流、资金流及商流进行信息共享与经营协调，达成柔性、稳定的供应协作关系。通过内外资源的集成使用，企业可以超越自身实力来定位管理目标。企业通过准时制（JIT）管理、企业资源计划（ERP）、物流资源计划（LRP）、快速反应（QR）、有效客户反应（ECR）、全面质量管理（TQM）等管理技术方法的综合运用，实现供应链管理方法的集成；通过现代网络技术手段和计算机的运用，达到信息共享，实现供应链管理手段的集成。

(3) 市场竞争对象发生了新的变化，或在这种新的模式中，市场竞争不再被单纯地看作企业与企业之间的竞争，而是供应链与供应链之间的竞争

对每个企业而言，供应链本身都是客观存在的，但由于供应链上的各个节点存在不确定因素，如果没有实施供应链管理，各企业独立运作，相互间不能沟通与合作，供应链处于一种“断裂”状态，甚至出现效率背反现象，即单个企业的运作效率可能较高，而整个供应链系统的效率往往较低，最终供应链中每个企业的利益都受到损害。例如，零售商为防止其上游批发商货物脱销情况的出现，需要安全库存，而批发商为防止其上游生产商的产品出现供不应求的情况，也需要安全库存，这样做势必造成库存出现不必要的重复。供应链是由供应商、生产商、分销商、零售商、客户组成的网络结构，链中各环节不是彼此分割的，而是环环紧扣的一个有机整体。只有对整个供应链进行管理和调控，协调并加强各个环节的合作，使物流系统做到“无缝对接”，才能避免和减少各环节的延误或浪费，达到整个供应链的最优化，最终使供应链中的各个企业受益。物流系统的竞争优势主要取决于供应链的一体化即功能整合的程度。

(4) 以供应链各环节的信息共享为条件

在传统的经济条件下，由于信息技术的落后和缺乏信息共享意识，在供应链管理中容易出现信息失真的问题，导致供应链管理无法得到真正的实施。在电子商务时代，信息是物流企业的命脉。在 B2B 电子商务中，商家必须遵循“以信息替代库存”的原则，不断开发基于 Internet 的信息技术来取代传统的电子数据交换（EDI），在交易伙伴之间传递商务信息。借助信息技术，供应链上任何节点的企业都能及时地掌握市场的需求动态和整个供应链的运行态势，每个环节的物流信息都能与其他环节进行交流与沟通，增大了信息的透

明度。例如，借助先进的信息技术和供应链管理思想，企业内部的业务流程发生了很大的变化。过去在人工处理条件下，生产管理人员制订出生产计划后，再由物资供应部门编制采购计划，并且还要经过层层审核，才能向供应商发出订货单。由于流程较长，流经的部门较多，因而不免出现脱节、停顿、反复等现象，导致一项业务要花费很长时间才能完成。而在供应链管理环境下，以信息技术作为支持平台，数据实现共享后，客户订单、库存报告、销售数据报告及其他关键信息能够从一个企业（部门）迅速地流向另一个企业（部门）。再比如，生产部门制订完生产计划后，供应部门就可通过数据库读取计划内容，计算需要消耗的原材料、配套零件的数量，迅速制定出采购方案。通过查询数据库中供应商档案，获得最佳的供应商信息，就可以迅速向有关厂家发出订货单。同样，供应商可以通过Internet了解提供给制造商的配件的消耗情况，在库存量即将到达订货点时，在没有接到制造商订单前主动做好准备工作，从而大大缩短供货周期。

（5）减少库存总量，创造竞争的成本优势

传统的库存思想认为，库存是维系生产与销售的必要措施，因而制造商和零售商都有定量的库存。上下游企业在不同的市场环境下只是实现了库存的转移，整个社会库存总量并未减少。再加上传统的物流管理处理产品的技术水平低，对市场的反应速度过慢，使整体库存成本上升。从供应链角度来看，库存不是必需的，它只起平衡作用。供应链打破了传统状态下运输环节独立于生产环节之外的分工界限，通过整体合作与协调使链上各个成员间建立了战略同盟关系，通过信息共享和沟通大幅减少每个成员的不确定性，减少每个成员的安全库存量，从而大幅降低整个社会的总体库存量，实现供应商、生产商、销售商、物流服务商及最终消费者共赢的战略目标。

（6）加强增值服务是供应链管理的重要方向

供应链也是一种产品，而且是可增值的产品。其目的不仅是降低成本，更重要的是提供用户期望以外的增值服务，如配货、配送和各种提高附加值的流通加工服务项目，以及其他按客户需要提供的服务。在使用先进的信息技术和管理模式的基础上，加强各种增值服务也将成为供应链管理的重要内容。

任务实施

电子商务环境下供应链管理的流程分为以下三个：计划、实施和执行评估。

（1）计划

计划包括需求预测和补货，旨在研究如何完成供应链管理目标，即将合适的产品或服务（Right Productor or Service）按照合适的状态包装（Right Condition and Packaging），以合适的数量（Right Quantity）和合适的成本费用（Right Cost），在合适的时间（Right Time）送到合适客户（Right Customer）的合适地方（Right Place），即“7R”。该系统便于执行订单及从客户那里收集信息。此外，还可以使信息沿着整个供应链（即从最初的原材料采购到最终消费）平滑地流动。为了支持“需求动力”模式，计划系统需要设定三个目标：有效地收集客户需求信息，以适应需求变动；使需求信息服务于包括安全库存、库存周转和补货频率在内的库存投资；为订单的生成、执行和记录，制定完善的操作方案。这需要与分销需求计划（DRP）、卖方管理的存货（VML）和连续补货程序（CRP）进行协调。

(2) 实施

主要关注系统运作效率，包括客户订单执行、采购、制造、存货控制及物流配送等应用系统。实施系统的一个中心任务是进行跨职能集成，旨在将订单执行、采购、制造及分销管理综合起来，以加强供应链上各环节的协同运作。实施系统有利于货物和服务在供应链中合理地有效流动。

(3) 执行评估

执行评估过程是对供应链运行情况的跟踪。这有利于制定较为开放的决策并对变化的市场做出能动的反应。

知识扩展

物流的发展

物流的发展已经有了几十年的历史，人们对物流的研究和应用已经从早期以商品销售为主的“传统物流”阶段，进入了将原材料的采购、商品的生产、传统物流和商品销售的全过程予以综合考虑的“综合物流”阶段。而随着生产和社会的发展及科学技术的进步，新的管理思想技术和工具在物流的各个环节得以应用，“现代物流”阶段正在到来。

一、传统物流

1. 传统物流的作用领域

传统物流的作用领域以商品的销售为主要对象，具体地完成将生产的商品送交消费者的过程中所发生的各种活动，包括公司内部原材料的接收、保管，产品的接收和保管，工厂或物流中心的运输等。

2. 传统物流的目标内容

传统物流追求的目标是以尽可能低的物流成本，给顾客尽可能好的物流服务，具体包括以下内容：

1）准确地按预定期将商品送交顾客；
2）尽可能减少对顾客商品供应的断档；
3）适当安排物流据点，提高配送效率，保持适当库存；
4）在运输、保管、搬运、包装、流通加工方面，实现省力化、合理化；
5）尽可能使从接收商品的订货到发货、配送等过程的信息通畅；
6）尽可能使物流成本最低。

3．传统物流的功能

传统物流的功能是克服商品从生产到消费的地域和时空阻隔的一种物理性的经济活动，具体就是“在把生产的商品送交消费者的过程中的各项活动”，或者是“把所需的商品在指定场所、指定时间，以指定的价格送交顾客”。其中包括了在物流过程中对商品的运输、保管、搬运、流通加工、信息情报等功能。因此，物流不是商品简单的“物”的流动，而是商品流通这一经济活动的全过程。

二、综合物流

综合物流大大拓宽了传统物流的领域和功能，将原材料的采购、商品的生产、传统物流和商品的销售等予以综合考虑，也就是对从采购原材料开始到最后将产品送交顾客这一物流全过程进行综合的一体化管理。

1．综合物流的作用领域

综合物流的作用领域包括企业运营中的原材料采购、商品生产、商品销售、传统物流和多余材料的回收及生产废弃物的处理等各个过程。

2．综合物流的功能

综合物流的功能是在做好企业内部的物流整体最佳状态的同时，做好企业外部从供应商到最终顾客各个渠道的整个“物的流动”，追求包含采购、生产、销售、传统物流在内的物流的整体最佳状态，达到使商品的需求和供给互相契合的供需综合平衡。

3．综合物流的目的

综合物流的目的则是满足顾客的期望，不仅要统一管理公司内部的“物”的流动，而且要和公司外部的供应商、批发商和零售商相互协调，追求“物”的流动的综合效果和一体化，达到提高效益、增加销售和盈利的最终目标。

三、现代物流

社会生产和科学技术的发展使物流进入了“现代物流”的发展阶段，其标志是物流活动领域中各环节的技术水平得到了不断的提高。

“现代物流”的高技术表现为：将各个环节的物流技术进行综合、复合化而形成最优系统技术；以运输设备高速化、大型化、专用化为中心的集装箱系统机械的开发；保管和装卸结合为一体的高层自动货架系统的开发；以计算机和通信网络为中心的情报处理和物流信息技术；与运输、保管、配送中心的物流技术在软技术方面的结合；运输与保管技术相结合的生鲜食品保鲜输送技术，以及商品条形码、电子数据交换 EDI、射频技术、全球卫星定位系统（GPS）等。这些高新技术在物流中的发展和应用，使物流的作用领域更加广泛，物流的功能和作用更强，当然，发展物流业和加强企业的物流管理，必然给社会和企业带来更大的社会效益和经济利益，因此物流的重要性不言而喻。

知识回顾

众所周知，电子商务中包含着几种基本的“流”，即信息流、商流、资金流和物流。过去，人们对电子商务过程的认识往往只局限于信息流、商流、资金流的电子化、网络化，而忽视了物流电子化过程，认为对于大多数商品和服务来说，物流仍然可以经由传统的经销渠道进行。随着电子商务务实成分的加强，越来越多的传统企业开始介入电子商务领域。这些传统企业不遗余力地在互联网上建造着自己的网上商店，但是对于他们而言，在这些极具吸引力的网络前端的背后还存在着极大的挑战。其中作为有形商品网上商务活动基础的物流，不仅已成为网上交易的一个障碍，而且也是其能否顺利进行和发展的一个关键因素。如果没有一个高效、合理、畅通的物流系统，电子商务所具有的优势就难以得到有效发挥。因此没有一个与之相适应的物流体系，电子商务将难以得到有效的发展。由此可见，现代化的物流是电子商务的重要组成部分。

拓展训练

技能训练 6-1 选择任一网上商城，进行一次网上购物，体验网上购物的物流过程。

技能训练 6-2 总结第三方物流与企业自营物流的优缺点。

第3篇

管一管电子商务

项目7　电子商务安全

项目8　电子商务法律

项目 7

电子商务安全

案例引入

淘宝“错价门”引发争议

互联网上从来不乏标价 1 元的商品。2013 年 8 月，淘宝网上大量商品标价 1 元，引发网民争先恐后哄抢，但是之后许多订单被淘宝网取消。随后，淘宝网发布公告称，此次事件为第三方软件“团购宝”交易异常所致。部分网民和商户询问“团购宝”客服得到自动回复称:“服务器可能被攻击，已联系技术人员紧急处理。”这起“错价门”事件的真实原因是个谜，但与此同时，这一事件暴露出来的我国电子商务安全问题不容小觑。在此次“错价门”事件中，消费者与商家完成交易，成功付款下了订单，买卖双方之间形成了合同关系。作为第三方交易平台的淘宝网关闭交易，这种行为本身是否合法？蒋苏华认为，按照我国现行法律法规，淘宝网的行为涉嫌侵犯了消费者的自由交易权，损害了消费者的合法权益，应赔礼道歉并赔偿消费者的相应损失。

从淘宝“错价门”案例中我们可以得到以下启示。

1. 我国电子商务领域安全问题日益凸显。例如，支付宝或网银被盗现象频频发生，给用户造成越来越多的损失，这些现象对网络交易和电子商务提出了警示。

2. 公安机关和电信管理机关、电子商务管理机关应当高度重视电子商务暴露的安全问题，严格执法、积极介入，彻查一些严重影响互联网电子商务安全的恶性事件，切实保护消费者权益，维护我国电子商务健康有序地发展。

任务 7.1　电子商务安全的认知

任务介绍

学习电子商务专业的小王大学毕业以后，找到一家从事网上销售业务的公司。但是随着销售业务的不断扩大，小王经常遇到黑客攻击服务器、计算机感染病毒等问题。为了解决这一问题，小王决定系统地了解一下电子商务安全问题。

相关知识

随着电子商务的迅速发展，电子商务并没有像想象的那样普及和深入，其中一个很重要的原因就是电子商务系统的安全已受到来自计算机病毒、电脑黑客、计算机网络系统自身脆弱性等方面的严峻挑战。因此如何建立一个安全、便捷的电子商务应用环境，对信息提供足够的保护，是商家和用户十分关心的重大问题。电子商务安全已经成为阻碍电子商务发展的瓶颈之一。

7.1.1　什么是电子商务安全

安全问题一直是制约电子商务发展的瓶颈。在电子商务交易过程中，人们担心自己的隐私被泄露，担心信用卡信息被人盗用，从事电子商务的公司同样面临着巨大的交易风险。

电子商务的重要技术特征是利用计算机网络技术来传输和处理商业信息。因此，电子商务安全从整体上可分为计算机安全、网络安全和商务交易安全。计算机及网络安全包括计算机及网络设备安全、计算机及网络系统安全、数据库安全等。商务交易安全则紧紧围绕传统商务在互联网络上应用时产生的各种安全问题，在计算机网络安全的基础上，如何保障电子商务过程的顺利进行。即实现电子商务的保密性、完整性、可鉴别性、不可伪造性和不可抵赖性。计算机及网络安全与商务交易安全实际上是密不可分的，相辅相成，缺一不可。没有计算机及网络安全作为基础，商务交易安全就犹如空中楼阁，无从谈起。没有商务交易安全保障，即使计算机及网络本身再安全，也无法达到电子商务所特有的安全要求。

7.1.2 电子商务安全的需求

1. 电子商务交易主体身份的真实性

(1) 服务器的真实性

TCP/IP 协议不能确认一个信息包是否确实来自用户指定的域名地址。当网络入侵者可以利用 IP 欺骗技术时，可以改变其他使用者的链接，使其进入网络入侵者所指定的网站服务器，但使用者无法察觉这一改变。

(2) 交易双方身份的真实性

网上交易双方没有面对面的接触，如果不进行身份真实性的识别，第三方就有可能假冒交易一方的身份，以破坏交易。

2. 保证交易信息质量

(1) 保证交易信息的完整性

在电子商务中，信息的内容可能在传输中被更改或删除，所以应当保证交易信息的完整性。交易信息完整性是指信息在传输过程中受到保护，没有在未经授权或偶然的情况下被更改或破坏。

(2) 交易信息的保密性

交易信息的保密性包括交易信息的隐私问题和交易内容的保密性。

1）交易信息的隐私问题。这里所说的信息隐私问题，是指用户在上网过程中所涉及的各种操作行为和事项，如日期、时间、浏览过的网页等。

2）交易内容的保密性。信息在传输过程中，只有发送者和接收者知道，保证信息不被他人截取或即使截取了也无法知道真实内容。因此，需要对网上传输的信息先加密再传输。

(3) 交易信息的不可抵赖性

交易信息的不可抵赖性是指在电子商务交易过程中，信息双方必须对他们发送的信息和接收到的信息进行认可。交易双方必须对自己的交易行为负责，信息发送者和接收者都不能予以否认。进行身份识别后，如果出现抵赖的情况，就有了反驳的依据。其关键在于，对所有的信息进行“数字签名”，使得他们难以抵赖。

(4) 交易信息的有效性

保证交易数据在确定价格、期限、数量及确定时刻、地点时是有效的。在电子商务中，由于电子文件取代了纸张，保证电子形式的交易信息的有效性对于顺利开展电子商务非常重要。

3．电子商务安全需要法律的保护

现代社会是法制社会，所有社会事务均应在法律框架内运行，电子商务的安全问题也应纳入法制轨道。为此，电子商务安全的法律建设应具有如下特点。

（1）可操作性

电子商务是科技高速发展而带来的新生事物，许多新的概念规则难以用传统的思维去理解，因此，电子商务安全法律应当对一些专业术语及容易引起争议的问题等做出合理解释，使其更具可操作性。

（2）体系性

电子商务带给人们方便快捷的同时，也带来了诸如病毒、黑客和网络犯罪等负面因素。传统的法律体系越来越难以适应电子商务发展的需要，在保障电子商务安全方面也显得力不从心。因此，构建一个有效、相对自成一体、结构严谨、内在和谐的、新的法律体系来规范网络社会就显得十分必要。

（3）兼容性

电子商务是网络这一虚拟的数字世界的产物，但并不是独立于现实社会而独立存在的，网络事件不过是现实社会和生活中诸多问题在这个虚拟社会中的显现。因此，电子商务安全法律不能脱离传统的法律原则和法律规范，大多数传统的基本法律原则和规范对其仍然适用。从维护法律体系的统一性、完整性和相对稳定性来看，电子商务安全法律也应当与传统的法律体系保持良好的兼容性。

（4）开放性

计算机网络技术不断发展，电子商务安全问题也变得层出不穷，电子商务安全法律应当全面体现和把握计算机及网络的基本特点及其法律问题，适应电子商务不断发展的需要。

7.1.3　我国电子商务安全现状及其存在的隐患

随着电子商务的迅猛发展，电子商务安全问题显得日益重要。计算机网络技术的发展促进了电子商务的发展，为此，互联网安全性是电子商务安全的基础。但互联网在诞生时，设计者只考虑到开放性与方便性，使得互联网络具有与生俱来的不足，存在各种安全隐患和安全漏洞，极易受到黑客的攻击或有组织的群体的入侵。这对电子商务安全提出了严峻的挑战。

具体而言，电子商务中的安全隐患可分为如下几类。

1．计算机安全隐患

计算机存在的安全隐患主要是指硬件设备安全、系统软件安全及数据库存在的问题。

硬件设备安全是指保护计算机主机硬件和物理线路的安全，保证其自身的可靠性和为系统提供基本安全机制。影响硬件设备安全的重要因素有火灾、自然灾害、辐射、硬件故障、搭线窃听、盗窃和超负荷。

系统软件安全是指保护软件和资料不会被篡改、泄露、破坏、非法复制（包括有意或无意）。系统软件安全的目标是使计算机系统逻辑上安全，使系统中的信息存取、处理和传输满足系统安全策略的要求。系统软件可分为操作系统和应用软件。

操作系统是开展电子商务非常重要的软件支持平台，它的安全功能不全或设计时存在漏洞，会给电子商务的开展造成很大的威胁。如 Windows 系统经常需要打补丁程序。另外，操作系统的许多缺失已经被网络入侵者盯上，作为侵入网络的突破口。

应用软件安全主要针对数据库安全、访问控制、加密与鉴别等应用层面的安全。电子商务中的许多数据库都由合作伙伴及交易方共享，其中存在着大量的重要信息资源，各个用户在共享这些资源时，可能会出现越权访问，对数据库进行更改和破坏。

2. 互联网存在的安全隐患

互联网的最大特点就是具有开放性和进行资源共享，当某个用户不采取任何安全措施时，其他用户也可以非常方便地访问他的计算机。因特网上使用的传输协议或多或少存在漏洞，从而给电子商务的正常交易造成了一定的不安全性。另外，现行网络安全管理也存在一定的问题：主要体现在许多信息系统缺少安全管理员，缺少信息系统安全管理的技术规范，缺少定期的安全测试和检查，缺少安全审计等。

3. 电子商务交易存在的安全隐患

交易安全性仍是目前我国开展电子商务的主要障碍，因为在我国电子商务交易仍存在以下安全隐患。

(1) 交易主体的真实性

当攻击者掌握了网络信息数据规律或解密了商务信息以后，可以假冒或伪造合法用户或发送虚假信息欺骗其他用户。主要有以下两种方式。

1）假冒或伪造他人身份，如虚构或冒充主机欺骗合法主机及合法用户；冒充网络控制程序，套取或修改使用权限、通行字、密钥等信息；伪造大量用户，发电子邮件，穷尽商家资源，使合法用户不能正常访问网络资源等。

2）虚拟或伪造电子信息，虚开网站和商店，给用户发电子邮件、收订货单等。

(2) 电子商务交易信息的截获和窃取

如果没有采用加密措施或加密强度不够，攻击者可能通过互联网、公共电话网、搭线、在电磁波辐射范围内安装截收装置或在数据包通过的网关和路由器上截获数据等方式，获取传输的机密信息，或通过对信息流量和流向、通信频度和长度等参数的分析，推出有用信息，如消费者的银行账号、密码及企业的商业机密等。

(3) 交易信息的篡改

当攻击者熟悉了网络信息格式以后，可以通过各种技术方法和手段对网络传输的信息进行中途修改，并发往目的地，从而破坏信息的完整性。

(4) 交易抵赖

交易抵赖包括多个方面，如发信者事后否认曾经发送过某条信息或内容；收信者事后否认曾经收到过某条消息或内容；购买者做了订货单不承认；商家卖出的商品因价格差而不承认原有的交易。

4．法律风险

电子商务具有先进的技术性和强大的生命力。但也必须看到，目前电子商务交易安全方面的法律还不够完善，还存在法律滞后所带来的风险。

一方面，电子商务交易可能会承担由于法律滞后而无法保证合法交易的权益所造成的风险；另一方面，电子商务交易可能承担由于法律的事后完善所带来的风险，即在原来法律条文没有明确规定下而进行了网上交易，在后来颁布新的法律条文下却属于违法经营，从而造成巨大损失。

任务实施

由于电子商务是在开放的因特网上进行的贸易，支付信息、订货信息、谈判信息、机密商务的往来文件等大量的商务信息在计算机系统中存放、传输和处理，所以，其安全问题引起了广泛的重视。网络诈骗、计算机与网络病毒等造成的商务信息被窃取、被篡改和破坏，以及计算机物理性能的失效、计算机操作系统程序错误、操作人员的误操作及数据信息传输错误等造成的信息失误或失效，都严重地危害着电子商务系统的安全。因此，保证电子商务的安全性是进行电子商务的前提。

为此，电子商务安全主要包括计算机安全、网络安全和商务交易安全。

任务 7.2 计算机与网络安全

任务介绍

小王为了保护自己的计算机不受病毒的侵扰，决定安装杀毒软件，最终选用 360 杀毒软件。并在自己的计算机上实现了 360 杀毒软件的安装。

相关知识

电子商务交易的安全与计算机及网络安全是密不可分的。没有计算机及网络安全作为基础，电子商务交易安全就犹如空中楼阁，无从谈起。没有电子商务交易安全保障，即使计算机及网络自身再安全，也无法满足电子商务所特有的安全要求。一般，计算机及网络系统的安全威胁主要来自黑客攻击、计算机病毒和拒绝服务攻击三方面。

7.2.1 计算机病毒及有害数据的防治

1. 计算机病毒的定义

计算机病毒（Computer Virus）是当今计算机领域的一大顽症，借助于计算机网络它可以传播到计算机世界的每一个角落，并大肆破坏计算机数据、更改操作程序、摧毁计算机硬件，具有强大的传染性和破坏性。

在《中华人民共和国计算机信息系统安全保护条例》中明确定义，病毒“指编制或者在计算机程序中插入的破坏计算机功能或者破坏数据，影响计算机使用并且能够自我复制的一组计算机指令或者程序代码”。

2. 计算机病毒的特点

（1）寄生性

计算机病毒寄生在其他程序之中，当执行这个程序时，病毒就起破坏作用，而在未启动这个程序之前，它是不易被人发觉的。

（2）传染性

计算机病毒不但本身具有破坏性，更有害的是它具有传染性，一旦病毒被复制或产生变种，其速度之快令人难以预防。传染性是病毒的基本特征，计算机病毒会通过各种渠道从已被感染的计算机扩散到未被感染的计算机，在某些情况下造成被感染的计算机工作失常甚至瘫痪。与生物病毒不同的是，计算机病毒是一段人为编制的计算机程序代码，这段程序代码一旦进入计算机并得以执行，它就会搜寻其他符合其传染条件的程序或存储介质，确定目标后再将自身代码插入其中，达到自我繁殖的目的。只要一台计算机染毒，如果不及时处理，那么病毒会在这台机子上迅速扩散，其中的大量文件（一般是可执行文件）会被感染。而被感染的文件又成了新的传染源，再与其他机器进行数据交换或通过网络接触，病毒会继续进行传染。

（3）潜伏性

有些病毒像定时炸弹一样，让它什么时间发作是预先设计好的。一个编制精巧的计算机病毒程序进入系统之后一般不会马上发作，可以在几周或者几个月内甚至几年内隐藏在合法文件中，对其他系统进行传染，而不被人发现，潜伏性越好，其在系统中的存在时间就越长，病毒的传染范围就越大。

(4) 隐蔽性

计算机病毒具有很强的隐蔽性，有的可以通过病毒软件检查出来，有的根本就查不出来，有的时隐时现、变化无常，这类病毒处理起来通常很困难。

(5) 破坏性

计算机中毒后，可能会导致正常的程序无法运行，把计算机内的文件删除或受到不同程度的损坏。

(6) 计算机病毒的可触发性

某个事件或数值的出现诱使病毒实施感染或进行攻击的特性称为病毒的可触发性。为了隐蔽自己，病毒必须潜伏，少做动作。如果完全不动，一直潜伏的话，病毒既不能感染也不能进行破坏，便失去了杀伤力。病毒既要隐蔽又要维持杀伤力，它必须具有可触发性。病毒的触发机制就是用来控制感染和破坏动作的频率的。病毒具有预定的触发条件，这些条件可能是时间、日期、文件类型或某些特定数据等。病毒运行时，触发机制检查预定条件是否满足，如果满足，就启动感染或破坏动作，使病毒进行感染或攻击；如果不满足，就使病毒继续潜伏。

3. 计算机病毒的分类

目前，全世界几万种病毒基本上可以分为以下 6 种类型：引导区病毒、可执行文件病毒、宏病毒、混合型病毒、Internet 语言病毒及特洛伊木马型病毒。

(1) 引导区病毒

引导区病毒主要感染软盘、硬盘等存储介质的引导扇区，在用户启动计算机或对软盘等存储介质进行读写操作时进行感染和破坏活动。此类病毒有 Anti-CMOS、Stone 等。

(2) 可执行文件病毒

可执行文件病毒主要感染计算机中的可执行文件（如 com、exe 等），使用户在执行某种“正常”的程序时，病毒被加载并向其他正常的可执行文件传染。如令人难忘的曾经每月 26 日发作的 CIH 病毒等。

(3) 宏病毒

宏病毒一般只在 Windows 操作系统中出现，它利用 Windows 提供的一种高级语言——宏语言来编制病毒。宏病毒通常主要感染 Word 文档和文档模板文件，如 TaiWan1、蠕虫病毒等。

(4) 混合型病毒

混合型病毒是以上三种病毒的混合，它综合利用以上病毒的传染渠道进行传播和破坏，如 Natas、Flip 等。

（5）Internet 语言病毒

Internet 语言病毒是一种利用 JavaScript、VBScript、ActiveX 等网页编程语言及其特性在网络上发布和传播的病毒。它以 Internet 网络作为传输媒介，传播速度极快，同时结合其他几种病毒，对网络的破坏作用更强。

（6）特洛伊木马型病毒

特洛伊木马是一个程序，是黑客攻击网络计算机的主要手段之一。它驻留在目标计算机里，在目标计算机启动时，特洛伊木马自动启动，并隐藏在目标计算机中悄悄地运行，远方的黑客可通过它控制目标计算机，复制或删除目标计算机上的文件、窃取口令，或重新启动目标计算机等。例如，网络用户收到不明来历的电子邮件，打开后出现非常诱人的广告和免费使用的承诺，在从事网络营销时应对此应保持高度的警惕。如果用户免费使用来历不明的网络程序，就可能掉入黑客的诡计之中，这些所谓免费的程序很可能是特洛伊木马病毒程序的变体。

4．计算机病毒的防治

计算机病毒的防治要从防毒、查毒、解毒三方面进行。防毒是指根据系统特性，采取相应的预防措施，防止计算机病毒通过光盘、软盘、硬盘、局域网、因特网等多种途径侵入计算机。常用的防毒技术包括安装防病毒软件、加密可执行程序、引导区保护、系统监控与读写控制等。查毒是指通过一定的技术手段发现计算机系统是否感染有病毒，并准确查找出病毒的来源。常用的查毒技术主要有识别判断病毒特征的检测技术和文件自身检测技术两种方法。对病毒特征的检测包括病毒关键字、特征程序内容、传染方式、文件长度的变化等，一般可利用杀毒软件并下载最新的病毒特征库自动完成这种检测。而文件自身检测主要指对文件自身特征的检测，如果发现差异，则表明该文件或数据已遭破坏，可判定已感染了病毒。解毒是指从感染对象中清除病毒，恢复被病毒感染前的原始信息。一般可使用杀毒软件来完成病毒的清除。但是，杀毒软件一般在病毒出现后才能开发研制，有较大的被动性和滞后性。比较著名的杀毒软件有金山毒霸、瑞星杀毒软件、KV3000 和 Norton AntiVirus 2002 等。对于单机病毒的防治，运用以上技术基本可以保障计算机不受病毒的侵扰，但对于网络病毒的防治，仅有以上技术还不够。在网络环境下，病毒传播速度非常快，仅用单机防病毒软件已难以清除网络病毒。为了实现网络环境下计算机病毒的防治，必须将管理与防范相结合。具体的实现方法包括在内部网络服务器上安装网络版防病毒软件，在单机上安装单机版防病毒软件，对网络服务器中的文件进行频繁的扫描和监测，对网络目录和文件设置访问权限和属性，严格管理网络管理员的用户名和入网口令，开启系统中尽量少的服务等。

5．有害数据的防治

有害数据（Harmful Data），是指计算机信息系统及其存储介质中存在、出现的，以计算机程序、图像、文字、声音等多种形式表示的，含有攻击人民民主专政、社会主义制度，攻击党和国家领导人，破坏民族团结等危害国家安全内容的信息；含有宣扬封建迷信、淫秽色情、凶杀、教唆犯罪等危害社会治安秩序内容的信息，以及危害计算机信息系统运行和功能发挥，危害应用软件、数据可靠性、完整性和保密性，用于违法活动的计算机程序（含计算机病毒）。

与电子商务活动关系最为密切的危害计算机信息系统安全的有害数据主要是指计算机信息系统及其存储介质中存在、出现的，以计算机程序、图像、文字、声音等多种形式表示的，危害计算机信息系统运行和功能发挥，危害应用软件、数据的可靠性、完整性和保密性，用于违法活动的计算机程序。其具有无形性、危害性、违法性、多样性和广泛性的特征。

为了加强对计算机病毒的预防和治理，保护计算机信息系统安全，我国公安部根据《计算机信息系统安全保护条例》，发布了《计算机病毒防治管理办法》，成为我国计算机病毒防治工作的重要法律依据。计算机病毒是指编制或在计算机程序中插入的破坏计算机功能或毁坏数据、影响计算机使用、能自我复制的一组计算机指令或程序代码。根据定义可看出，计算机病毒是一种可执行程序，具有广泛的传染性、极大的潜伏性、极强的破坏性等。防治计算机病毒，必须加强法制建设，制定、完善相关的法律、法规，运用法律手段规范人们在计算机病毒防治工作中的行为。

根据《计算机病毒防治管理办法》，为了防止计算机病毒的制作和传播，严禁任何单位和个人从事下列行为：

1）制作计算机病毒；

2）故意输入计算机病毒，危害计算机信息系统安全；

3）向他人提供含有计算机病毒的文件、软件、媒件；

4）销售、出租、附赠含有计算机病毒的媒件；

5）其他传播计算机病毒的行为。

计算机信息系统的使用单位在计算机病毒防治工作中应当履行下列职责：

1）建立本单位的计算机病毒防治管理制度；

2）采取计算机病毒安全技术防治措施；

3）对本单位计算机信息系统使用人员进行计算机病毒防治教育培训；

4）及时检测、清除计算机信息系统中的计算机病毒，并备有检测、清除记录；

5）使用具有计算机信息系统安全专用产品销售许可证的计算机病毒防治产品；

6）对因计算机病毒引起的计算机信息系统瘫痪、程序和数据的严重破坏等重大事故，及时向公安机关报告，并保护现场。

我国公安部公共信息网络安全监察部门主管全国的计算机病毒防治管理工作。地方各级公安机关具体负责本行政区域内的计算机病毒防治管理工作。任何单位和个人都应当接受公安机关对计算机病毒防治工作的监督、检查和指导。

7.2.2 防火墙技术

1. 防火墙的概念

防火墙（Firewall）是一种获取安全性方法的形象说法。它是一种计算机硬件和软件的结合，使互联网（Internet）与内部网（Intranet）之间建立起一个安全网关（Security Gateway），从而保护内部网免受非法用户的侵入。防火墙主要由服务访问政策、验证工具、包过滤和应用网关四部分组成。

总之，防火墙在一个被认为安全和可信的内部网络和一个被认为不那么安全和可信的外部网络（通常是 Internet）之间提供了一道保护屏障，它决定了外界的哪些人可以访问内部的哪些服务，以及哪些外部服务可以被内部人员访问。需要注意的是，所有来自和通向外部的信息都必须经过防火墙，接受防火墙的检查，才能使防火墙真正有效。防火墙必须只允许授权的数据通过，并且防火墙本身也必须能够免于渗透。防火墙系统一旦被攻击者突破或迂回，就不能提供任何保护了。

2. 防火墙的优点和缺陷

在内部网络中使用防火墙主要有以下几个方面的优点。

(1) 防火墙是网络安全的屏障

防火墙允许网络管理员定义一个中心“扼制点”来防止非法用户（如黑客、网络破坏者等）进入内部网络。禁止存在安全脆弱性的服务进出网络，并抗击来自各种路线的攻击。而在没有防火墙时，内部网络上的每个节点都暴露给 Internet 上的其他主机，极易受到攻击，这就意味着内部网络的安全性要由每一个主机的坚固程度来决定，并且安全性取决于其中最弱的系统。

(2) 在防火墙上可以很方便地监视网络的安全性，并产生报警

网络管理员必须审计并记录所有通过防火墙的重要信息。如果网络管理员不能及时响应报警并审查常规记录，防火墙就形同虚设。

(3) 防火墙是审计和记录 Internet 使用量的最佳地方

网络管理员可以在此向管理部门提供 Internet 连接的费用情况，并能够根据机构的核算模式提供部门级的计费。另外，防火墙还可以根据系统流量查出潜在的带宽瓶颈的位置。

(4) 防火墙可以强化网络安全策略

通过以防火墙为中心的安全方案配置，能将所有安全软件（如口令、加密、身份认证、审计等）配置在防火墙上。与将网络安全问题分散到各主机相比，防火墙的集中安全管理更经济。

虽然防火墙可以提高内部网络的安全性，但也存在一些缺陷，主要包括以下几方面。

1）限制有用的网络服务。

防火墙为了提高被保护网络的安全性，限制或关闭了很多有用但存在安全缺陷的网络服务（如 Telnet、FTP 等）。

2）防火墙无法防范那些不通过防火墙的攻击。

例如，在一个被保护的网络上有一个直接通过 SLIP 或 PPP 的连接进入 Internt，从而试图绕过防火墙提供的安全系统，这就为后门攻击提供了极大的可能性。

3）防火墙一般无法解决内部人员的攻击问题。

例如，无法阻止内部人员将敏感数据复制带走，也不能防止黑客伪装成管理员或新职员以骗取相关口令和权限。因此必须加强内部员工的网络安全防范意识，让他们了解网络攻击的各种类型，并懂得保护自己的用户口令和周期性变换口令的必要性。

4）防火墙也不能防止传送已感染病毒的软件或文件。

对病毒特别关心的机构应在每个客户机和服务器上都安装防病毒系统，防止病毒从软盘或其他来源进入网络系统。

5）防火墙无法防范数据驱动型的攻击。

数据驱动型的攻击从表面上看是无害的数据被发送到主机上，但一旦执行就开始攻击。例如，一个数据型攻击可能导致主机修改与安全相关的文件，使得入侵者很容易获得对系统的访问权。

6）防火墙提供的是静态防御。

防火墙的规则都是事先设定的，只能对现在已知的网络威胁起作用。

随着网络攻击手段不断更新和一些新的网络应用的出现，不可能靠一次性的防火墙设置来解决所有的网络安全问题。

防火墙方法有助于提高计算机主系统总体的安全性，因而可使联网用户获得许多好处。防火墙通过包过滤路由器过滤不安全的服务来降低子网上主系统所冒的风险。因为包过滤路由器只允许经过选择的协议通过防火墙，因此，子网网络环境可经受较少的外部攻击。

3．防火墙的分类

根据防火墙设计方法的不同，可以把目前的防火墙产品分为两种类型：包过滤型防火墙和应用网关型防火墙。

(1) 包过滤型防火墙

在 Internet 网络中，所有往来的信息都被分割成许多一定长度的信息包，信息包中含有发送者的 IP 地址和接收者的 IP 地址。当这些信息包被送给 Internet 时，路由器会读取接收者的 IP 地址并选择一条合适的物理线路发送出去，不同的信息包可能经过不同的线路到达目的地址，当所有的信息包到达目的地后会重新组装还原。包过滤型防火墙可以动态地检查所有通过的信息包中的源 IP 地址、目的 IP 地址、端口号等信息，并根据事先定义的过滤规则，决定允许哪些信息包通过、禁止哪些信息包通过。

(2) 应用网关型防火墙

应用网关型防火墙也就是通常提到的代理服务器。代理服务器通常运行在内联网和外联网之间，对内外用户的诸如 HTTP、FTP 等特定的 Internet 服务请求进行合法性检查，决定是接受还是拒绝。代理服务器在内外网之间设置了一个物理屏障，使得网络数据包不能直接在内外网络之间进行交换。代理服务器接收到用户对某站点的访问请求后会检查该请求是否符合规定，如果规则允许用户访问该站点，代理服务器就会访问那个站点并取回所需信息再转发给客户。为了节约网络访问时间，代理服务器通常都拥有一个高速缓存，这个缓存存储用户经常访问的站点内容，在下一个用户要访问同一个站点时，直接将缓存的内容发给用户即可。

(3) 两种类型的防火墙的主要区别

上述两种类型的防火墙的主要区别在于：基于包过滤的防火墙通常直接转发报文，它对用户完全透明，速度较快；而基于代理服务的防火墙通过代理服务器建立连接，它可以有更强的身份验证和日志功能。两种类型的防火墙各有优劣。包过滤型防火墙比其他模式的防火墙有更高的网络性能和更好的应用程序透明性，处理速度快且易于维护，通常作为第一道防线。但包过滤防火墙有两个关键弱点：①通常没有用户的使用记录，这样就不能得到入侵者的攻击记录；②不能在用户级别上进行过滤，即不能鉴别不同的用户和防止 IP 地址盗用。应用网关型防火墙的优点在于能够提供详细的日志和审计功能，大大提高了网络的安全性。但由于应用网关型防火墙是基于代理服务的，它会使网络访问速度变慢。因为它不允许用户直接访问网络，而且代理服务是基于特定应用的，必须为每个应用（如 HTTP、FTP）安装代理服务软件，并且只要应用程序升级，原来的代理服务就不再适用了。为了发挥上述两种防火墙的各自优势，克服各自的缺点，复合型防火墙便应运而生，它是结合前两种防火墙的一种新产品，具有更高的网络安全性。

7.2.3 数据加密

加密技术是实现电子商务安全的一种重要手段。一般情况下，网络上的信息如果没有经过特殊处理，都是明码传输的，这就意味着用户在网上传输的信用卡号码、身份证号码、口令及其他个人信息都有可能被他人获取。为了防止合法接收者之外的人获取机密信息，数据加密技术就应运而生了。

数据加密就是按照确定的密码算法将敏感的明文数据变换成难以识别的密文数据，通过使用不同的密钥，可用同一加密算法将同一明文加密成不同的密文。当需要时，可使用密钥将密文数据还原成明文数据，称为解密。这样就可以实现数据的保密性。数据加密被公认为是保护数据传输安全唯一实用的方法和保护存储数据安全的有效方法，它是数据保护在技术上的最后防线。

以数据加密和用户确认为基础的开放型安全保障就是利用现代的数据加密技术来保护网络系统中包括用户数据在内的所有数据流，只有指定的用户和网络设备才能解译加密数据，从根本上解决网络安全的两大主要需求，即网络服务的可用性和信息的完整性。这类技术在数据传输过程中对所经过的网络路径的安全程度没有要求，不受其影响，从而真正实现网络通信过程中端到端的安全保障。同时，这类技术一般不需要特殊的网络拓扑结构的支持，实施代价较小，主要体现在软件开发和系统运行维护等方面。可见，数据加密技术是一种普遍适用的、对网络服务影响较小的、可望成为解决网络安全问题的最终方案。由于大部分数据加密算法源于美国，并且受到美国出口管制法的限制，因而暂时无法在Internet这样的国际网络中大规模使用，但预计几年后这类技术可能成为保障网络安全的主要方式。

任务实施

1．360杀毒目前支持下面的操作系统

Windows XP SP2以上（32位简体中文版）；

Windows Vista（32位简体中文版）；

Windows 7（32及64位简体中文版）；

Windows Server 2003/2008。

注意：如果操作系统不是上述的版本，建议不要安装360杀毒软件，否则可能导致不可预知的结果。

2．360杀毒软件下载

要安装360杀毒，首先要通过360杀毒官方网站 sd.360.cn 下载最新版本的360杀毒安装程序。

3．下载、安装步骤

1）如果通过在线安装程序安装360杀毒，会首先看到在线安装程序的窗口，单击“下一步”按钮继续，360杀毒软件安装界面如图7.1所示。

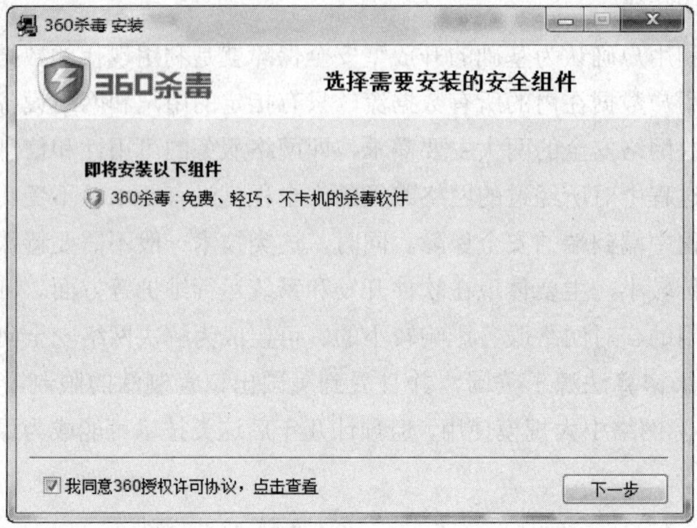

图 7.1　360 杀毒软件安装界面一

2）在线安装程序会自动下载 360 杀毒软件，并开始安装。根据用户的网络速度不同，下载所需时间也不同。以 2MB 带宽为例，下载约需 8 分钟左右，360 杀毒软件安装界面二如图 7.2 所示。

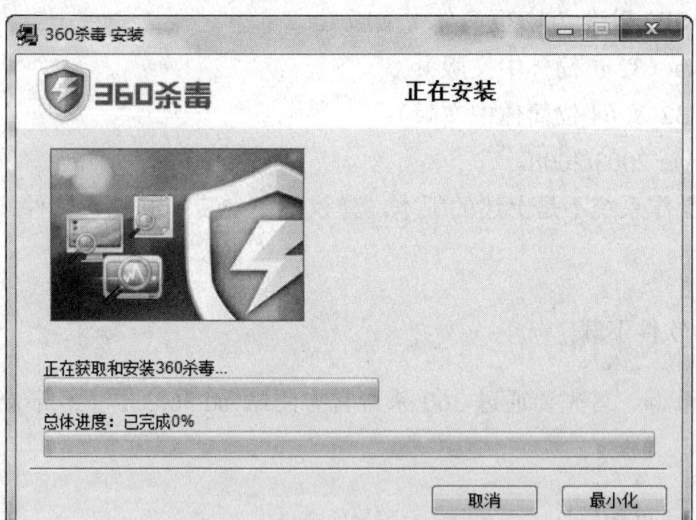

图 7.2　360 杀毒软件安装界面二

3）下载完成后，运行下载的安装程序，会看到如图 7.3 所示的欢迎窗口，360 安装向导如图 7.3 所示。

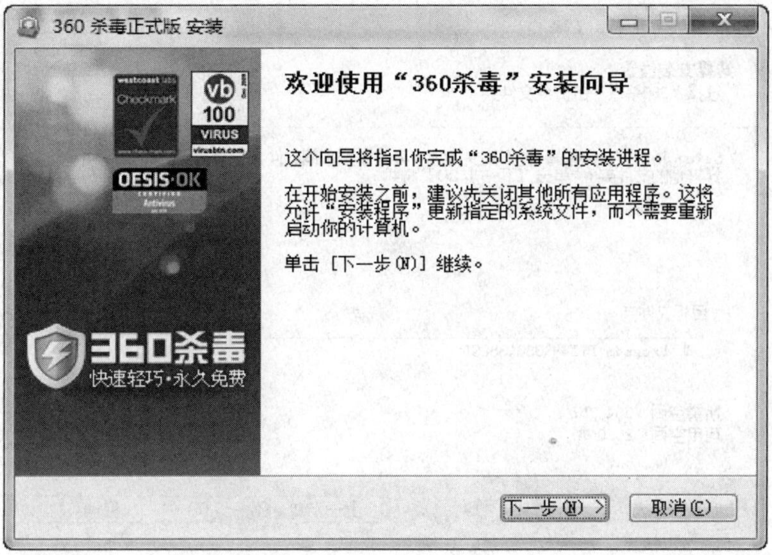

图 7.3　360 安装向导

4）单击“下一步”按钮，会出现最终用户使用协议窗口，360 安装界面如图 7.4 所示。

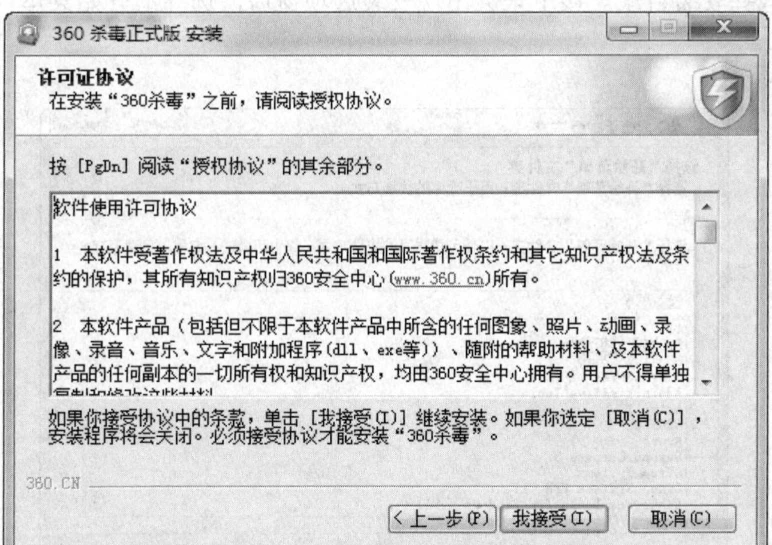

图 7.4　360 安装界面

5）阅读许可协议，并单击“我接受”按钮。（如果不同意许可协议，单击“取消”退出安装）。接下来出现选择安装路径的窗口，选择安装位置页面如图 7.5 所示。

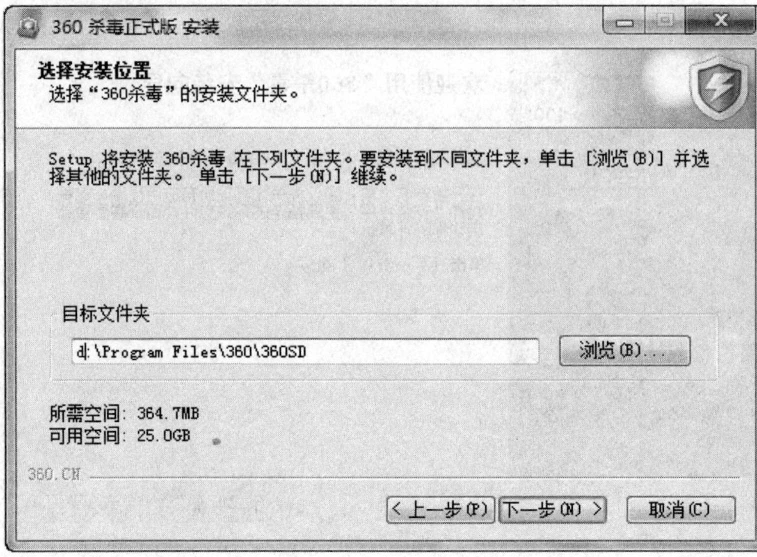

图 7.5　选择安装位置页面

6）可以选择将 360 杀毒软件安装到哪个目录下，建议按照默认设置即可。也可以单击“浏览”按钮选择安装目录。接下来会出现安装选项窗口，选择“开始菜单”文件夹页面，如图 7.6 所示。

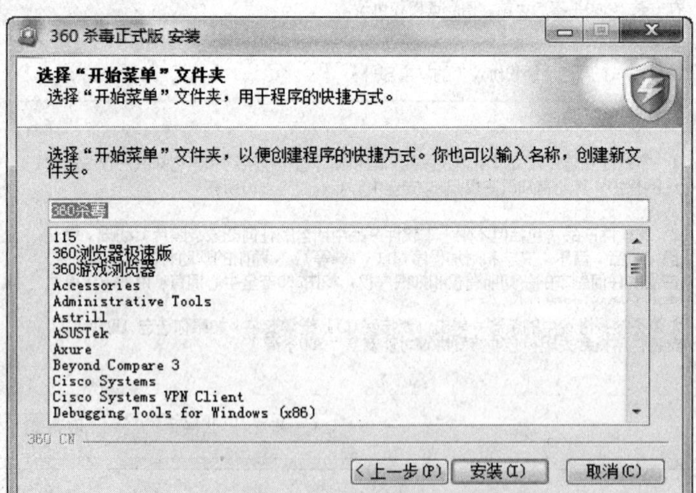

图 7.6　选择“开始菜单”文件夹页面

7）输入想在开始菜单显示的程序组名称，然后单击“安装”按钮，安装程序开始复制文件，360 软件安装界面如图 7.7 所示。

图 7.7　360 软件安装界面

8）在安装即将结束时，会看到设置向导，根据计算机配置情况，为用户推荐合适的选项，根据具体情况选择。360 防护选项页面如图 7.8 所示。

9）文件复制完成后，会显示安装完成窗口。单击“完成”按钮，360 杀毒就已经成功地安装到计算机上。

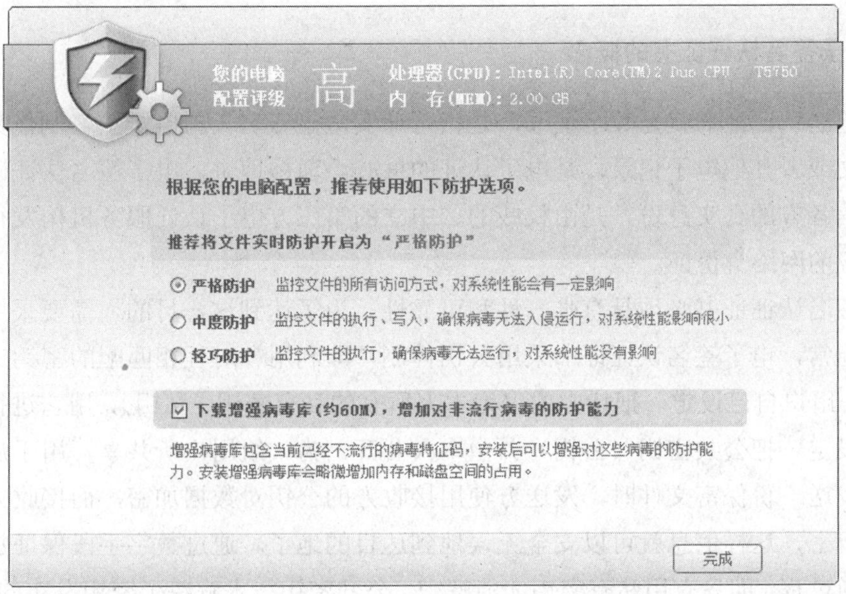

图 7.8　360 防护选项页面

任务 7.3 电子认证

任务介绍

小王为了保证自己工作用电子邮箱的安全，特意在中国数字证书体验中心申请了数字证书，并完成了数字证书的申请流程。

相关知识

为了保证电子商务交易安全，加强身份认证，由电子认证机构颁发电子签名认证证书无疑是最为有效的办法。电子签名认证证书与电子认证机构是电子认证的两大核心要素。电子签名认证证书是身份（或站点）的数字证明，内含公钥，可以广为散发。该证书是由一个权威机构发放的，并由该机构担保其有效性，该机构就是身份认证机构（Certificate Authority，CA），在我国称为电子认证服务机构。

7.3.1 电子签名认证证书的基本含义

1. 电子签名认证证书的概念

电子签名认证证书就是数字证书，是指可证实电子签名人与电子签名制作数据有联系的数据电文或者其他电子记录，是电子认证的核心。通俗地讲，电子签名认证证书用来表明网络通信各方的真实身份，是由权威的、中立的第三方电子认证服务机构发行和管理的个人或单位的网络身份证。

电子签名认证证书必须具有唯一性和可靠性。为了达到这一目的，需要采用很多技术来实现。通常，电子签名认证证书采用公钥体制，即利用一对互相匹配的密钥进行加密、解密。每个用户自己设定一把特定的仅为本人所有的私有密钥（私钥），用它进行解密和签名；同时设定一把公共密钥（公钥）并由本人公开，为一组用户所共享，用于加密和验证签名。当发送一份保密文件时，发送方使用接收方的公钥对数据加密，而接收方则使用自己的私钥解密，这样信息就可以安全无误地到达目的地了。通过数字手段保证加密过程是一个不可逆过程，即只有用私有密钥才能解密。公开密钥技术解决了密钥发布的管理问题，用户可以公开其公开密钥，而保留其私有密钥。

2．电子签名认证证书的内容

我国《电子签名法》第二十一条规定：电子认证服务提供者签发的电子签名认证证书应当准确无误，并应当载明下列内容：电子认证服务提供者名称、证书持有人名称、证书序列号、证书有效期、证书持有人的电子签名验证数据、电子认证服务提供者的电子签名、国务院信息产业主管部门规定的其他内容。

7.3.2 电子签名认证证书的类型

根据证书的持有者不同，电子签名认证证书可分为以下几种。

1．个人电子签名认证证书

（1）个人身份证书

个人身份证书是用来表明和验证个人在网络上身份的证书，它确保了网上交易和作业的安全性和可靠性，可应用于网上炒股、网上理财、网上保险、网上缴费、网上购物、网上办公等。个人身份证书可以存储在软盘或IC卡中。

（2）个人安全电子邮件证书

个人安全电子邮件证书可以确保邮件的真实性和保密性。申请后一般安装在用户的浏览器里，用户可以利用它来发送签名或加密的电子邮件。

2．企业电子签名认证证书

（1）企业身份证书

企业身份证书是用来表明和验证企业用户在网络上身份的证书，它确保了企业网上交易和作业的安全性和可靠性，可应用于网上证券、网上办公、网上交税、网上采购、网上资金转账、网上银行等。企业身份证书可以存储在软盘和IC卡中。

（2）企业安全电子邮件证书

企业安全电子邮件证书可以确保邮件的真实性和保密性。申请后一般安装在用户的浏览器里，企业可以利用它来发送签名或加密的电子邮件。

3．信用卡电子签名认证证书

该证书用于安全网上信用卡支付，代表信用卡交易中单位或个人信用卡持有者的身份，符合SET标准。

4．电子合同认证证书

电子合同认证证书是用来表明和验证电子合同会员在网络上身份的证书，它确保了网上交易和作业的安全性和可靠性，可应用于电子合同的身份验证。电子合同身份证书可以存储在软盘或 IC 卡中。

7.3.3 电子签名认证证书的作用

因特网电子商务系统技术使网上购物的顾客能够极其方便、轻松地获得商家和企业的信息，但同时也增加了某些敏感或有价值的数据被滥用的风险。买方和卖方都必须对在因特网上进行的一切金融交易运作的真实可靠性及顾客、商家和企业等交易各方具有绝对的信心，因而因特网电子商务系统必须保证具有十分可靠的安全保密技术，也就是说，必须保证网络安全的四大要素，即信息传输的保密性、数据交换的完整性、发送信息的不可否认性、交易者身份的确定性。

1. 信息传输的保密性

交易中的商务信息均有保密的要求，如果信用卡的账号和用户名被人知悉，就可能被盗用，订货和付款信息被竞争对手获悉，就可能丧失商机。因此在电子商务的信息传播一般均有加密的要求。

2. 数据交换的完整性

交易的文件是不可被修改的，如上面所举的订购黄金。供货单位在收到订单后发现金价大幅上涨了，如果能改动文件内容，将订购数 1 吨改为 1 克，则可大幅受益，那么订货单位可能就会因此而蒙受损失。因此电子交易文件也必须做到不可修改，保证数据交换的完整性，以保障交易的严肃和公正。

3. 发送信息的不可否认性

由于商情千变万化，交易一旦达成是不能被否认的，否则必然会损害一方的利益。例如订购黄金，订货时金价较低，但收到订单后，金价上涨了，如收单方否认收到订单的实际时间，甚至否认收到订单的事实，则订货方就会蒙受损失。因此电子交易通信过程的各个环节都必须是不可否认的。

4. 交易者身份的确定性

网上交易的双方很可能素昧平生、相隔千里。要使交易成功首先必须能够确认对方的身份，对商家来说要考虑客户不能是骗子，而客户也会担心网上的商店是不是一个从事欺诈的黑店。因此能方便而可靠地确认对方身份是交易的前提。对于为顾客或用户开展服务的银行、信用卡公司和销售商店，为了做到安全、保密、可靠地开展服务活动，都要进行身份认证工作。对销售商店来说，它们对顾客所用的信用卡的号码是不知道的，商店只能把信用卡的确认工作完全交给银行来完成。银行和信用卡公司可以采用各种保密与识别方法确认顾客的身份是否合法，同时还要防止发生拒付款问题及确认订货和订货收据信息等。

7.3.4 电子签名认证证书原理介绍

电子签名认证证书采用公钥体制，即利用一对互相匹配的密钥进行加密、解密。每个用户自己设定一把特定的仅为本人所知的私有密钥（私钥），用它进行解密和签名；同时设定一把公共密钥（公钥）并由本人公开，为一组用户所共享，用于加密和验证签名。当发送一份保密文件时，发送方使用接收方的公钥对数据加密，而接收方则使用自己的私钥解密，这样信息就可以安全无误地到达目的地了。通过数字的手段保证加密过程是一个不可逆过程，即只有用私有密钥才能解密。在公开密钥密码体制中，常用的是 RSA 体制。其数学原理是将一个大数分解成两个质数的乘积，加密和解密用的是两个不同的密钥。即使已知明文、密文和加密密钥（公开密钥），想要推导出解密密钥（私密密钥），在计算上也是不可能的。按现在的计算机技术水平，要破解目前采用的 1024 位 RSA 密钥，需要上千年的计算时间。公开密钥技术解决了密钥发布的管理问题，商户可以公开其公开密钥，而保留其私有密钥。购物者可以用人人皆知的公开密钥对发送的信息进行加密，安全地传送给商户，然后由商户用自己的私有密钥进行解密。

用户也可以采用自己的私钥对信息加以处理，由于密钥仅为本人所有，这样就产生了别人无法生成的文件，也就形成了电子签名。采用电子签名，能够确认以下两点：

1）保证信息是由签名者自己签名发送的，签名者不能否认或难以否认；

2）保证信息自签发后到收到为止未曾做过任何修改，签发的文件是真实文件。

电子签名具体做法如下。

1）将报文按双方约定的 Hash 算法计算得到一个固定位数的报文摘要。在数学上保证，只要改动报文中任何一位，重新计算出的报文摘要值就会与原先的值不符。这样就保证了报文的不可更改性。

2）将该报文摘要值用发送者的私人密钥加密，然后连同原报文一起发送给接收者，而产生的报文即称为电子签名。

3）接收方收到数字签名后，用同样的 Hash 算法对报文计算摘要值，然后与用发送者的公开密钥解密而得的报文摘要值相比，如相等则说明报文确实来自所称的发送者。

7.3.5 电子签名认证证书的使用流程

下面以电子商务活动为例来说明电子签名认证证书的使用流程。

1. 电子商务的参与各方

电子商务应用中主要有以下五个交易参与方：买家、服务商、供货商、银行和电子认证中心（CA）。

2. 交易流程的主要阶段

交易流程主要有以下三个阶段。

第一阶段：电子签名认证证书的注册申请。交易各方通过认证中心（CA）获取各自的数字。

第二阶段：银行的支付中心对买家的电子签名认证证书进行验证，通过验证后，将买家所付款项冻结在银行中。此时服务商和供应商也相互进行电子签名认证证书的验证，通过验证后，可以履行交易内容，进行发货。

第三阶段：银行验证服务商和供货商的电子签名认证证书后，将买家冻结在银行中的货款转到服务商和供货商的账户上，完成了此项电子交易。由于参与交易的各方都持有认证中心（CA）所颁发的电子签名认证证书，所以能够保证在交易的过程中参与各方的真实身份，防止他人假冒。

7.3.6 电子签名认证证书的应用领域

电子认证服务机构所发放的电子签名认证证书可以应用于公众网络上的行政作业活动和商务活动，包括支付型电子商务活动和非支付型电子商务活动。其应用范围涉及需要身份认证及数据安全的各个行业，包括传统的商业、制造业、流通业的网上交易，以及公共事业、金融服务业、工商税务海关、政府行政办公、教育科研单位、保险、医疗等网上作业系统。它主要应用于电子政务、网上购物、企业与企业的电子贸易、安全电子邮件、网上证券交易、网上银行等方面。

1. 网上报税

利用基于电子签名认证证书的用户身份认证技术对网上报税系统中的申报数据进行数字签名，确保申报数据的完整性，确认系统用户的真实身份和申报数据的真实来源，防止出现抵赖行为和他人伪造篡改数据；利用基于电子签名认证证书的安全通信协议技术，对网络上传输的机密信息进行加密，可以防止商业机密或其他敏感信息泄露。

2. 网上办公

网上办公系统综合国内政府、企事业单位的办公特点，提供了一个虚拟的办公环境，并在该系统中嵌入数字认证技术，展开网上政文的上传下达，通过网络联系各个岗位的工作人员，通过电子签名认证证书进行数字加密和数字签名，实行跨部门运作，实现安全、便捷的网上办公。

3．网上招标

以往的招投标受时间、地域、人文的影响，存在着许多弊病，如外地投标者的不便、招投标各方的资质及招标单位和投标单位之间存在猫腻等。而实行网上的公开招投标，经贸委利用数字身份证书对企业进行身份确认，招投标企业只有在通过经贸委的身份和资质审核后才可以在网上展开招投标活动，从而确保了招投标企业的安全性和合法性。企业双方通过安全网络通道了解和确认对方的信息，选择符合自己条件的合作伙伴，确保网上的招投标在安全、透明、信任、合法、高效的环境下进行。通过该网上招投标系统，企业能够制定正确的投资取向，根据自身的实际情况选择合适的合作者。

4．网上交易

利用电子签名认证证书的认证技术，对交易双方进行身份确认及资质审核，确保交易者信息的唯一性和不可抵赖性，保护了交易各方的利益，实现安全交易。

5．安全电子邮件

邮件的发送方利用接收方的公开密钥对邮件进行加密，邮件接收方用自己的私有密钥解密，确保了邮件在传输过程中信息的安全性、完整性和唯一性。

另外，不同的电子认证机构所发放的电子签名认证证书有其特定的使用范围。例如，上海市电子商务安全证书管理中心有限公司（SHECA）现已完成证书系统的建设，面向用户发放电子签名认证证书。其中SET证书已应用在东方航空公司网上售票系统，整个交易流程符合SET协议，与国际接轨。通用证书（Universal Certificate）已在网上购物、企业与企业的电子贸易、安全电子邮件、网上证券交易、网上银行等领域得到了广泛的应用。为了配合社会保障工作， SHECA将根据用户的需要，把个人电子签名认证证书存放在社会保障卡内，为个人网上安全作业提供便利。SHECA还与上海市企业代码证中心合作，将企业代码证和企业电子签名认证证书一体化，为企业网上交易、网上报税、网上报关、网上作业奠定基础，免去企业面对众多服务窗口之苦。

任务实施

（1）打开IE浏览器，输入网址：http://www.cachina.info/。

（2）单击左侧的“免费体验CAmail数字证书安全电子邮箱试用”按钮。

（3）浏览服务条款，单击下面的“我接受”按钮。

（4）填写注册邮件账号相关信息后，单击“提交申请”按钮。

（5）注册成功后，工作人员会在一个工作日内对申请进行审核，审核通过后将数字证书发送到用户所注册的邮箱，并开通相应的邮件账号。

知识扩展

电子交易安全协议

安全性是电子商务中的核心问题，网络安全性是影响电子商务健康发展的关键问题之一。如何采取高效、安全的措施以保证电子商务的顺利展开，是电子商务良好运作的重要基础和关键因素。在进行电子商务活动中，买卖双方可能远隔千里，无法直接进行面对面的支付，需要通过各种电子银行系统等来进行网上交易。网上支付使用的工具与传统商品交易的支付工具存在很大区别，原有当面核对支付工具真伪的方式不再适用，因此如何检验网上支付工具的真伪成为电子商务必须解决的问题。否则，对于客户而言，无论网上的物品如何具有吸引力、如何廉价，如果他们对交易安全性缺乏把握，他们根本就不敢在网上进行交易。

身份认证是判明和确认贸易双方真实身份的重要环节，而通过计算机网络开展电子商务，身份认证问题更是一个至关重要的问题。一方面，只有合法用户才可以使用网络资源，所以网络资源管理要求识别用户的身份；另一方面，在传统的交易方式中，交易双方可以面对面地谈判交涉，很容易识别对方的身份。而通过网络进行电子交易却不同，交易双方并不见面，通过普通的电子信息很难确认对方的身份。因此，只有采取一定的措施使交易双方可以确认对方身份，才能放心地开展电子商务。认证有以下几方面的作用。

1）可以保证信息的来源是可信的，即信息接收者能够确认所获得的信息不是由冒充者所发出的。

2）可以保证信息在传输过程中的完整性，即信息接收者能够确认所获得的信息在传输过程中没有被修改、延迟和替换。

3）可以保证信息的发送方不能否认自己所发出的信息，同样，信息的接收方不能否认已收到了信息。

4）可以实现访问控制。认证可以拒绝非法用户访问系统资源，同时使合法用户只能访问系统授权和指定的资源。如果在电子商务活动中要进行认证，就需要有一个权威机构来确保认证的实施，这种机构就称为认证机构。认证机构发放的证书分为两类：SSL 协议证书和 SET 协议证书。

1. 安全套接层协议（SSL，Secure Sockets Layer）

SSL 协议是目前购物网站常使用的一种安全协议。使用它在于确保信息在网际网络上流通的安全性，让浏览器和 Web 服务器能够安全地进行沟通。简单地说，所谓 SSL 就是在你和另一方通信前先讲好的一套方法，这个方法能够在你们之间建立一个“秘密信道”，凡是不希望被别人看到的机密数据，都可通过这个秘密信道传送给对方，即使通过公共线路传输，也不必担心别人偷窥。SSL 为快速架设商业网站提供了比较可靠的安全保障，并且成本低廉、容易架设。

SSL 安全协议为 TCP/IP 连接提供了数据加密、服务器端身份验证、信息完整性和可选择的客户端身份验证功能。SSL 利用以 RSA 公钥算法为基础的 X.509 数字证书加密数据，借以识别通信双方的身份，保障网络通信安全。使用证书的好处在于，由认证机构（CA）统一管理证书，既解决了接收方验证发送方身份的问题，又保证了发送方密钥使用的安全性，防止被他人盗用。SSL 的安全级别可划分为两种（50bit 和 128bit）。密钥越长，密码就越难破译，128bit 密钥的可靠性比 50bit 的要高出很多，多数浏览器都支持 SSL 协议。由于 SSL 协议内置于所有主浏览器和 Web 服务器中，所以一般用户只需安装数字证书就可以启动 SSL 功能。

数字证书分为两种：服务器证书和个人证书。安装服务器证书是为了保证服务器访问的安全性。一方面，服务器证书可以保证访问者访问的确实是他想要访问的站点，而不是为了窃取他人的信用卡号和个人信息而设立的虚假站点；另一方面，利用数字证书加密数据可以保证通信的隐秘性，防止信息被他人截获或篡改。个人证书主要是为了解决访问服务器的个人的身份认证问题。在没有个人证书之前，服务器要确认访问者的身份一般都采用用户名和口令的方式。这种方法有两个缺点：其一，这些信息在网上传送易被他人截获；其二，用户经常遗忘口令，而且在数据库里保存大量的用户名及口令也浪费了宝贵的资源。采用个人证书有很多好处，对访问者身份安全、快速地认证只是一个方面。用户利用个人证书可以在不同的网站获得身份认证，而不必针对不同的网站记忆不同的用户名和口令。这不但节省了资源，而且可以提高用户的满意度。再者，网站可以根据个人证书提供的个人信息为不同的用户提供不同的服务。

SSL 安全协议也有一些缺点：不能自动更新证书；认证机构编码困难；浏览器的口令具有随意性；不能自动检测证书撤销表；用户的密钥信息在服务器上是以明文方式存储的。另外，SSL 虽然提供了信息传递过程中的安全性保障，但是信用卡的相关数据应该只有银行才能看到，然而这些数据到了商店端都被解密，客户的数据完全暴露在商家面前。SSL 安全协议虽然存在着一些安全上的弱点，但由于它操作容易、成本低，而且又在不断改进的过程中，所以在欧美的商业网站上应用较广泛。

2. 安全电子交易协议

安全电子交易协议（SET，Secure Electronic Transaction）是目前已经标准化，且被业界广泛接受的一种网际网络信用卡付款机制。它是由 Visa 和 Master Card 两家信用卡组织共同推出，并且与众多计算机企业如 IBM、Microsoft、Netscape、GTE、VeriSign、SAIC、Terisa 等企业共同发展而成的电子商务安全交易协议。作为一种安全标准，SET 涵盖了信用卡在电子商务交易中的交易协定、信息保密、资料完整及数字认证、数字签名等。SET 协议中的共享密钥加密、公开密钥加密、电子数字签名、电子信封、电子证书等核心技术已成为几乎所有新建电子商务项目安全策略的蓝本。

SET 是开放网络环境中的信用卡支付安全协议，它采用公钥密码体制（PKT）和 X. 509

电子证书标准，通过相应软件、电子证书、数字签名和加密技术在电子交易环节提供更大的信任度、更完整的交易信息、更高的安全性和更少的受欺诈可能性。SET 协议除了能提供基本的安全保护外，还针对网上付款性质加强了安全功能，可避免 SSL 协议的问题。SET 协议主要用以支持 B2C 类型的电子商务模式（即消费者持卡在网上购物与交易的模式）。

(1) SET 协议执行步骤

SET 协议执行步骤和常规的信用卡交易相似，不同之处在于 SET 是在互联网上进行运作的。其实施基本步骤如下。

购买者将数字化证书的订货单传给商家。

商家将购买者的数字化身份证书传给相应的银行，银行将对此证书进行解密。

商家获得银行认证书，如认证消费者所持 Visa 卡的有效性等。

发卡机构批准交易。

银行准许商家交易并进行电子签名。

购物者获得带收据的货物。

商家完成交易，并从持卡者所在银行获得款项。

(2) SET 协议涉及的当事人

SET 协议涉及的当事人包括持卡人、发卡机构、商家、银行及支付网关。他们在 SET 协议中扮演的角色各不相同。具体的角色功能如下。

1) 持卡人。

在电子商务环境中，消费者和团体购买者通过计算机与商家交流，持卡人通过由发卡机构颁发的付款卡（如信用卡、借记卡等）进行结算。在持卡人和商家的会话中，SET 协议可以保证持卡人的个人账号信息不被泄露。

2) 发卡机构。

发卡机构是一个金融机构，为每一个建立了账户的顾客颁发付款卡，发卡机构根据不同品牌卡的规定和政策，保证对每一笔认证交易的付款。

3) 商家。

商家是商品或服务的提供者。接受信用卡支付的商家必须与银行建立较紧密的联系。

4) 银行。

银行接受发卡机构、持卡人和商家的委托，处理支付卡的认证、在线支付，办理电子转账。进行电子商务活动的商家需要在银行开立账户。

5) 支付网关。

支付网关是由银行或其指派的第三方操作的设备，它将公共 Internet 网络上传输的数据转换为金融机构内部数据，并处理商家的支付信息和顾客的支付指令。

SET 协议是针对用卡支付的网上交易而设计的支付规范，对于不用卡支付的交易方式，如货到付款方式、邮局汇款方式等，则与 SET 协议无关。

(3) SET 中的安全措施

SET 中的安全措施有以下几方面：

1) 确认持卡者、商家和金融机构的身份；

2）保证付款数据的机密性和订单不会被篡改；

3）制定安全措施的算法和协议；

4）确保整个交易过程每个节点所传递的数据的安全性；

5）商店只能看到持卡人的订购数据，银行也只能取得持卡人的信用卡数据，双方各取所得，不会超越权限。

SET 在安全方面考虑得很周密，提供各个环节协议，为网上安全交易提供保障。SET 与其他系统相比的主要优势在于它的互可操作性，大多数结算系统都做不到这一点，它们往往要求交易双方与同一家公司有关系，或使用同样的软件。但 SET 也有局限性，只能接收信用卡和不需要个人身份证号码的借记卡，能够处理的交易类型较少，使用成本较高。

知识回顾

本项目围绕电子商务的发展核心和关键问题——安全性，介绍电子商务安全的需求，以及我国电子商务安全现状及其存在的隐患。在介绍了防火墙技术和病毒防范技术等网络安全技术的基础上，对加密技术、认证技术等电子商务中常用的安全技术进行介绍，并介绍了电子商务交易过程中的 SSL 协议和 SET 协议的工作原理和工作流程。

拓展训练

技能训练 7-1 利用压缩软件（winzip）对文件进行加密。

技能训练 7-2 掌握 U 盘杀毒小技巧。

项目 8

电子商务法律

案例引入

电子商务法案例

一名刚上小学二年级的男童，在某购物网站以他父亲李某的身份证号码注册了客户信息，并且订购了一台价值1000元的小型打印机。但是当该网站将货物送到李某家中时，曾经学过一些法律知识的李某却以"其子未满10周岁，是无民事行为能力人"为由，拒绝接收打印机并拒付货款。由此交易双方产生了纠纷。

李某主张，电子商务合同订立在虚拟世界，却在现实社会中得以履行，应该也能够受现行法律的调控。而依我国现行《民法通则》第12条第2款和第55条的规定，一个不满10周岁的未成年人是无民事行为能力人，不能独立进行民事活动，应该由他的法定代理人代理民事活动。其子刚刚上小学二年级，未满10周岁，不能独立订立货物买卖合同，所以该打印机的网上购销合同无效，其父母作为其法定代理人有权拒付货款。

对此，网站主张：由于该男童是使用其父亲李某的身份证登录注册客户信息的，从网站所掌握的信息来看，与其达成打印机网络购销合同的当事人是一个有完全民事行为能力的正常人，而并不是此男童。由于网站是不可能审查身份证来源的，也就是说网站已经尽到了自己的注意义务，不应当就合同的无效承担民事责任。

从该案例中我们可以得到以下启示。

1. 如何判断网上交易的当事人是否具有完全民事行为能力、限制民事行为能力或无民事行为能力，以及与这些限制民事行为能力人或无民事行为能力人订立的合同是否有效，有无必要对通过网上订立交易合同的当事人的主体资格加以限制，这些成为电子合同订立过程中的难题。

2. 李某作为其子的监护人和其身份证的合法持有人，没有尽到相应的管教义务和保管义务，导致其子滥用其身份证进行登录注册，应当对合同无效给网站造成的损失承担赔偿责任。所以，应该认定购物网站有权要求李某承担货物的往返运费和其他交易费用。

任务 8.1　电子商务法

任务介绍

有一名大学生要毕业了，手上有一台旧电脑，他准备在当当网发布卖旧电脑的信息，在发布信息之前他要了解当当网交易条款等相关法律内容。

相关知识

电子商务是通过互联网完成商业活动的，在网络世界中形成了有别于传统商业的新环境，被称为“虚拟”世界。来自全世界的企业和个人通过网络缔结交易，而无须谋面和使用笔墨，瞬间即可完成寻找交易对象、缔结合同、支付等交易行为。这种交易环境和交易手段的改变，使得在传统交易方式下形成的规则难以完全适用于新环境下的交易。因此，需要有新的法律规范，并创造适应电子商务运作的法制环境。

8.1.1　电子商务法的基本内涵

电子商务是广泛采用新型信息技术或网络技术并将这些技术应用于商业领域的结果。商业行为在因特网环境下形成的独立的调整对象孕育了新的部门法——电子商务法（E-Commerce Law）。电子商务法作为独立的法的部门，有其独特的调整对象，即电子商务交易活动中发生的各种社会关系。由于电子商务发展异常迅速，而人们对它的认识需要有个过程，并且由于认识的角度不同，电子商务存在广义与狭义之分，相应地，电子商务法也分为广义的电子商务法和狭义的电子商务法。

1. 广义的电子商务法

广义的电子商务法是与广义的电子商务概念相对应的，指所有调整以数据电讯方式进行的商事活动的法律规范。

广义的电子商务法的内容极其丰富，至少可分为调整以电子商务为交易形式和以电子信息为交易内容的两大类规范。前者如联合国的《电子商务示范法》（亦称狭义的电子商务法），后者如联合国贸法会的《电子资金传输法》、美国的《统一计算机信息交易法》等。

电子商务的形式性规范与以电子信息为内容的实体性规范之间的关系，犹如诉讼法与实体法的关系，其形式规范可用一部法典或法律制定，但其实体性规范由于涉及面极广，无法以统一的法典或单行法律予以囊括，而只能分别以单行法律、法规甚至判例的形式出现，也可能融合在其他部门法的规范之中。

2．狭义的电子商务法

如果从联合国及世界各国以“电子商务法”或“电子交易法”命名的法律文件的内容上分析，其间存在着明显的共性，即它们所解决的问题都集中于诸如计算机网络通信记录与电子签名效力的确认、电子鉴别技术及其安全标准的选定、认证机构及其权利义务的确立等方面。这些实质上都是解决电子商务交易的操作规程问题的规范，均与狭义的电子商务概念相对应。

为此，狭义的电子商务法是指：调整以数据电文为交易手段而形成的因交易形式所引起的商事关系的法律规范的总称。

从目前国际与国内电子商务及电子商务立法实践来看，人们多偏重于从狭义角度理解和使用电子商务法的概念，为此本书采用狭义电子商务法概念。

8.1.2 电子商务法的性质

1．电子商务法的调整对象

调整对象（Adjustment Object）是立法的核心问题，也是一法区别于另一法的基本标准。根据电子商务的内在本质和特点，电子商务法的调整对象应当是电子商务交易活动中发生的各种社会关系，而这类社会关系是在广泛采用新型信息技术并将这些技术应用到商业领域后才形成的特殊的社会关系，它交叉存在于虚拟社会和实体社会之间，有别于实体社会中的各种社会关系，且完全独立于现行法律的调整范围。电子商务是利用电子手段而开展的商务活动，所以电子商务法的调整对象应当包括技术领域与商务领域的对象。

（1）电子商务法所涉及的技术范围

电子商务是通过电子手段传递信息的，如通过因特网进行的自由格式的文本的传递、以电子数据交换方式进行的通信、计算机之间以标准格式进行的数据传递、利用公开标准或专有标准进行的电文传递等。电子商务法在考虑比较先进的通信技术，如电子数据交换和电子邮件的同时，也应考虑到适用于不太先进的通信技术，如电传、传真等，并且任何通信技术均不应排除在电子商务法范围之外，未来技术的发展也必须顾及。

（2）电子商务法所涉及的商务范围

从本质上讲，电子商务仍然是一种商务活动。因此，电子商务法需要涵盖电子商务环境下的合同、支付、商品配送的演变形式和操作规则；需要涵盖交易双方、居间商和政府的地位、作用和运行规范；也需要涵盖涉及交易安全的大量问题；还需要涵盖某些现有民商法尚未涉及的特定领域的法律规范。

2. 电子商务法是独立的法的部门

电子商务关系是因互联网在经济活动中的应用而产生的一种新型社会关系，这种新型社会关系交叉存在于实体社会和虚拟社会之间，具有独特的性质。传统法律能够调整其中一部分内容，而对于另一部分因使用数据电文等网络交易手段产生的一系列新问题，如网络通信记录与电子签字效力的确认、安全标准与电子认证机构的确立、网站及在线交易主体的设立与市场准入、电子合同的订立与证明、电子产品交付与电子支付等，建立在传统书面形态下的法律体系是难以调整的，必须制定新的专门法。因此，电子商务法并不应当试图去构建所有的网络贸易秩序规则，而应当将重点放在因交易手段和方式的改变而产生的特殊商事法律关系的调整上。也就是说，电子商务法是调整网络贸易中产生的、传统法律难以调整的商事关系的规则。电子商务法以其独立的、特有的调整对象，成为一个独立的部门法。电子商务法是一个非常庞杂的法律体系，涉及许多领域，既包括传统的民法领域（如合同法、著作权法等），又有新的领域（如数字签名法、数字认证法等）。为此电子商务法有其独特的调整对象和适用领域。

8.1.3　电子商务法律关系

在电子商务中，诸多的参与者由于参与目的和参与方式不同，形成了不同的经济关系。通过相关的电子商务法律法规的调整，确立参与者之间的权利义务关系，从而形成了不同的电子商务法律关系。

1. 电子商务法律关系的概念

电子商务法律关系是指由电子商务法律规范所确认的电子商务活动中的当事人之间的具有权利义务内容的经济关系。

法律关系一般由主体、客体、内容三个要素构成。电子商务法律关系的构成要素自然也包括电子商务法律关系主体、电子商务法律关系客体和电子商务法律关系内容。电子商务法律关系必须同时具备这三个基本要素，缺一不可。变更其中的任何要素均会对电子商务法律关系产生影响。

2. 电子商务法律关系主体

电子商务法律关系的主体（Subject）是指电子商务的各方参与者，是享有权利、承担义务的当事人。在一个电子商务法律关系中一般存在着两个或两个以上的主体，其中权利的享有者称为权利主体，义务的承担者称为义务主体，但一般情况下，当事人都有双重身份。

电子商务法律关系主体主要包括电子商务交易者、电子商务服务提供者、电子商务认证机构、电子商务监管者等。以上当事人参与电子商务法律关系，必须按照相关的法律法规取得相应的主体资格。

(1) 电子商务交易者

电子商务交易是通过网络进行的商业活动，其最基本的主体就是电子商务交易者(Traders)。电子商务交易者是电子商务交易中就商品或服务进行直接交易的各方，即商品或服务的提供者和消费者，也就是商品或服务的卖方和买方当事人。电子商务法律的重要任务就是确保电子商务交易各方身份的真实性与合法性。

(2) 电子商务服务提供者

在电子商务交易中，商品或服务的买卖双方是通过数据传输的形式进行交易协商及履行的，双方互不谋面，因此交易的实现必须依靠第三方的参与。电子商务服务提供者(Service Provider) 在买卖双方的交易活动中发挥着重要作用，缺少了这些服务机构，电子商务活动就无法真正开展，因此电子商务服务提供者也是电子商务法律关系中不可或缺的主体之一。常见的电子商务服务提供者包括网络服务提供商（ISP)、网络接入提供商（IAP)、在线服务提供商（OSP)、应用服务提供商（ASP）和网络内容提供商（ICP)。

(3) 电子商务认证机构（CA)

在开放的互联网中，电子商务认证机构是为电子商务中的交易双方提供身份验证的第三方机构，主要证明数据电文中电子签名人的身份及其信用状况，为用户的电子签名颁发电子签名认证证书，从而消除交易双方的疑虑，实现交易目的。它不仅要对进行电子商务的交易双方负责，还要对整个电子商务的交易秩序负责。

3. 电子商务法律关系客体

电子商务法律关系的客体（Object)，是指电子商务法律关系主体享有的权利和承担的义务所指向的对象。

在电子商务法律关系主体之间，为达到一定的商务目的而形成了相应的法律关系，这种目的就是电子商务法律关系的客体。如有的是为了取得一定的财物，有的是为了提供一定的劳务或完成一定的工作，有的是为了获得一定的智力成果。电子商务法律关系客体包括以下几个。

(1) 实体商品（Physical Products)

现实生活中的任何有形商品或物品，包括动产和不动产均可以通过电子商务进行交易。只不过目前通过网络进行交易的实体物品多集中在图书、音像制品和标准化商品上。有形商品的电子商务交易要依赖传统方式进行配送或交付。

(2) 数字化商品（Digitalized Products)

在网络中进行物流传递的商品是数字化商品和信息商品。消费者可以通过网络直接下载数字化商品或信息，如电子书刊、软件和游戏等。这种数字化产品和信息的交易可以通过网络完成从信息流、资金流到物流的全过程。

(3) 网上服务 (Online Services)

网上服务行为就是通过网络向消费者提供某种信息或服务，如旅游服务网站、网上法律咨询、网上远程教育等在线行为。

4. 电子商务法律关系内容

电子商务法律关系的内容（Contents）是指电子商务交易当事人享有的权利和承担的义务。

电子商务主体在电子商务法律关系中依法享有自己为或者不为一定行为和要求他人为或者不为一定行为的权利。而各方的义务相对于权利而存在，其目的是满足权利的需要，是各方的义务主体依法或依合同的规定为实现他人的利益而必须为一定行为或者不为一定行为的责任。不同的电子商务法律关系主体享有的权利和承担的义务是各不相同的。

(1) 电子商务交易当事人的权利和义务 (Rights and Obligations)

电子商务交易双方之间的法律关系实质上表现为双方当事人的权利和义务。交易双方的权利和义务是对等的。销售者的义务就是消费者的权利，反之亦然。

(2) 电子商务服务提供者的法律地位 (Legal Status)

电子商务服务提供者在电子商务交易中起介绍、促成和组织的作用。这一角色决定了电子商务服务提供者既不是买方也不是卖方，而是交易的中间人。它是按照法律的规定、买卖双方委托业务的范围和具体要求进行业务活动的。

(3) 认证机构在电子商务中的法律地位

电子商务认证服务机构扮演着对买卖双方签约、履约进行监督管理的角色，买卖双方有义务接受其监督管理。在整个电子商务交易过程中，认证机构有着不可替代的地位和作用。

在网络交易的撮合过程中，认证机构（Certificate Authority，CA）是提供身份验证的第三方机构，是一个或多个用户信任的、具有权威性质的组织实体。它不仅要对进行网络交易的买卖双方负责，还要对整个电子商务的交易秩序负责。

任务实施

具体步骤如下。

1）打开 IE 浏览器，输入网址：http://home.dangdang.com。

2）单击“我的当当”按钮，单击“创建一个新用户”按钮。

3）单击“《当当网交易条款》”按钮和“《当当网用户使用条款》”按钮，下载相应的条款。

4）按照条款的要求将要拍卖的商品登记在当当网的平台上。

任务 8.2 数据电文与电子签名法律制度

任务介绍

制作一个电子签名，并注意相关的法律问题。

相关知识

8.2.1 什么是数据电文与电子签名

1. 数据电文

数据电文是一个计算机通信领域的专业术语，其英文原文是 Data Message，我国通常将该词译为“数据电文”或“数据信息”。数据电文是独立于口头、书面等传统意思表达方式之外的一种电子通信信息及记录，它是一个应用于电子商务领域的具有丰富含义的概念，有必要在所使用的特定环境中理解其具体意义。

（1）数据电文的定义

根据《中华人民共和国电子签名法》（以下简称《电子签名法》）第二条的规定：数据电文，是指以电子、光学、磁或者类似手段生成、发送、接收或者储存的信息。

（2）数据电文的本质

从定义可以看出，数据电文在本质上包含了以下含义。

1）电子商务数据电文使用的是电子、光学、磁手段或者其他具有类似功能的手段。

我国《电子签名法》采用了“技术中立”的立法原则，对数据电文所使用的技术手段并未加以严格的限制，凡电子、光学、磁手段或者其他具有类似功能的手段生成的信息，均视为数据电文。“类似功能的手段”即“功能上等同”，这是我国电子签名立法上的前瞻性，考虑到信息技术突飞猛进的发展，数据电文不仅可以适用于现有的通信技术，还可以适用于未来可预料的技术。

2）数据电文的实质是各种形式的信息。

数据电文本身既是信息内容又是信息载体。电子信息以数据电文的方式生成、发送、接收或者储存。其具体通信传递方式有四种：传统的电信方式、封闭型的 EDI 网络、局域网与因特网的连接、开放型的互联网。

(3) 数据电文的特征

数据电文中既包括了电报、电传、传真等这些久已为人所接受的无纸化形式生成、存储的信息，又包括电子邮件、EDI、因特网数据等近年新出现及即将出现的非纸介质类信息。所以，数据电文具有高科技性、无形性、表现形式多样化、易破坏性。

2．电子签名（Electronic Signature）的基本含义

签名（Signature）一般是指一个人用手亲笔在一份文件上写下名字或留下印记、印章或其他特殊符号，以确定签名人的身份，并确定签名人对文件内容予以认可。传统的签名必须依附于某种有形介质，而在电子商务交易中，文件是通过数据电文的发送、交换、传输、储存来形成的，不依赖于有形介质，这就需要通过一种技术手段来识别交易当事人、保证交易安全，以实现与传统的手写签名相同的功能。这种能够实现与手写签名相同功能的技术手段一般就称为电子签名。

(1) 电子签名的定义

我国《电子签名法》）借鉴了国际组织与发达国家对电子签名立法的研究成果，并结合我国电子商务的实际情况给出了电子签名的定义：电子签名，是指数据电文中以电子形式所含、所附，用于识别签名人身份并表明签名人认可其中内容的数据。

通俗地说，电子签名包括用于识别签名人身份并表明签名人认可其中内容的程序或者符号、声音等数据，签名人加密后把签名文件发送给交易对方，交易对方收到的签名文件是一堆“乱码”，需解密后验证。

(2) 电子签名的特征

由电子签名的概念可以看出，其应具备如下特征。

1）电子签名是以电子形式出现的数据。

2）电子签名是附着于数据电文的。电子签名可以是数据电文的组成部分，也可以是数据电文的附属。它应与数据电文具有某种逻辑关系、能够使数据电文与电子签名相联系。

3)电子签名必须能够识别签名人身份并表明签名人认可与电子签名相联系的数据电文的内容。

(3) 电子签名的形式

电子签名具有多种形式，如附着于电子文件的手写签名的数字化图像，包括采用生物笔迹辨别法所形成的图像；向收件人发出证实发送人身份的密码、计算机口令；采用特定生物技术识别工具，如指纹或眼虹膜透视辨别法等。无论采用什么技术手段，只要符合电子签名的概念，均可视为电子签名。

(4) 电子签名的功能

在电子商务活动中，电子签名主要有三个作用：

1）证明文件的来源，即识别签名人；

2）表明签名人对文件内容的确认；

3）是构成签名人对文件内容正确性和完整性负责的根据。

电子签名与传统商务活动中的签名、盖章作用相同，具有同样的法律效力。

(5) *电子签名与数字签名的关系*

有人把"电子签名"完全等同于"数字签名"，这是不准确的。实现电子签名的技术手段有很多种，但数字签名是目前电子商务、电子政务中应用最普遍、技术最成熟的、可操作性最强的一种电子签名方法。数字签名采用了规范化的程序和科学化的方法，用于鉴定签名人的身份以及对一项电子数据内容的认可，并且数字签名还能验证出文件的原文在传输过程中有无变动，确保传输电子文件的完整性、真实性和不可否认性。所以，当前《电子签名法》中提到的签名一般指的就是"数字签名"。

8.2.2 数据电文的法律效力

在我国《电子签名法》中，具备有形性与备查性的数据电文做出的意思表示，满足传统规则对书面形式的要求，从而承认了数据电文的法律效力，消除了数据电文在法律上遭遇的最大障碍。法律中的种种形式要件，如书面形式、签名、原件等要求，只不过是意思表示的形式，如果信息技术能提供一种同样有效的意思表示形式，就应当具有相应的法律效力。

1. 数据电文符合法定书面形式

要确定数据电文的书面形式，应当解决两个问题：一是数据电文是否符合法律、法规要求的书面形式；二是什么样的数据电文才符合法律、法规要求的书面形式。

(1) *我国相关法律要求法律文件采用书面形式*

在我国法律中，对书面形式有诸多的相关要求，如《仲裁法》第十六条规定："仲裁协议包括合同中订立的仲裁条款和以其他书面方式在纠纷发生前或者纠纷发生后达成的请求仲裁的协议。"《担保法》第三十八条规定："抵押人和抵押权人应当以书面形式订立抵押合同。"

(2) *数据电文与传统的书面文件功能等同的法律规定*

1999 年通过的《中华人民共和国合同法》第十一条规定："书面形式是指合同书、信件和数据电文（包括电报、电传、传真、电子数据交换和电子邮件）等可以有形地表现所载内容的形式。"该条款通过扩大解释"书面形式"，使之包含数据电文，在解决电子商务法律障碍方面做了有益的探索。

我国《电子签名法》第四条明确规定，能够有形地表现所载内容，并可以随时调取查用的数据电文，视为符合法律、法规要求的书面形式。

2. 对数据电文满足原件形式的要求

书面形式文件的原件具有可阅读、复制和保存的特点，并能确保其所载的原始数据的完整性。但是，书面文件的特性无法完全套用于数据电文。因为数据电文的“原件”无法将信息固定附着于媒介物之上，所以数据电文不具有传统书面文件的原件表现形式，数据电文的收件人所收到的总是“原件”的副本。为此，应按照法律上的功能等同原则重新确定数据电文“原件”的概念。

数据电文要满足原件形式的要求，应当具备如下条件：

（1）能够有效地表现所载内容并可供随时调取查用；

（2）能够自最初形成时起可靠地保证内容完整、未被更改。

3. 关于文件保存要求

根据我国《电子签名法》第六条的规定，符合下列条件的数据电文视为满足法律、法规规定的文件保存要求：

(1) 能够有效地表现所载内容并可供随时调取查用；

因为文件保存要求，必然要求文件是“书面形式”的，“能够有效地表现所载内容并可供随时调取查用”的数据电文就可以视为满足了“书面形式”要求。

(2) 数据电文的格式

数据电文的格式应与其生成、发送或接收时的格式相同，或者尽管格式不相同，但是能够准确表现原来生成、发送或接收的内容。数据电文格式的完整性可以通过两种方式予以保证：一是保持数据电文形式高度一致，即数据电文的格式与其生成、发送或接收时的格式相同；二是虽不能保证形式的同一，如果能保证内容的同一，仍然可以确认其完整性。

(3) 能够识别数据电文的发件人、收件人及发送、接收时间

该条件所设定的标准实际上高于对文件保存所做的一般要求。它规定除了保存数据电文本身外，还能识别数据电文的来源，包括发件人、收件人及发送、接收的时间等信息。这样规定是为了涵盖可能需要保存的所有信息。

4. 数据电文的证据效力

(1) 数据电文的可采性

可采性指在诉讼中是否允许将数据电文作为证据使用。根据证据学的一般理论，任何证据材料要作为认定事实的根据都必须具有三个特性：客观性、与待证事实的关联性及合法性。数据电文作为证据只要符合证据的客观性、关联性和合法性，裁判者就可以将其作为认定事实的根据。

(2) 数据电文的真实性

由于数据电文和电子签名具有很高的科技含量，司法人员在认定数据电文和电子签名的真实性方面存在着很大的难度。在司法实践中，对数据电文进行辨真面临的挑战通常来自三个方面：数据电文在技术上很容易被篡改、处理；数据电文所依赖的计算机程序的可靠性；数据电文制作者身份的识别。

为此，根据我国《电子签名法》第八条的规定，审查数据电文作为证据的真实性，应当考虑以下因素：

1）生成、储存或传递数据电文方法的可靠性；

2）保持内容完整性方法的可靠性；

3）用以鉴别发件人方法的可靠性；

4）其他相关因素。

5. 数据电文的归属及确认

(1) 数据电文的归属

所谓数据电文的归属，是指数据电文由谁发出，即谁是数据电文的发件人。发件人是指数据电文以其名义发送的那个人。这里所说的发件人不一定是实际完成发送行为的人。例如，数据电文上显示该数据电文是甲发送的，但实际上这份数据电文可能是乙遵照甲的指示发送的，或是冒用甲的名义发送的。在这两种情况下，甲均可被认定为发件人。

正如书面文件可能会被他人冒名签署一样，在电子商务中也可能出现冒名发出的数据电文。如果不明确谁是发件人，或是有争议，应如何判断该数据电文的归属呢？为了保证法律的稳定性，保护交易对方当事人的合理信赖利益，《电子签名法》第九条规定，在以下三种情况下，数据电文可以视为发件人发送：

1）经发件人授权发送的，数据电文可以视为发件人发送；

2）发件人的信息系统自动发送的，数据电文可以视为发件人发送。

收件人按照发件人认可的方法对数据电文进行验证后结果相符的，数据电文可以视为发件人发送。

(2) 数据电文确认收讫

关于数据电文收讫，我国《电子签名法》第十条规定："法律、行政法规规定或者当事人约定数据电文需要确认收讫的，应当确认收讫。发件人收到收件人的收讫确认时，数据电文视为已经收到。"

(3) 数据电文的发送时间和接收时间

1）数据电文发送时间的确认

数据电文进入发件人控制之外的某个信息系统的时间视为该数据电文的发送时间。

所谓"发件人控制之外的某个信息系统"，既可以是收件人的信息系统，也可以是某一中间人的信息系统。

2）数据电文接收时间的确认

收件人指定特定系统接收数据电文的，数据电文进入该特定系统的时间视为该数据电文的接收时间；未指定特定系统的，数据电文进入收件人的任何系统的首次时间，视为该数据电文的接收时间。

另外，基于当事人意思自治原则，当事人对数据电文的发送时间、接收时间另有约定的，从其约定。

6. 数据电文的发送地点和接收地点

发件人的主营业地为数据电文的发送地点，收件人的主营业地为数据电文的接收地点。没有主营业地的，其经常居住地为发送或接收地点。

另外，基于当事人意思自治原则，当事人对数据电文的发送地点和接收地点另有约定的，从其约定。

8.2.3 电子签名的法律效力

互联网上盛行自愿标准，这一点正是刺激互联网迅速发展的重要因素。法律也只需原则上规定，凡是能够对交易者身份予以识别的电子技术手段均可用作电子签名的生成技术，对电子签名的效力予以认可就够了，不宜将某种特定技术标准与电子签名的法律效力直接挂钩。为此，根据《电子签名法》的规定，只要电子签名符合相应的认定标准，就可以认定为可靠电子签名，承认其法律效力。

1. 可靠电子签名

可靠电子签名应当具备以下法定条件：

1）电子签名制作数据用于电子签名时，属于电子签名人专有；

2）签署时电子签名制作数据仅由电子签名人控制；

3）签署后对电子签名的任何改动都能够被发现；

4）签署后对数据电文内容和形式的任何改动都能够被发现；

5）可靠的电子签名具有与手写签名或盖章同等的法律效力。

2. 电子签名人的法律义务

(1) 电子签名人应当妥善保管电子签名制作数据

电子签名制作数据是将电子签名与电子签名人可靠联系起来的重要手段。电子签名人应当妥善保管电子签名制作数据，一旦电子签名制作数据失密，他人就有可能利用电子签名人的电子签名制作数据从事违法行为或牟取非法利益，给电子签名人和电子签名依赖方造成损失。因此，电子签名人应当妥善保管电子签名制作数据，防止丢失或为他人所窃取，以免给自己和对方当事人造成不必要的损失。

(2) 电子签名制作数据已经失密或可能已经失密

电子签名人知悉电子签名制作数据已经失密或可能已经失密时，应当及时告知有关各方，并终止使用该电子签名制作数据。即便电子签名人尽到妥善保管的义务，电子签名制作数据仍然存在泄密的可能。“知悉电子签名制作数据已经失密或者可能已经失密”包含两层意思：一是电子签名人已经明确知道电子签名制作数据已失密；二是电子签名人知悉电子签名制作数据有可能已经失密。在这两种情况下，依据《电子签名法》的规定，电子签名人应当做到以下两点。

1）立即停止使用电子签名制作数据。因为在电子签名制作数据已经失密或可能已经失密的情况下，电子签名人继续使用其电子签名制作数据有可能使电子签名依赖方更加难以确认电子签名的真伪，给交易安全带来更多的不确定性。

2）及时告知有关各方当事人，避免有关各方当事人因继续信赖电子签名人的签名而造成损失或者损失的进一步扩大。

(3) 伪造、冒用、盗用他人电子签名的法律责任

伪造他人的电子签名，是指未经电子签名合法持有人的授权而创制电子签名或者创制认证证书（列明实际并不存在的用户签名）等；冒用他人的电子签名，是指非电子签名持有人未经电子签名人的授权以电子签名人的名义实施电子签名的行为；盗用他人的电子签名，是指秘密窃取并使用他人电子签名的行为。

伪造、冒用、盗用他人电子签名构成犯罪的，依照《中华人民共和国刑法》第二百八十条的规定，伪造、变造国家机关的公文、证件、印章的，处三年以下有期徒刑、拘役、管制或者剥夺政治权利；情节严重的，处三年以上十年以下有期徒刑。伪造公司、企业、事业单位、人民团体的印章的，处三年以下有期徒刑、拘役、管制或者剥夺政治权利。

伪造、冒用、盗用他人电子签名属于侵权的民事责任，承担方式主要包括停止侵害、排除妨碍、消除危险、返还财产、恢复原状、赔偿损失、赔礼道歉等。对于承担民事责任的几种方式，可以单独适用，也可以合并适用。

8.2.4 电子认证法律制度

认证是指权威的、中立的、没有直接利害关系的第三人或机构，对当事人提出的包括文件、身份、物品及其产地、品质等具有法律意义的事实与资格，经审查属实后，做出的证明。电子认证是认证的现代方式。

1. 电子认证的基本含义

(1) 电子认证的定义

电子认证是以电子认证证书（又称数字证书）为核心的加密技术，它以PKI（Public Key Infrastructure，公钥基础设施，即利用公钥理论和技术建立的提供网络信息安全服务的基础设施）技术为基础，对网络上传输的信息进行加密和解密、数字签名和签名验证。电子认证是电子政务和电子商务的核心环节，可以确保网上传递信息的保密性、完整性和不可否认性，保证网络应用的安全性。

(2) 电子认证的特性

电子认证以其所具有的四大特性显示其在信息化应用中基础性、关键性的作用。

1）真实性。要确保交流双方、交易双方身份的真实，确保信息内容的真实及交流信息、交易时间发生的真实。

2）完整性。要确保交流双方、交易双方的信息是完整的，没有被篡改和伪造过。

3）机密性。确保交换数据、电文、信息的隐蔽性。

4）不可否认性。一旦需要从第三方的角度按照法律的要求取证，在整个交流交易的过程中，需要不可否认性。

2. 电子认证过程中电子认证机构的法律责任

(1) 过错赔偿责任

电子签名人或者电子签名依赖方因依据电子认证服务提供者提供的电子签名认证服务从事民事活动遭受损失，电子认证服务提供者不能证明自己无过错的，应当承担赔偿责任。

1）电子认证机构属于过错责任主体。

基于对电子认证服务提供者的信任，民事活动中的电子签名人、电子签名依赖方才会信赖电子认证服务提供者颁发的电子认证证书。如果电子签名人或者电子签名依赖方自己本身没有任何过错，只是由于信赖电子认证服务提供者提供的服务，依据电子认证服务提供者提供的电子认证服务而遭受损失的，电子认证服务提供者应当承担赔偿责任。

2）电子认证服务提供者不能证明自己无过错的赔偿责任。

我国《电子签名法》规定“电子签名人或者电子签名依赖方因依据电子认证服务提供者提供的电子签名认证服务从事民事活动遭受损失，电子认证服务提供者不能证明自己无过错的，承担赔偿责任”。也就是说，如果电子认证服务提供者能够证明自己没有过错，则不承担赔偿责任。

3）责任范围。

电子认证业务规则应当包括责任范围、作业操作规范、信息安全保障措施等事项。按照目前一些电子认证服务提供者制定的电子认证业务规则的规定，电子认证服务提供者承担赔偿责任实行的是限额赔偿，且每个电子认证服务提供者所制定的电子认证业务规则有所不同，对于责任范围的规定也不同。多数根据电子认证证书申请者的性质及所交费用的不同而有所不同。

(2) 对电子认证服务提供者违法行为的处罚

1）电子认证服务提供者不遵守认证业务规则的行为。

电子认证服务提供者应当制定、公布符合国家有关规定的电子认证业务规则，并向国务院信息产业主管部门备案。按照电子认证服务提供者制定的电子认证业务声明的规定，电子认证服务提供者应当对认证证书申请者的身份进行鉴别，如必须检查文件的复印件，包括工商执照、组织机构代码、税务登记等。认证服务提供者可以通过查询第三方数据库或咨询相应的政府机构等方式，来对申请者及其申请材料进行验证。如果电子认证服务提供者对申请者所提供的材料没有进行验证，就会影响认证证书的真实性与安全性，构成违法行为，应承担法律责任。

2）未妥善保存与认证相关的信息。

电子认证服务提供者应当妥善保存与认证相关的信息，这是电子认证服务提供者的义务。与认证相关的信息涉及电子签名人的一些个人资料，还要保证电子签名依赖方能够证实或者了解电子签名认证证书所载内容及其他有关事项，电子认证服务提供者应当采取有效的措施予以保存，如应采取物理安全保障措施，免遭恶劣环境或者突发事件等的破坏。如果未妥善保存信息，不能确保这些信息在规定的期限内满足查阅的需要，则构成本条违法行为，应承担相应的法律责任。

3)对电子认证服务提供者不遵守认证业务规则、未妥善保存与认证相关的信息的处罚。

有对电子认证服务提供者不遵守认证业务规则、未妥善保存与认证相关的信息等行为的，首先由国务院信息产业主管部门责令限期改正，即责令违法行为人在规定的期限内纠正违法行为。在规定的期限内未纠正违法行为的，则由国务院信息产业主管部门吊销电子认证许可证书，这是比较严厉的惩罚。

3. 电子认证中电子签名人的法律责任

(1) 电子签名人未履行告知义务和终止使用电子签名制作数据的法律责任

电子签名人作为电子签名活动中的一方当事人，除了享有法律赋予的权利以外，还应当履行法律规定的义务。为此，电子签名人应当妥善保管电子签名制作数据。电子签名人知悉电子签名制作数据已经失密或者可能已经失密时，应当及时告知有关各方，并终止使用该电子签名制作数据。如果电子签名人未妥善保管电子签名制作数据，知悉电子签名制作数据已经失密或者可能已经失密时，未及时告知有关各方，并终止使用电子签名制作数据，则可能使电子签名活动中的其他各方当事人因信赖所使用的电子签名制作数据而遭受损失，对于所造成的损失，电子签名人应承担赔偿责任。

(2) 电子签名人申请电子签名认证证书所承担的法律责任

电子签名人向电子认证服务提供者申请电子签名认证证书时，应当提供真实、完整和准确的信息。电子签名人由于提供的信息不真实、不完整、不准确，给电子签名活动的其他各方当事人造成损失的，应承担赔偿责任。

(3) 电子签名人由于过错给电子签名依赖方、电子认证服务提供者造成损失的，应承担赔偿责任

电子签名人由于过错而承担民事责任的方式是赔偿损失。在我国法律上的赔偿损失，专指以金钱的方式赔偿对方的损失。侵犯财产权和侵犯人身权都可能发生这种责任。赔偿损失的民事责任，除法律有特别规定外，应当赔偿受害人的全部损失。损失除了包括财产的直接损失外，还包括间接损失，或者说是可得利益的损失。

(4) 电子签名人承担赔偿责任的前提条件是主观上必须有过错

我国《电子签名法》第二十七条规定："电子签名人知悉电子签名制作数据已经失密或者可能已经失密未及时告知有关各方、并终止使用电子签名制作数据，未向电子认证服务提供者提供真实、完整和准确的信息，或者有其他过错，给电子签名依赖方、电子认证服务提供者造成损失的，承担赔偿责任。"可以看出，对电子签名人承担民事责任实行的是过错责任原则。如果电子签名人主观上没有过错，则不承担赔偿责任。

任务实施

电子签名在工作和学习中经常用到，如何自己做一个电子签名呢？需要用到 Photoshop 与 VPstudio 两个软件，前者是图形处理软件，后者是像素图矢量化软件。

具体步骤如下。

1）在白纸上写下签名并扫描，用 Photoshop 打开该 JPG 文件，打开扫描文件界面如图 8.1 所示。

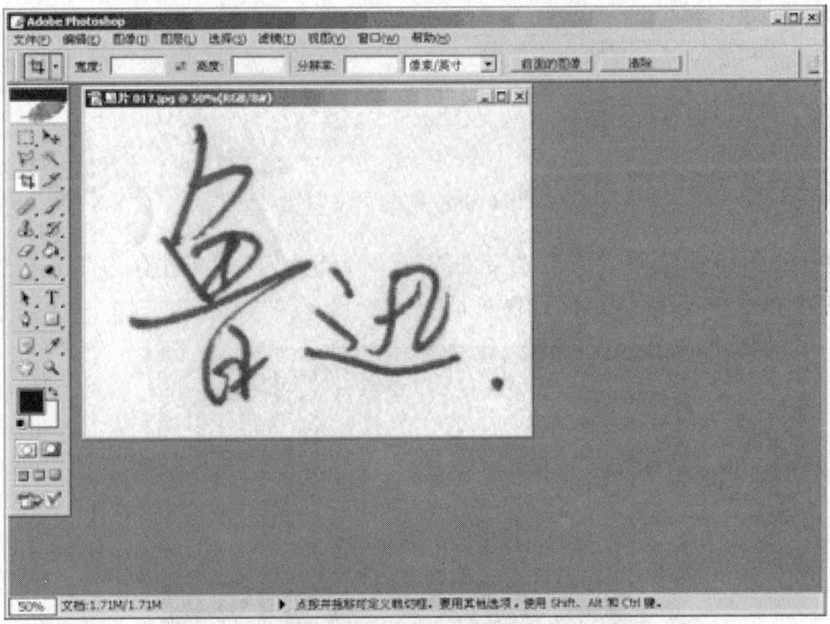

图 8.1　打开扫描文件界面

2）在 Photoshop 的菜单中单击"调整"→"亮度与对比度"命令，调整扫描图形，使黑白对比明显，Photoshop 中"亮度/对比度"对话框如图 8.2 所示。

3）在 Photoshop 的菜单中单击"模式"→"灰度"，再单击"模式"→"位图"，弹出"位图"对话框。Photoshop 中"位图"对话框的设置如图 8.3 所示。

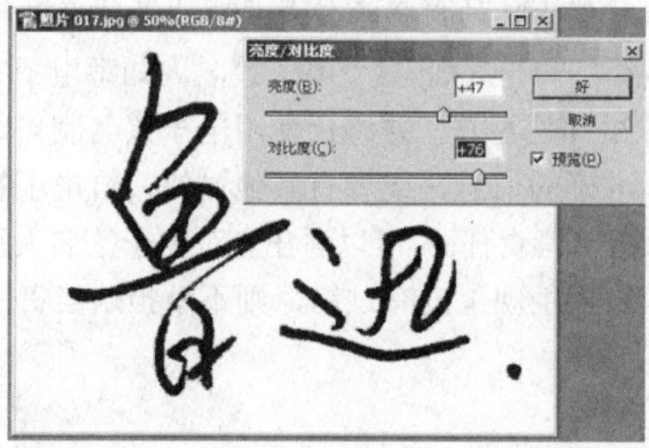

图 8.2　Photoshop 中的“亮度/对比度”对话框

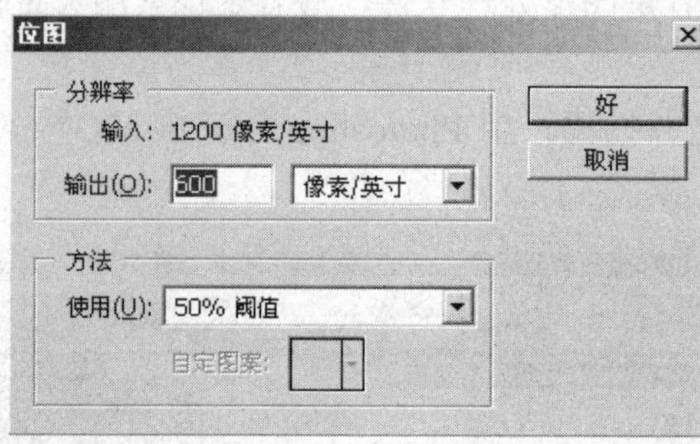

图 8.3　Photoshop 中的“位图”对话框

4）在 Photoshop 的菜单中单击“文件”→“存储为”，将文件存为 TIF 格式。

5）打开 VPstudio 程序，界面如图 8.4 所示。

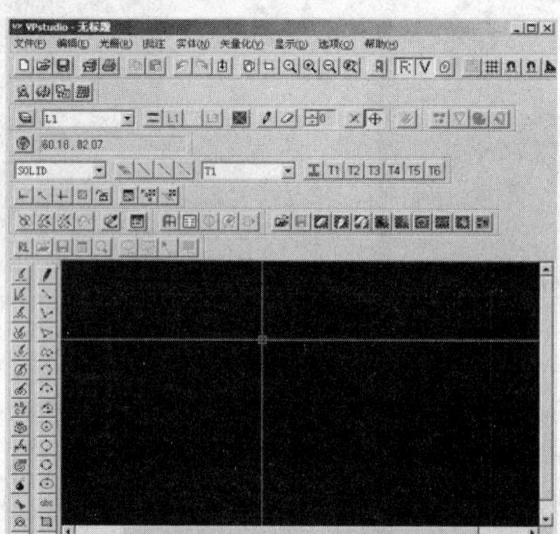

图 8.4　VPstudio 程序界面

6）在菜单中选择“打开文件”，打开刚才保存的 TIF 格式文件，打开以后文字的像素图如图 8.5 所示，出现文字的像素图。

7）在 VPstudio 程序的菜单中，单击“矢量化”→“矢量化”，弹出的 VPstudio 程序的“矢量化”对话框设置如图 8.6 所示。

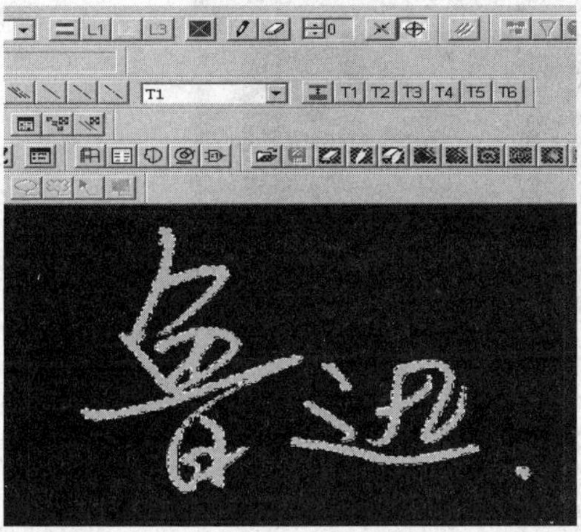

图 8.5 文字的像素图

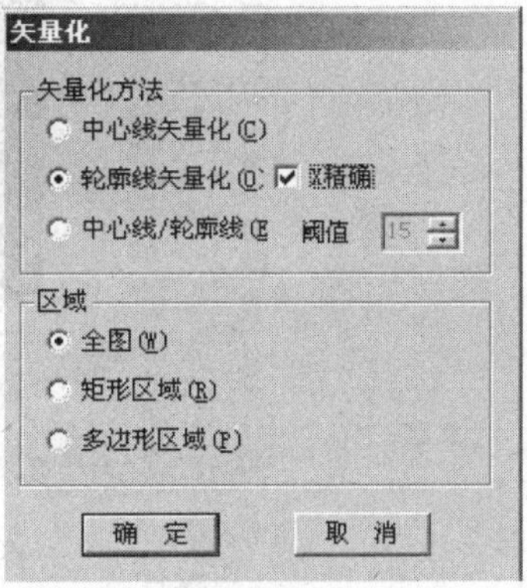

图 8.6 VPstudio 程序的“矢量化”对话框

8）描边以后，像素图的边界出现一圈白色的矢量描边，选取矢量描边，单击按钮 L1，将其定义为 L1 图层，变成红色图层，效果图如图 8.7 所示。

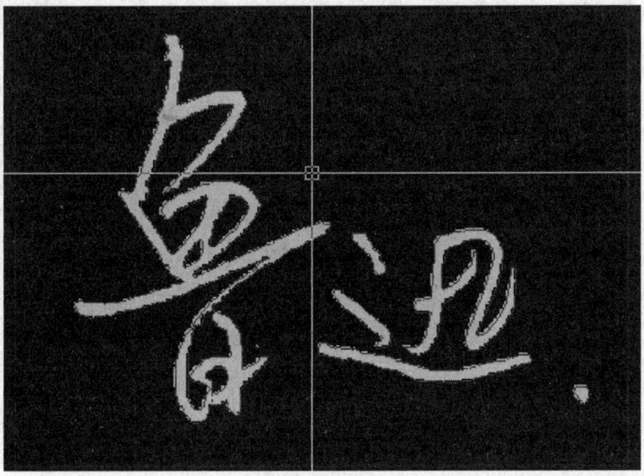

图 8.7 效果图

9）在 VPstudio 程序的菜单中单击“文件”→“输出”，弹出“保存文件”对话框，将矢量导出为 CAD 文件 DWG。保存以后，采用 AutoCAD 软件打开该 DWG 文件，如图 8.8 所示。

图 8.8　用 AutoCAD 打开界面

10）在 AutoCAD 程序里对有边框的签名进行实心颜色填充，得到如图 8.9 所示的效果。

图 8.9　效果图

11）如果想在 Word 文档中自由地增加电子签名，可以将其保存为 WMF 文件。在 AutoCAD 中选取签名，再导出为 WMF 文件即可。至此，整个电子签名的制作过程就完成了。

注意事项：

1）如果想用别人的签名，要先征得别人的同意。

2）如果不想让自己的签名流传出去，可以用 xref 插入签名的 dwg，这样别人就看不到该签名了。

任务 8.3 电子合同法律制度

任务介绍

通过 Internet 登录阿里巴巴网站，查看 B2B 型网站申请会员的服务合同违约条款。

相关知识

随着电子技术的发展，电子合同得以出现。虽然也通过电子脉冲来传递信息，但是不再以纸介质为原始的凭据，而是以一组电子数据（即以数据电文的形式）记载合同的主要内容。

8.3.1 电子合同的概念与特征

1. 电子合同的概念

根据联合国《电子商务示范法》及世界各国所颁布的电子商务法律规范，同时结合我国《合同法》的有关规定，电子合同的定义可以表述为：电子合同是平等民事主体之间通过电子信息网络，以数据电文形式达成的设立、变更、终止民事权利义务关系的电子协议。也就是说，电子合同是合同的一种，其特殊性在于，电子合同是通过电子手段订立的合同，是平等主体的自然人、法人及其他组织之间通过电子手段设立、变更、终止民事权利义务关系的协议。

2. 电子合同的特征

电子合同虽然与传统合同相比没有本质区别，仍然是合同的一种，但其载体和签订过程发生了重大变化。电子合同主要体现出以下法律特征。

（1）电子合同的订立以网络为基础

在传统的合同订立过程中，要约和承诺一般是面对面进行的，当事人有时也通过信件、电报、电话、电传和传真等方式发出要约或做出承诺，但是，这些要约和承诺不是通过计算机互联网进行的。而电子合同的要约和承诺均是合同双方当事人通过电子数据的传递来完成的，当事人大多互不见面，一方电子数据的发出即为要约，另一方电子数据的回送即为承诺。

(2) 电子合同的内容具有易改动性和易消失性

电子合同以磁性介质保存，即合同内容等信息记录在计算机硬盘或软盘等磁性介质中，如果不对电子合同的信息采取加密和保全措施，其内容极易被截取、改动和伪造、删除，而且不留任何痕迹。

(3) 电子合同具有易保存性和复制性

由于数据电文可以十分方便地存储在计算机的软盘、硬盘等介质中，因此，电子合同的保存和复制都十分方便，并且复制件与原件可以完全一致，以至于没有区分的必要，也无法加以区分。

(4) 电子合同完成的自动性

有些电子合同的签订常常可以自动完成，而没有传统书面合同签订时的当事人协商一致的过程。例如在电子商务中，当事人常采用自动化交易系统来自动发送、接收和处理交易订单。这些电子交易系统具有按照预定程序审单判断的功能，不仅可以执行数据电文发送、接收、确认等任务，完成合同订立的全过程，而且在许多情况下可自动履行合同。

(5) 电子合同生效的特殊性

由于电子合同的载体是电信号或磁介质，其表现形式是数据电文，合同内容记录在计算机硬盘或软盘等磁性介质上，所以，合同的生效无法采取传统的签字盖章形式，而只能采用电子签名方式。《中华人民共和国电子签名法》确立了电子签名在电子合同中的法律效力。

8.3.2 电子合同的订立

合同的成立一般要经过磋商过程，这一磋商过程被抽象为要约和承诺两个阶段。我国《合同法》第十三条规定："当事人订立合同，采取要约、承诺方式。"电子合同虽然采取了数据电文的表达方式，而且其订立过程也是以电子方式进行的，即通过互联网通信缔结合同，但电子合同的订立过程仍然遵循合同订立的基本过程，即要约、承诺过程。

1. 电子合同的主体

电子合同的主体即电子合同的当事人。一般来说，电子合同的主体和传统合同的主体没有本质区别，但在实践中很难判断电子合同主体的身份和行为能力。因为，在电子商务交易模式下，合同当事人都体现为一种身份识别代码，即用户名。该身份识别代码将主体的信息以一组数据来体现，非常抽象和虚拟，不能具体反映出当事人的情况，因此交易对象无法从该数据中相互判断对方是否具有行为能力，也无法确定发送和接收信息的一方是否为当事人自己或有无代理权。对于通过电子合同形式订立的合同在履行过程中发生纠纷或造成损失，涉及当事人行为能力的确定时，仍应当依照传统合同法和民法的规定去认定，因为电子合同所适用的法律并不是一种全新的法律制度，它只是传统法律制度在新环境下的一种融合。只要是交易对象尽到了合理的注意义务，即便是当事人真的不具备合同的缔约能力，也应当认定合同有效。

2．电子合同中的要约和承诺

（1）要约

1）我国《合同法》第十四条规定："要约是希望和他人订立合同的意思表示。"其中，发出要约的一方当事人为要约人，要约所指向的一方当事人为受要约人。要约要取得法律效力，一般应具备以下条件：要约必须是特定人行为的意思表示；要约必须具有缔结合同的目的；要约必须向希望与之缔结合同的受要约人发出；要约的内容必须具体确定；要约必须送达受要约人。

2）电子合同中要约的生效时间及法律效力。

采用数据电文形式（包括电报、电传、传真、电子数据交换和电子邮件）发出要约的，数据电文进入收件人指定的系统的时间或者在未指定特定系统的情况下数据电文进入收件人的任何系统的首次时间作为要约的到达时间。

在电子商务环境下，当事人一般以数据电文的形式发出要约。要约一经生效，要约人即受到要约的拘束。要约人在要约有效期间内不得随意撤销要约或对要约内容加以限制、变更和扩张，以免影响交易安全。

3）电子合同中要约的撤回和撤销。

要约的撤回是指要约人的要约发出后，到达受要约人之前，取消其要约从而阻止要约生效的意思表示。我国《合同法》第十七条规定："要约可以撤回。撤回要约的通知应当在要约到达受要约人之前或者与要约同时到达受要约人。"因此，应允许当事人撤回要约，我国《合同法》对要约撤回的规定是适用于电子合同的。

在电子商务交易中，要约能否撤销取决于交易的具体方式。从合同法的规定来分析，受要约人收到要约后在做出承诺之前，一般有一个考虑期限，在考虑期满前即受要约人承诺前，要约人可以撤销要约。因此，如果通过电子邮件方式订立合同，在一般情形下，要约是可以撤销的。

（2）承诺

1）承诺的概念及有效要件。

承诺是指受要约人同意接受要约的条件从而订立合同的意思表示。承诺的法律效力在于一经承诺并送达于要约人，电子合同便告成立。承诺要取得法律效力，一般应具备以下条件：承诺必须由受要约人向要约人做出；承诺必须在要约的有效期限内到达要约人；承诺的内容必须与要约的内容一致；承诺的方式必须符合要约的要求。

2）承诺撤回与撤销。

承诺撤回，是指受要约人在发出承诺通知以后，在承诺正式生效之前撤回其承诺。根据《合同法》第二十七条规定："承诺可以撤回。撤回承诺的通知应当在承诺通知到达要约人之前或者与承诺通知同时到达要约人。"电子承诺撤回存在着与电子要约撤回同样的问题。撤回承诺作为承诺人的一项权利是保障其与要约人同等受法律保护的，不应随意加以剥夺。

3）确认收讫与承诺。

因为互联网具有开放性和复杂性的特点，发送方的要约或承诺发出之后，和传统方法相比，被其他人截获的可能性更大，没有人能够保证所发出的要约或承诺绝对能够完整地按时到达收件方。因此，为了给电子交易增加一层保险，就产生了要约和承诺的送达确认即确认收讫。确认收讫是指在接收人收到发送人发送的信息时，由其本人或指定的代理人或通过自动交易系统向发送人发出表明其已收到的通知。确认收讫通过发回的信息来证实信息是否到达以及传递中有无错误和缺漏发生，当事人可以利用确认收讫制度解决发信后的不确定问题。因此，就发送人而言，确认收讫有利于减少发送人的风险，这在商业上和法律上都具有重大的价值。

联合国《电子商务示范法》中规定了确认收讫规则。我国《合同法》第三十三条也有类似的规定："当事人采用信件、数据电文等形式订立合同的，可以在合同成立之前要求签订确认书。签订确认书时合同成立。"我国《电子签名法》对数据电文的确认收讫问题也做出了相应的规定，《电子签名法》第十条规定："法律、行政法规规定或者当事人约定数据电文需要确认收讫的，应当确认收讫。发件人收到收件人的收讫确认时，数据电文视为已经收到。"

确认收讫不是合同订立的必经程序。在合同订立过程中是否需要设立确认收讫这一环节应由当事人自己决定，确认收讫一方面能减少风险，但同时也增加了商业成本，法律应赋予当事人自由选择的权利。

3. 电子合同的效力

电子合同生效是指已经成立的合同在当事人之间产生了一定的法律拘束力。电子合同的生效需要行为人具有相应的民事行为能力、意思表示真实、不违反法律和社会公共利益等要件。

4. 电子合同的条款

电子合同的条款应当由当事人自行约定，一般包括当事人的名称或姓名和住所、标的、数量和质量、价款或报酬、履行期限、地点和方式、违约责任和解决争议的方法等条款。

5. 电子合同的违约责任

(1) 违约责任的构成要件

1）主体要件。

违约责任是当事人违反了有效合同后应承担的法律责任，所以凡是违约责任必然是当事人因不履行合同或不完全履行合同导致的法律后果。在电子合同中，违约责任的主体必然是有效合同的当事人，是有权独立主张自己利益和独立参加仲裁或诉讼活动的主体。电子合同的主体可以是自然人，也可以是法人或其他组织。

2）违约行为。

违约行为是指电子合同当事人没有按照合同约定的条件和时间履行合同，违约包括作为的违约和不作为的违约。作为的违约是指义务人应当以自己的主动行为完成合同规定的义务。不作为的违约是指少数电子合同规定，合同的当事人应当以自己某些不作为的承诺作为合同成立的基础。例如，电子合同中对当事人的个人隐私进行保密的合同条款，其基本内容就是规定合同的信息必须保密，如果违反合同规定的条件泄露了需要保密的信息，就构成违约责任。

3）主观条件。

合同履行是一种客观事实，电子合同没有履行或者没有完全履行客观上也使对方的权利不能实现，为了维护对方的合同权利，就要让违约方承担违约责任。我国《合同法》对当事人的违约责任适用严格责任原则，无论当事人主观上有无过错，只要违约行为造成损害即应承担责任。

(2) 免责事由

免责事由分约定的免责事由和法定免责事由。根据电子合同的特征，电子合同对下列事件约定可构成免责事由。

1）文件感染病毒。

文件感染病毒可能是遭到恶意攻击所致，也可能是因为被意外感染。但无论是何种原因，如果许可方采取了合理与必要的措施防止文件遭受攻击，如给自己的网站安装了符合标准或业界认可的保护设备、防火墙等，但是仍不能避免被攻击，由此导致该文件不能使用或无法下载，应当属于不可抗力。

2）非因自己原因的网络中断。

网络传输中断，则无法访问或下载许可方的信息。网络传输中断可因传输线路的物理损害引起，也可由病毒或攻击造成，如果该种情况属于不能避免并不能克服的事件，则可认定为不可抗力。

3）非因自己原因引起的电子错误。

例如，消费者购物通过支付网关付款，由于支付网关的错误未能将价款打到商家的账户上，由此导致的违约应认定为不可抗力。

(3) 违约责任的主要方式

我国《合同法》第一百零七条规定，当事人一方不履行合同义务或者履行合同义务不符合约定的，应当承担继续履行、采取补救措施或者赔偿损失等违约责任。电子合同仍然遵循这些基本责任形式，只是在信息产品交易中，在违约导致合同终止时，还应采取停止使用、终止访问等措施。

任务实施

1）打开 IE 浏览器，输入网址：http://china.alibaba.com。

2）单击“免费注册”按钮。

3）单击“点此阅读阿里巴巴”按钮，阅读相关条款。

任务 8.4　电子支付法律制度

任务介绍

注册建设银行个人网上银行用户，并注意相关法律问题。

相关知识

电子商务中，电子支付的有效性和安全性是一个极其重要的问题。电子支付与电子商务密不可分，它构成了整个电子商务活动中最核心、最关键的环节，是交易双方实现各自交易目的的重要一步，也是电子商务得以发展的基础条件。

8.4.1 电子支付

近年来，我国的电子支付发展非常迅速。新兴电子支付工具不断出现，电子支付交易量不断提高，电子支付逐步成为我国零售支付体系的重要组成部分。因此，迫切要求就电子支付活动的业务规则、操作规范、交易认证方式、风险控制、参与各方的权利义务等进行规范，从而防范支付风险，维护电子支付交易参与者的合法权益，确保银行和客户资金的安全。

1．电子支付的概念

中国人民银行 2005 年颁布的《电子支付指引（第一号）》对电子支付下了比较权威的定义，即电子支付是指单位、个人（以下简称客户）直接或授权他人通过电子终端发出支付指令，实现货币支付与资金转移的行为。

这里的“电子终端”，是指客户可用以发起电子支付指令的计算机、电话、销售点终端、自动柜员机、移动通信工具或其他电子设备。为此，电子支付的类型包括网上支付、电话支付、移动支付、销售点终端交易、自动柜员机交易和其他电子支付。

2．电子支付系统的基本构成

电子支付，现今多数是指 B2C 电子商务模式下的支付方式，所以电子支付系统的基本构成要素是消费者、在线企业、在线银行、认证中心和信用卡公司。

它们之间的相互关系及具体运作过程如下。

（1）为了保证交易的安全性，需要有一个认证机构对电子支付系统的基本构成要素如消费者、在线企业（网上商店）、在线银行、信用卡公司的身份进行认证。

（2）消费者以合法的身份进入在线企业（网上商店）的主页，浏览商品。

（3）消费者选定商品，并选择支付方式，如信用卡、电子支票、电子货币等。

（4）在线企业（网上商店）的客户服务器检查支付方服务器，确认支付金额是否可靠，并在确认后给客户发货。

（5）消费者的开户银行将支付款传递给消费者的信用卡公司，信用卡公司负责给消费者发收费清单。

3．电子银行与网上银行

网上银行是电子银行的一种形式，要想了解网上银行，应先从电子银行入手。

（1）电子银行

电子银行是指商业银行等银行业金融机构利用面向社会公众开放的通信通道或开放型公众网络，以及银行为特定自助服务设施或客户建立的专用网络，向客户提供的银行服务方式。

电子银行业务包括利用计算机和互联网开展的银行业务（网上银行业务）、利用电话等声讯设备和电信网络开展的银行业务（电话银行业务）、利用移动电话和无线网络开展的银行业务（手机银行业务），以及其他利用电子服务设备和网络，由客户通过自助服务方式完成金融交易的银行业务。

(2) 网上银行

1）网上银行的定义。

网上银行是电子银行的一种。网上银行（Internet bank 或 E-bank），包含两个层次的含义：一个是机构概念，指通过信息网络开办业务的银行；另一个是业务概念，指银行通过信息网络提供的金融服务，包括传统银行业务和因信息技术应用带来的新兴业务。在日常生活和工作中，人们所提及的网上银行更多是第二层次的概念，即网上银行服务的概念。

为此，网上银行严格的定义为：网上银行又称网络银行、在线银行，是指银行利用 Internet 技术，通过 Internet 向客户提供开户、销户、查询、对账、行内转账、跨行转账、信贷、网上证券、投资理财等传统服务项目。可以说，网上银行是在 Internet 上的虚拟银行柜台。

2）网上银行的特点。

①使用简便：用户只要有一台接入互联网的计算机就可以了。用户上网后，根据网络银行网页的显示，用鼠标单击所需要的柜台或服务项目按钮，就可以按照提示进入自己所需的业务项目。

②服务多样化：目前客户的需求越来越多样化，网上银行是面对个人的经营方式，可以直接处理用户提出的各种要求。

③使用成本低廉。

一方面，客户使用网上银行，实现“人在家中坐，钱从网上来”的梦想。客户只要坐在家中可以上网，就可以与银行打交道。这样大大节省用户的交通、等待与信息获取等的时间，减少了银行服务的中间环节，大大降低了成本。

另一方面，银行可以减少建立传统经营网点的投资，同时通过网上交易，又可以大大节省交易费用。据资料分析，网上银行经营中，网上业务的经营成本只相当于经营收入的 15%～20%，而普通银行的经营成本占营业收入的 60%。

④全天候服务：网上银行的运行完全是数字化、电子化的，不需要任何人工参与，可以提供每周七天、每天 24 小时的全天候、不间断的服务。

3）网上银行的业务系统。

网上银行业务系统包括：个人网上银行、企业网上银行、网上支付等功能模块。

①个人网上银行。

个人网上银行的服务功能包括以下几个。

a. 查询。通过网上个人银行可以进行相应账户的“余额查询”“明细查询”“交易查询”“交易积分查询”“日志查询”等多种信息查询。

b. 转账汇款。网上个人银行可实现多种账户之间的转账汇款。

c. 缴费支付。网上个人银行提供在线缴纳手机费、固话费、水电煤气费、学费等多种费用的缴付服务。

d. 网上支付。只要拥有储蓄卡、准贷记卡或贷记卡就可以在各大电子商务网站购买商品或服务。

另外，网上个人银行还提供信用卡、公积金、支票通、外汇买卖、银证业务、债券业务、基金业务、黄金业务、理财产品、账户设置和个性化客户服务功能。

②企业网上银行。

企业网上银行主要功能包括以下几个。

a. 查询。查询企业存款账户的余额信息；查询企业存款账户的明细交易记录信息；下载企业存款账户明细并进行财务分析。

b. 资金划转。主动付款；主动收款；经过对方授权可以主动收取国内中国建设银行其他机构企业客户的资金；实现银行账户之间资金调拨实时到账；实现网上批量代发工资；实现企业电子商务，组建网上商城。

c. 资金管理。对下级单位账户进行实时监控；对下级单位账户的资金进行定时、定金额、定余额、零余额等各种方式的自动归集；对自有账户资金对外支付时间进行预先定制；集团理财功能为集团客户建立网上结算中心。

d. 财务内控管理。财务人员根据职责分配不同的角色和权限；不同额度转账流程控制。

③网上支付。

网上支付系统为客户提供网上消费支付结算服务，从而实现真正网上购物的目的。

4）网上银行模式。

网上银行目前有两种不同层次的模式。

①传统银行业务的网络化。

现在除了已经网络化的存款、汇款、付款等业务外，外币买卖、信用卡业务、企业融资、房屋汽车贷款、购买保险和理财咨询服务也逐步进入网络银行的服务范围。世界上许多著名的商业银行（如花旗银行、大通曼哈顿银行、汇丰银行、美洲银行）及我国的各大银行（如工商银行、中国银行、招商银行、建设银行）等，都已经进行了银行业务的网络化改造工作，几乎所有规模较大的商业银行都在国际互联网上建立了自己的站点。

②独立的虚拟网络银行。

美国安全第一网络银行是全球第一家完全通过国际互联网经营的独立银行。它没有银行大厅和营业网点。顾客通过国际互联网进入该行的站点，屏幕即刻显示出一幅银行大厅的画面。画面上设有“账户设置（Account Setup）”“客户服务（Customer Service）”及“个人财务（Personal Finance）”三个主要服务柜台。此外还有供客户查询的“咨询台（Information）”和“行长（President）”等柜台。安全第一网络银行为客户提供多种银行服务，如开户、存款、支付账单及各项转账服务，还有外币买卖、长期存款和信用卡服务；客户还可以在网络上申请房屋汽车贷款、购买保险，以及通过经纪人员买卖各项金融产品。银行每天会产生一次交易汇总表供客户查询及核对。如需提取现金，只要到附近的提款机利用金融卡操作即可。安全第一网络银行自开始营运以来，发展迅速，客户以每月 650 人的速度快速成长，然而该行的银行业务人员仅有 15 人。安全第一网络银行的股票上市当天便翻了一番，由每股 20 美元飙升到 41 美元。

8.4.2 电子支付法律关系

1. 电子支付法律关系的概念

电子支付法律关系是指在电子商务活动中，由电子商务交易活动事实引起的，当事人双方在电子支付方面的权利义务关系。一般包括电子支付法律关系的主体、客体和内容。

在一个完整的电子支付活动中，一般需要四方当事人参加，即付款人、收款人、网络银行和电子认证服务机构。这些当事人之间的法律关系具体包括：付款人与受款人之间由商品买卖合同所规定的债权债务关系；付款人与电子支付指令银行之间的电子支付合同关系；受款人与电子支付收款银行之间的一般金融服务合同关系；付款人、受款人和电子支付银行与电子认证服务机构之间的电子证书服务合同关系。

2. 电子支付法律关系的主体

电子支付法律关系的主体即电子支付法律关系的当事人，是在电子商务法律关系中，依法享有商务交易结果的权利和承担电子支付义务的自然人、法人或其他组织。

电子支付法律关系的基本当事人为客户，即付款人和受款人，而付款人和受款人完成电子支付还必须有两个重要的第三人（即网上银行和认证机构）提供服务。因此，在电子支付实践中，电子支付法律关系的当事人可以分为以下几个。

(1) 客户

电子支付法律关系中的客户可以是自然人、法人或其他组织。

电子支付的自然人是指达到法定民事责任年龄，能够以自己的名义进行电子支付活动，依法享有电子支付权利、承担电子支付义务，能够发出电子资金或接收电子资金并能够独立承担电子支付责任的公民。

电子支付的法人是指依法能够以自己的名义进行电子支付活动，享有电子支付权利、承担电子支付义务，能够发出电子资金或接收电子资金的国家机关、企事业单位、社会团体等。

电子支付的其他组织是指在电子支付法律关系中，依法享有电子支付权利、承担电子支付义务但不具有法人资格的社会实体。

具体而言，电子支付法律关系中的客户包括：

1）付款人。在电子支付活动中付款人通常是买方或消费者。其与商家、银行间存在两个相互独立的合同关系：一是消费者与商家订立的买卖合同关系；二是消费者与银行间的金融服务合同关系。

2）受款人。在电子支付活动中受款人通常是卖方或商家。同样也存在两个相互独立的合同关系，一是与消费者的买卖合同关系；二是与银行的金融服务合同关系。

(2) 网上银行或金融机构

网上银行也称网络银行、在线银行，是指利用 Internet、Intranet 及相关技术处理传统银行业务及支持电子商务网上支付的新型银行。它实现了银行与客户之间安全、方便、友好、实时的连接，可向客户提供开户、销户、查询、对账、行内转账、跨行转账、信贷、网上证券、投资理财及其他贸易或非贸易的全方位银行业务服务。可以说，网上银行是在 Internet 上的虚拟银行柜台。在电子支付系统中，参与电子支付活动的银行可同时扮演发送银行和接收银行的角色，完成信用中介、支付中介和结算中介等方面的金融服务。电子支付活动也可以由两个或两个以上的金融机构承担。发出电子支付指令的付款方客户的开户银行为“发送行”；收款人的开户银行为“接收行”，接收人未在银行开立账户的，电子支付指令确定的资金汇入银行为“接收行”。另外，在发送行和接收行以外，有资格从事接收、传送电子支付指令或有关电子支付数据交换的机构为“转发行”。

(3) 电子认证机构

电子认证机构是指为电子签名人和电子签名依赖方提供电子认证服务的第三方机构。电子认证服务机构为参与电子商务各方的各种认证要求提供证书服务，以确认支付各方的真实身份。它不仅要对进行电子交易的买卖双方负责，还要对整个电子商务交易秩序负责。另外，买卖双方有义务接受认证机构的监督管理。在我国，电子认证机构是企业法人，其设立和经营应符合《中华人民共和国公司法》的有关规定，同时还应符合特殊行业的基本要求。

3. 电子支付法律关系的内容

电子支付法律关系的内容即电子商务法律关系中各方当事人依法享有的权利和承担的义务。

(1) 商家在电子支付中的权利和义务

商家在电子支付中一般扮演收款人的角色，在电子支付法律关系中，收款人不能基于电子支付行为向指令人或接受银行主张权利，收款人只是基于和付款人之间的债权债务关系而与付款人之间存在电子支付权利义务关系。商家在电子支付中享有两项基本权利：得到支付的权利，即商家根据其与消费者订立的买卖合同享有通过电子方式得到支付的权利；得到通知的权利，即商家根据消费者与银行间的金融服务合同享有从金融机构处得到通知的权利。

同时，商家在得到支付后，有告知消费者已收到款项并发出货物，请求消费者查收及查验的义务；在消费者告知已完成支付，而商家未收到款项时，商家有义务及时告知消费者，请其核实支付完成情况。

(2) 金融机构（网上银行）在电子支付中的权利和义务

1）金融机构在电子支付中的权利。

①接受或拒绝交付指令。

在电子支付中，金融机构可以接受指令人的支付指令，也可以拒绝支付指令，或者要求指令人修正其发出的无法执行的、不符合规定程序和要求的指令。银行决定接受还是拒绝支付命令在一定程度上是判断信用的过程。

②要求付款人或指令人付款。

金融机构有权要求付款人或指令人按时支付所指令的资金并承担因支付而发生的费用。

③要求指令人承担指令引起的后果。

只要能证明由于指令人的过错而致使其他人假冒指令人通过了安全程序和认证程序，就有权要求指令人承担指令引起的后果。

2）金融机构在电子支付中的义务。

①严格审查客户的指令。

金融机构有审查客户的指令是否为一项合法、有效的支付指令，支付方式是否正确的义务。银行行使审查义务是基于下列目的而进行的：对该指令予以认证，鉴别发出支付指令客户的身份的真实性，即证实支付命令或修改、取消支付命令的信息是客户发出的；检测支付命令或信息在传送过程中或在内容上是否存在错误。

②按照指令人的指令完成资金支付。

除系统故障和其他不可抗力之外，金融机构应当就未按照消费者的指令完成资金支付给消费者造成的全部直接损失向消费者承担责任。如果金融机构能够证明未按照客户的指令完成资金支付是由于系统故障或金融机构所不能控制的其他情况所引起的，则金融机构可以免除责任。

③信息公开和详尽告知的义务。

在电子支付中向客户告知关于电子支付必要信息及他们的权利义务是非常重要的。金融机构在电子支付中有义务以易于理解的词句和形式向消费者公开信息，揭示电子支付的程序、后果、操作要领及系统风险。这些被披露的信息必须是能够确保客户在判定是否通过电子方式传输其金钱时所需要的基本信息，而且可以使客户更好地理解其权利义务，选择适当的支付方式，以及在发生问题时如何更好地保护自己的利益。在电子支付中实行信息公开的法律意义在于：所公开的电子支付信息构成客户向银行投诉及银行对投诉进行调查的凭据；而且金融机构发送给消费者的表明已向他人进行电子资金划拨的交易收据和定期通知，可以作为此划拨的证明，或构成此划拨完成的初步证据。

为此，银行应根据审慎性原则，确定办理电子支付业务客户的条件。办理电子支付业务的银行应公开披露以下信息：银行名称、营业地址及联系方式；客户办理电子支付业务的条件；所提供的电子支付业务品种、操作程序和收费标准等；电子支付交易品种可能存在的全部风险包括该品种的操作风险、未采取的安全措施、无法采取安全措施的安全漏洞等；客户使用电子支付交易品种可能产生的风险；提醒客户妥善保管、使用或授权他人使用电子支付交易存取工具（如卡、密码、密钥、电子签名制作数据等）的警示性信息；争议及差错处理方式。

另外，银行应与客户约定，及时或定期向客户提供交易记录、资金余额和账户状态等信息。

④对支付额度的限制。

银行应根据审慎性原则并针对不同客户，在电子支付类型、单笔支付金额和每日累计支付金额等方面做出合理限制。

银行通过互联网为个人客户办理电子支付业务，除采用数字证书、电子签名等安全认证方式外，单笔金额不应超过1000元人民币，每日累计金额不应超过5000元人民币。

银行为客户办理电子支付业务，单位客户从其银行结算账户支付给个人银行结算账户的款项，其单笔金额不得超过5万元人民币，但银行与客户通过协议约定，能够事先提供有效付款依据的除外。

银行应在客户的信用卡授信额度内，设定用于网上支付交易的额度供客户选择，但该额度不得超过信用卡的预借现金额度。

⑤交易数据的安全保障。

银行应确保电子支付业务处理系统的安全性，保证重要交易数据的不可否认性、数据存储的完整性、客户身份的真实性，并妥善管理在电子支付业务处理系统中使用的密码、密钥等认证数据。

银行可以通过各种方式保证电子支付业务处理系统的安全性，如制定相应的风险控制策略，防止电子支付业务处理系统发生有意或无意的危害数据完整性和可靠性的变化，并具备有效的业务容量、业务连续性计划和应急计划；按照会计档案管理的要求，对电子支付交易数据，以纸介质或磁性介质的方式进行妥善保存，保存期限为5年，并方便调阅；对电子支付交易数据的访问须经合理授权和确认；第三方获取电子支付交易数据必须符合有关法律法规的规定以及银行关于数据使用和保护的标准与控制制度。

另外，银行应确保对电子支付业务处理系统的操作人员、管理人员及系统服务商有合理的授权控制，包括确保进入电子支付业务账户或敏感系统所需的认证数据免遭篡改和破坏。此类篡改都应是可侦测的，而且审计监督应能恰当地反映出这些篡改企图；对认证数据进行的任何查询、添加、删除或更改都应得到必要授权，并具有不可篡改的日志记录。

(3) 消费者在电子支付中的权利和义务

1）消费者在电子支付中的权利。

消费者在电子支付中的基本权利是：有权要求接受指令的网上银行按照指令的时间及时将指定的金额支付给指定的收款人，如果接受指令的网上银行没有按指令完成义务，消费者有权要求其承担违约责任，赔偿因此造成的损失。

2）消费者在电子支付中的义务。

消费者在电子支付中的基本义务包括以下几项。

①签发正确的支付指令，并按照接受金融机构的程序检查指令有无错误和歧义，并有义务发出修正指令，发出修改有错误或有歧义的指令。

②支付的义务，即一旦向接受银行发出指令，自身也受其指令的约束，承担从其指定

账户付款的义务。

③在符合商业惯例的情况下接受认证机构的认证义务。

④不得设置容易被其他人识别的个人识别码或其他密码的义务，如设置666666、000000等容易被他人识别的个人识别码或密码，避免带来支付风险。

⑤挂失和通知的义务。消费者在知晓下列情况时应当立即通知发行者或发行者授权的人：其一，电子支付工具或电子支付工具使用方式丢失或被窃；其二，其账户上出现未经授权的交易记录或其他异常情况。

(4) 电子认证服务机构的权利和义务

1）电子认证服务机构的权利。

①对申请者进行资料审查的权利。

如果申请人为个人，审查的内容包括申请人的姓名、身份证号、联系电话、通信地址、邮政编码、电子邮箱等资料；如果申请人是单位，除对具体的申请人审查上述材料外，还要审查单位的名称、主页地址、营业执照号、工商税号、单位地址、单位电子邮箱、单位所属行业类别、机构代码、电话、传真等。

②发放电子证书的权利。

电子认证服务机构对证书申请人进行资格审查后，有权发放电子证书。《电子认证服务管理办法》第二十八条规定："电子签名认证证书应当准确载明下列内容：签发电子签名认证证书的电子认证服务机构名称；证书持有人名称；证书序列号；证书有效期；证书持有人的电子签名验证数据；电子认证服务机构的电子签名；规定的其他内容。"

③撤销电子证书的权利。

《电子认证服务管理办法》第二十九条规定："有下列情况之一的，电子认证服务机构可以撤销其签发的电子签名认证证书：证书持有人申请撤销证书；证书持有人提供的信息不真实；证书持有人没有履行双方合同规定的义务；证书的安全性不能得到保证；法律、行政法规规定的其他情况。"

④收取费用的权利。

根据《电子认证服务管理办法》的规定，电子认证服务机构是企业法人，所以，电子认证服务机构向申请人提供电子认证服务后，有权向申请人收取相关费用。

2）电子认证服务机构的义务。

①信息披露的义务。

基于认证机构的公信力及其信用服务，认证机构应当向全社会公开其从业资格等重要信息。《电子认证服务管理办法》第十二条规定："取得认证资格的电子认证服务机构，在提供电子认证服务之前，应当通过互联网公布下列信息：机构名称和法定代表人；机构住所和联系办法；《电子认证服务许可证》编号；发证机关和发证日期；《电子认证服务许可证》有效期的起止时间。"另外，第十三条、第十四条规定，电子认证服务机构在《电子认证服务许可证》的有效期内变更法人名称、住所、注册资本、法定代表人的，应自完成相关变更手续之日起五日内依法公布变更后的信息，并自公布之日起 15 日内向有关部门备案。《电子认证服务许可证》的有效期届满要求续展的，电子认证服务机构应在许可证有效期届满三十日前申请办理续展手续，并自办结之日起 5 日内依法公布相关信息。

②保密义务。

认证机构在承担信息披露义务的同时，对用户重要的信息应该承担保密的义务，以维护用户的合法权益。

③使用可信赖系统的义务。

认证机构应该使用可信赖系统完成证书的颁发和撤销等各项操作。联合国贸法会《电子签名示范法》第十条对“可信赖性”做了规定，在决定证明服务提供者使用的系统、步骤和人力资源是否具有可信赖性及可信赖的程度时，下列因素应该予以考虑：财力与人力资源，包括现有资产；软件与硬件系统的质量；证书生成与申请的步骤及相关记录的保留；证书所证明的签名者及潜在的相对方的有关信息的可获取性；是否由独立的第三方进行审计及审计的程度；规则采纳国已做出声明，存在一个鉴定机构，或者鉴定机构所确认的证明服务提供者；任何其他相关因素。

④担保的义务。

认证机构一旦将证书颁发给用户，就承担着担保证书所述内容真实、准确的义务。担保义务不仅针对证书持有人，也包括证书信赖人。

⑤妥善保管自身私钥的义务。

认证机构自身的私钥对于验证该认证机构作为颁发数字证书机构的身份具有不可或缺的作用，一旦丢失，该认证证书所颁发的所有证书都将作废，因此，妥善保管自身私钥是认证机构的重要义务。

任务实施

1）打开 IE 浏览器，输入网址：http://www.ccb.com/portal/cn/home/index.html。

2）单击左侧的“网上银行服务”→“个人网上银行”→“马上开通”。

3）在“普通客户网上自助开通”下单击“现在开通”按钮。

4）单击“中国建设银行网上银行个人客户服务协议”，阅读相关条款。

5）填写相关信息后，单击“同意”按钮。（做到此步骤登录，只能进行账户余额查询。）

6）持有效证件、建行账户到建行网点办理签约手续。

7）登录建行网上银行，按照提示设置交易密码，下载证书。

知识扩展

第三方支付方面的法律法规

第三方支付作为一种由独立非银行社会机构提供资金结算服务的支付模式，随着电子支付交易量的增加正不断地发展和完善，已逐渐成为 B2C 和 C2C 的主要支付渠道。然而，第三方支付是在政策模糊、法律真空与监管缺位中摸索着前进的，其中埋伏着巨大的金融风险与经济安全隐患，之前众多第三方支付企业关注的焦点——《支付清算组织管理办法》经过几年意见征求阶段迟迟未发布，关于主体资格、经营范围、纠纷裁定等众多问题也尚未明确规范。

2010 年 6 月至 9 月，中国人民银行关于《非金融机构支付服务管理办法》(以下简称《办法》)及《非金融机构支付服务管理办法实施细则》(以下简称《办法细则》)的出台，结束了第三方支付行业原始成长期，被正式纳入国家监管体系，并拥有合法的身份。

1．第三方支付概述

(1) 第三方支付的概念

第三方支付即非金融机构支付，主要是指第三方支付平台，指与银行（通常是多家银行）签约，并具备一定实力和信誉保障的第三方独立机构提供的交易支持平台。

在通过第三方支付平台的交易中，买方选购商品后，使用第三方平台提供的方式和银行渠道进行货款支付，由第三方平台通知卖家货款到达、进行发货；买方检验物品后，就可以付款给卖家。此外，某些第三方支付平台还提供一定期限内的退货服务；一些第三方平台提供多家银行、数十种银行卡的选择，比起传统的单一银行的网上支付方式，丰富了网上交易的支付手段。

(2) 第三方支付的业务内容

按照《非金融机构支付服务管理办法》的规定，第三方支付应包括网络支付、预付卡的发行与受理、银行卡收单、中国人民银行确定的其他支付服务等类型。

网络支付，是指依托公共网络或专用网络在收付款人之间转移货币资金的行为，包括货币汇兑、互联网支付、移动电话支付、固定电话支付和数字电视支付等。

预付卡，是指以营利为目的发行的、在发行机构之外购买商品或服务的预付价值，包括采取磁条、芯片等技术以卡片、密码等形式发行的预付卡。

银行卡收单，是指通过销售点（POS）终端等为银行卡特约商户代收货币资金的行为。

(3) 第三方支付平台的功能

第三方支付平台的功能包括:

①接收、处理并向开户银行传递网上客户的支付指令;

②进行跨行之间的资金清算（清分);

③代替银行，开展金融增值服务。

(4) 第三方支付平台的特点

第三方支付平台的特点在于“多渠道、多业务、多银行”，因此第三方支付平台在支付领域中具其特殊的生命力。

第三方支付平台不参与买卖双方的具体业务，具有公信度，不会因触及客户商业利益而失去服务机会；把众多的银行和银行卡整合到一个页面，方便了网上客户，也降低了网民的交易成本；可进行“多业务、多银行、多渠道”的服务创新；对商家和消费者有双向财产保护能力，有效地限制了电子交易中的欺诈行为。

2. 第三方支付的申请与许可

根据国务院关于“建立公开平等规范的服务业准入制度，鼓励社会资本进入”等工作要求，中国人民银行依据《中国人民银行法》等法律法规，经国家行政审批部门认定，对非金融机构支付服务实行支付业务许可制度。无论是国有资本还是民营资本的非金融机构，只要符合《办法》的规定，都可以取得《支付业务许可证》。非金融机构提供支付服务，应当依法规定取得《支付业务许可证》，成为支付机构，并接受中国人民银行的监督管理。未经中国人民银行批准，任何非金融机构和个人不得从事或变相从事支付业务。

(1) 申请

中国人民银行负责《支付业务许可证》的颁发和管理。为此，申请《支付业务许可证》的，需经所在地中国人民银行分支机构审查后，报中国人民银行批准。

该《办法》规定非金融机构提供支付服务应具备相应的资质条件，以此建立统一规范的非金融机构支付服务市场准入秩序，强化非金融机构支付服务的持续发展能力。非金融机构提供支付服务应具备以下条件。

①商业存在。申请人必须是在我国依法设立的有限责任公司或股份有限公司，且为非金融机构法人。

②资本实力。申请人申请在全国范围内从事支付业务的，其注册资本至少为 1 亿元人民币；申请在同一省(自治区、直辖市)范围内从事支付业务的，其注册资本至少为 3000 万元人民币，且均须为实缴货币资本。

③主要出资人。申请人的主要出资人(包括拥有其实际控制权和10%以上股权的出资人)均应符合关于公司制企业法人性质、相关领域从业经验、盈利能力等相关资质的要求。

④反洗钱措施。申请人应具备国家反洗钱法律法规规定的反洗钱措施，并于申请时提交相应的验收材料。

⑤支付业务设施。申请人应在申请时提交必要支付业务设施的技术安全检测认证证明。

⑥资信要求。申请人及其高管人员和主要出资人应具备良好的资信状况，并出具相应的无犯罪证明材料。

⑦鉴于支付服务的专业性和安全性要求等，申请人还应符合组织机构、内控制度、风控措施、营业场所等方面的规定。

(2) 审批流程

根据《中华人民共和国行政许可法》及其实施办法和《中国人民银行行政许可实施办法》的规定等，《办法》规定《支付业务许可证》的主要审批流程如下。

①申请人向所在地中国人民银行分支机构提交申请资料。

书面申请，载明申请人的名称、住所、注册资本、组织机构设置、拟申请支付业务等；公司营业执照（副本）复印件；公司章程验资证明；经会计师事务所审计的财务会计报告；支付业务可行性研究报告；反洗钱措施验收材料；技术安全检测认证证明；高级管理人员的履历材料；申请人及其高级管理人员的无犯罪记录证明材料；主要出资人的相关材料；申请资料真实性声明。

申请人应当在收到受理通知后按规定公告下列事项：申请人的注册资本及股权结构；主要出资人的名单、持股比例及其财务状况；拟申请的支付业务申请人的营业场所；支付业务设施的技术安全检测认证证明。

②申请符合要求的，中国人民银行分支机构依法予以受理，并将初审意见和申请资料报送中国人民银行总行。

③中国人民银行总行根据各分支机构的审查意见及社会监督反馈信息等，对申请资料进行审核。准予成为支付机构的，中国人民银行总行依法颁发《支付业务许可证》，并予以公告。

《支付业务许可证》自颁发之日起，有效期5年。支付机构拟于《支付业务许可证》期满后继续从事支付业务的，应当在期满前6个月内向所在地中国人民银行分支机构提出续展申请。中国人民银行准予续展的，每次续展的有效期为5年。

3. 对客户备付金的保护措施

支付机构可以自主确定其所从事的支付业务是否接受客户备付金。客户备付金是指客户自愿委托支付机构保管的、只能用于办理客户委托的支付业务的货币资金。

《办法》在客户备付金保护措施方面做出了以下规定。

(1) 明确备付金的性质

支付机构接受的客户备付金不属于支付机构的自有财产。支付机构只能根据客户发起的支付指令转移备付金。禁止支付机构以任何形式挪用客户备付金。

(2) 限定备付金的持有形式

第一，支付机构必须选择商业银行作为备付金存管银行，专户存放接受的客户备付金。第二，支付机构只能在同一家商业银行专户存放客户备付金。第三，支付机构的分公司不能自行开立备付金专用存款账户。

(3) 强调商业银行的协作监督责任

商业银行作为备付金存管银行，应当对存放在本机构的客户备付金的使用情况进行监督，并有权对支付机构违反规定使用客户备付金的申请或指令予以拒绝。支付机构拟调整不同备付金专用存款账户的头寸时，必须经其备付金存管银行的法人机构复核。

(4) 突出人民银行的法定监管职责

支付机构和备付金存管银行应分别按规定向中国人民银行报送备付金存管协议、备付金专用存款账户及客户备付金的存管或使用情况等信息资料。中国人民银行将依法对支付机构的客户备付金专用存款账户及相关账户等进行现场检查。

4. 实名制管理

该《办法》规定，支付机构应当按规定核对客户有效身份证明文件，并登记客户身份基本信息。众所周知，预付卡的一个主要用途在于无记名购买后作为礼品卡馈赠他人使用，如果要进行记名才可购买，相信购买人定会三思而行。

中纪委在 2003 年发文禁止发行新的预付卡、代付券，强令所有已发行的预付卡在半年内使用完毕。当年上海联华超市紧急进了一批进口手表等名贵物品才应对住持卡人旺盛的购买需求，蔚为奇观。后来预付卡还是逐渐开禁，到今日又泛滥成灾。今日央行的管理举措更加市场化，也更加高明，客户备付金管理与实名制管理非常精准地抓住了预付卡市场需求的七寸要害，相信能够立竿见影地促使预付卡市场大幅萎缩。

知识回顾

由于我国电子商务法制建设处于起步阶段，真正意义上的、完备的电子商务立法体系还没有建立。为了确保我国电子商务的健康与自由发展，电子商务法律体系应当在以几部具有指导意义的商务法律为支撑、以其他相关法律为配合的法律环境下自由发展。本节介绍了我国已出台并具有基础性质的电子商务法律，如《中华人民共和国电子签名法》、《电子认证服务管理办法》、《中华人民共和国合同法》等。

拓展训练

技能训练 8-1 通过 Internet 登录中国建设银行，通过网上个人银行服务查询自己账户的款项收支情况。

技能训练 8-2 通过 Internet 登录中国建设银行，申请终止网上个人银行服务。

第4篇

做一做电子商务

项目 9

跨境电子商务

案例引入

全球速卖通是阿里巴巴旗下面向全球市场打造的在线交易平台，被广大卖家称为国际版“淘宝”。

像淘宝一样，把“宝贝”编辑成在线信息，通过速卖通平台发布到海外。类似国内的发货流程，通过国际快递，将“宝贝”运输到买家手上，就这样，轻轻松松与220多个国家和地区的买家达成交易。

速卖通于2010年4月上线，经过多年的迅猛发展，目前已经覆盖220多个国家和地区的海外买家，每天海外买家的流量已经超过5000万，最高峰值达到1亿；已经成为全球最大的跨境交易平台之一。但由于多国为了保护本国电商，限制或禁止本国人员跨境网购。在2014年“双11”速卖通当天成交680万个订单，比上年增长60%，截至美国太平洋时间11月11日24点，速卖通订单最多的国家和地区包括俄罗斯联邦、巴西、以色列、西班牙、白俄罗斯、美国、加拿大、乌克兰、法国、捷克共和国、英国，订单总量超680万个。

全球速卖通覆盖3C、服装、家居、饰品等共30个一级行业类目；其中优势行业主要有：服装服饰、手机通信、鞋包、美容健康、珠宝手表、消费电子、电脑网络、家居、汽车摩托车配件、灯具等。

从速卖通成功案例中我们可以得到以下启示：

1）跨境电子商务作为推动经济一体化、贸易全球化的技术基础，具有非常重要的战略意义；

2）跨境电子商务不仅冲破了国家间的障碍，使国际贸易走向无国界贸易，同时它也正在引起世界经济贸易的巨大变革；

3）对企业或消费者来说，了解跨境电子商务很有必要，极大地拓宽了进入国际市场的路径，也非常容易地获取其他国家的信息并买到物美价廉的商品。

任务 9.1 跨境电子商务的认知

任务介绍

小李毕业被分配到一个外贸企业，为了适应企业跨境电子商务工作岗位，小李首先学习跨境电子商务的相关知识，了解跨境电子商务的发展状况。

相关知识

随着因特网（Internet）在全球的迅猛发展，应用网络进行信息沟通、在线业务处理、通信传递、商务交易等活动越来越多了。Internet 成为新的传播媒体——数字媒体。美观实用、功能完善的网站成了越来越多企业进行产品宣传、在线销售、远程管理的重要工具。

9.1.1 我国跨境电商发展的现状

1. 跨境电商已形成一定规模

近年来，跨境电商逐渐崭露头角。据中国电子商务研究中心监测数据显示，2013 年在我国进出口总值 4.2 万亿美元中跨境电商交易额约 3.1 万亿元(约 5057 亿美元)，2008—2013 年复合年均增长率高达 31.1%，成为我国对外贸易新的增长点。我国境内通过各类电子商务平台开展跨境电商业务的外资企业已有 20 多万家，跨境电商平台企业达 5000 多家。每年有近 4 亿个快递包裹通过跨境电商和物流出口，有 10 亿多件商品通过跨境电子商务销往世界各地，参与的企业数量和规模继续增长。

国内相关机构、中小企业开始意识到，无论是成长性、市场潜力还是对全球电商的影响力，我国的跨境电商服务都具是很亮的看点，已处于全球领先位置。

2. 跨境交易平台日趋成熟

经过几年的创新和发展，我国跨境电商平台逐渐形成了比较成熟的集交易、支付、物流、服务甚至融资于一体的网络外销系统，形成了一个流畅简易的销售供应链，商品销往世界各地，物流、支付、退货、纠纷等烦琐问题也都逐渐得到解决。例如，我们不仅采用了维萨卡、万事达卡、Moneybookers、西部联盟等全球通用的付款方式，还使用 30 多种其他国家的不同在线支付工具，使买卖双方得以顺畅交易，极大地降低了支付成本，增加了支付的安全性。这样完整系统的电商解决方案即使在发达国家都屈指可数，而在我国有了系统的解决方案，可以说我国在跨境电商领域已明显领先，成为世界上极具优势的行业。

3．政府给予高度重视

我国跨境电商的快速发展离不开政府提供的利好政策。自 2013 年 8 月，我国商务部等部门和机构先后公布了《关于实施支持跨境电子商务零售出口有关政策的意见》等文件，明确规定要在商品通关、商品检验、税收、外汇买卖、货款支付和信用等六个方面支持我国跨境电商的发展；我国财政部、国税总局也联合发布通知，明确跨境电商零售出口税收优惠等相关政策；国务院颁布了《关于支持外贸稳定增长的若干意见》，鼓励和支持中国企业在海外设立批发和展示中心、建立“海外仓”等国际营销网络；我国海关也将其纳入了监管系统。上述政策在已开展跨境贸易电子商务通关服务试点的上海、重庆、杭州、宁波等 30 个城市试行。

9.1.2 制约我国跨境电商发展的因素

随着信息技术的发展和经济全球化的不断深入，跨境电商在一国对外贸易中的地位和作用日显突出。我国政府和企业都给予了高度重视，跨境电商业务有了极大发展。但在其发展过程中，还面临质量、产权、通关、支付、信用、物流和政策等一系列问题，这些问题制约了外贸跨境电商的迅速发展，也让很多企业望而却步。

1．商品质量参差不齐

参差不齐的商品质量是跨境电商面临的一大问题。一次糟糕的线上购物体验，很容易让境外消费者对所购买产品及相应的电商平台失望。据了解，供应商的假冒伪劣及产品质量问题对跨境电商影响很大，仿冒产品或信用欺诈事件使跨境电商的信用及安全问题十分令人担忧。因此，跨境电商不仅要注重自身产品质量问题，必要时可邀请第三方来为产品做担保，用物美价廉的商品、优质和诚信的服务去获取消费者的好评，赢得信誉和口碑，提升营业额和市场占有率。

2．侵权行为时有发生

在跨境电商平台上，违反知识产权、销售假冒产品等现象时有发生，欺诈等违法行为也屡见不鲜，此种行为极大地破坏了跨境电商平台的公信力，不利于平台获得长期客户。同时，还存在消费者权益得不到应有的保护、安全隐患较大、售后服务不完善等问题。国外的跨境电商一般都设在中国境外，消费者的权益受到侵害时很难进行有效的维权和保护。

加上跨境电商交易方式的特殊性、交易主体的多元性和交易信息的不对称性，交易中很容易涉及违禁品甚至危险品，从而给社会稳定带来一定隐患，也给海关等监管部门的监管带来很大难度，对反恐维稳也构成了新的挑战。

3. 通关不畅

尽管我国商务部发布了对跨境电商零售出口的相关支持政策，但对于迅猛发展的跨境电商仍存在诸多壁垒，如复杂的通关手续和税收等问题。由于诸多中小跨境电商无法获得正规的进货发票，无法提供与海关要求相匹配的报关清单，也自然就无法享受到退税的优惠。此外，在跨境物流、商品退换货等问题上，也因通关问题受到阻碍。因此，在包括报关、通关、报检、外汇结算、退税等方面还亟待加强和完善，以适应跨境电商发展的形势。

4. 支付和交易安全存在风险

跨境电商虽然给交易双方带来了不少便利，但由于它是一个不断发展和完善的新市场，在制度上并不十分规范，尤其是资金支付与回笼风险最为明显，支付和交易风险成为部分企业和消费者拒绝跨境电商的重要原因。

5. 信用调查和争端处理难度较大

由于跨境电商的买卖双方分别处于不同的国家，在语言、文化、时间、沟通方式、购物习惯、付款方式和销售习惯等方面存在较大差异，尤其是买卖双方的信息严重不对称。一方面，国外顾客下单前对商品的真实质量并不能充分了解，对企业或卖方的信用等无法做出准确判断；另一方面，卖家也很难对国外客户的消费能力和资信做出准确评价，很可能导致卖家损失物流费用和资金手续费，甚至钱货两空。

6. 物流成为跨境电商的瓶颈

连通买家和卖家的物流是制约跨境电商发展的重要短板。跨境电商订单小、频率高、费用贵、物流周期长、退换货麻烦、结汇烦琐、退缴税难，加上各种海关查扣、快递拒收等不确定因素，使跨境电商的缺点非常明显，长期下去必定会限制卖家的扩张和发展。即使是使用航空快递，其跨境物流的成本也十分昂贵。不合理的跨境物流系统、不完善的物流基础设施等都束缚着跨境电商的发展。商品的集中、包装、仓储、配送及分拨等环节效率低下，无法满足日益增长的跨境电商业务需要。

7. 管理政策亟待完善

虽然利好政策在持续，但仍存在缺陷。例如，跨境电商既非明显的服务贸易也非明显的货物贸易，对其所涉及的外汇交易归属管理难以规范。此外，对交易主体的市场准入和支付机构外汇管理与监管职责等问题也存在缺陷，对交易真实性难以审核，国际收支申报存在困难，加之外汇备付金账户管理缺失等操作瓶颈，这些都需要进一步完善。

综上所述，尽管我国的跨境电商近年来发展很快，但跨境电商的服务平台、支付、物流、商务运营等还存在较大不足，市场主体还不十分成熟，产业链的集群协同效果不明显，需要产业界不断地进行创新才能满足跨境电商服务业的发展。

9.1.3 发展我国跨境电商的对策

我国跨境电商虽然有“中国制造”的优势和机遇，但同时也面临着通关、物流和支付等问题。跨境电商要取得成功，需要政府和企业共同努力，找出一份更加完整和系统的解决方案。

1. 政府加强对跨境电商的监管和支持

1）不断完善相关法律法规。我国应完善相关法律制度，规范跨境电商企业行为。提高侵权行为的代价和赔偿标准，提供相关法律的咨询服务，加强知识产权管理部门之间的合作，引进第三方服务性机构，建设良好的交易环境，保障跨境电商交易商品的质量和商家的信誉。

2）加强对跨境电商的管理。我国应明确跨境电商的定位，建立和完善有利于跨境电商发展的监管制度；开发统一的跨境电商平台，将海关、跨境电商、支付和物流实现有效对接，使跨境电商在海关的监管下实现规范化发展。

3）做好规划引导工作。政府部门应尽力帮助企业更多地了解海外需求，正确引导企业生产符合市场需求的产品，避免企业陷入价格战，结合我国现状制定一套完善的跨境电商规划计划，积极帮助企业发掘新市场，及时反馈当地的消费需求和市场容量。此外，为解决跨境电商发展面临的瓶颈，应建立跨境电商主体资格登记和支付机构结售汇市场准入制度，并适时出台跨境电商及支付外汇管理办法，有效统计与监测跨境电商外汇收支数据，明确规范国际收支统计申报主体和申报方式，规范外汇备付金管理。

4）加大基础设施建设。加大对跨境电商企业技术改造和产业升级的扶持力度，大力支持电商企业进行自主创新，创建网商品牌，建立网商园，进一步建设跨境电商孵化园、跨境电商促进中心基地，在企业的跨境电商能力、人才培养等各种配套服务方面提供支援。例如，鼓励高校对电子商务、国际物流和跨国管理等方面人才的培养，对在校大学生进行跨境电商创业指导并培养创业技能，加大资金投入，通过教育和培养帮助，提升跨境电商企业的能力、实现转型，促进跨境电商的快速、健康发展。

5）加强国际合作。中国要加强同其他国家的合作，积极参加相关国际组织和项目谈判，探索促进全球跨境电商发展与监管的对策，建立关税优惠、税收优惠和数据安全等方面的谈判和协调机制，更好地促进跨境电商的健康发展。

2. 企业要不断增强竞争力

1）树立品牌意识。企业要注重品牌化和优质化，增强产品竞争力，品牌化经营和管理是企业转型升级的必然选择。我国跨境电商要加大创新，彻底摆脱商品的模仿和同质化现象，以诚信和优质服务来赢得国外消费者的信赖，积极提升产品质量，发展差异化产品，追求产品多样性，逐步将“中国制造”升级为“中国创造”，借助相关电商平台，拓宽跨境营销渠道，加强客户管理，打造自己的品牌。

2）降低跨境物流成本。降低跨境物流成本就要着重解决物流不畅的问题，建设新的物流配送中心，尽力缩短配送时间。例如，在海外建立自己的仓储基地，“海外仓”可改变跨境电商出口产业的物流生态，当境外买家提出需求时，第一时间做出快速反应，实现本地发货，提高消费者的商品点击率，提升销售速度。同时，对海外建仓要有规范的管理和有效的运作，对热销产品做好提前预警，正确处理物流和库存问题，避免断货造成的客户流失；或是在国内口岸地区建立专门的跨境物流中心，引进优质国际货运代理企业，降低物流成本。

3）做好国外市场调研、解决支付安全问题。由于跨境电商的消费者分布在世界各地，社会制度、经济水平、风俗习惯和购买偏好迥异。在进入市场前，跨境电商要做好对目标市场的调查研究，熟悉所在国家的法律法规、语言和文化，熟悉当地人群的购物偏好和习惯，从而更好地规避损失和经营风险。研究海外网购习惯，满足消费者喜欢用当地货币支付的习惯，建立直通海外的网络销售渠道，尤其是要重视对知识产权的研究并提高风险防范意识，采用多语言客户服务来维持消费者忠诚度等。

4）加强与当地企业的合作。与目标市场的企业建立稳定的伙伴关系，强化企业合作与分工，以便更好地了解和分析当地的商业环境和消费者偏好等。通过企业间的合作，相互交流，提高合作效应，加大商品的互补性，最大限度地避免恶性竞争。同时，要提高跨境电商企业的谈判能力和竞争优势，加大和网络销售企业与物流企业的合作和交流，以谋求更大的发展空间。此外，我国企业还要不断探索服务外包新模式。企业可根据自己的实际情况，选择将广告设计、跨境物流、管理信息系统编制或营销宣传等环节外包给专业服务商，也可建立直通海外的营销渠道，雇用目标市场的网店客服，以减少单独组建团队的成本，避免认知偏差，从而更加熟悉当地市场的购物习惯，满足其市场需求。

5）充分利用大数据。在国内销售成本激增、出口红利消失、同质竞争激烈和海量信息“泛滥”的情况下，企业可充分利用大数据的力量为跨境电商“导航”，开出“大数据分析下精准匹配”的药方，即通过对电商平台沉淀下来的海量信息进行有效精准分析来匹配自己的产品，甚至根据客户需求有针对性地推出相关产品，实现准确地找到买家、精准引入客流，生产适销对路的产品，以此来提升海外营销效果和竞争力。同时利用云营销服务，把企业产品信息推送至潜在用户那里，将大数据分析作为市场营销的重要手段。借助大数据的力量和信息优势来强化基于数据挖掘的精准营销，实现新的商业变革。

任务实施

（1）中国进出口贸易环境受国内外环境影响，进出口贸易增速放缓

2013 年，我国进出口贸易总额达到 25.8 万亿元，出口贸易及进口贸易增长率较 2012 年均有不同程度的提升。但可以看到，受世界经济复苏态势缓慢及国内劳动力价格上涨、人民币升值等成本要素上升和贸易摩擦加剧等因素影响，近两年来，我国外贸进出口总额均保持在 10%以下的增长。艾瑞分析认为，2014 年我国进出口贸易增速将继续保持稳中有增的态势，进出口贸易总额增幅有限。2005—2013 年中国进出口贸易总额变化情况如图 9.1 所示。

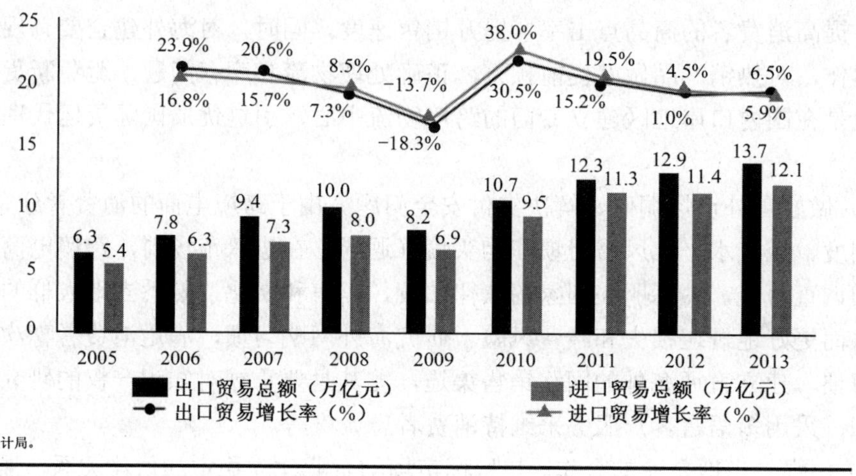

图 9.1　2005—2013 年中国进出口贸易总额变化情况

（2）中国进出口贸易环境

在当前复杂严峻的外贸形势下，传统的外贸模式存在过度依赖传统销售、买家需求封闭、订单周期长、利润空间低等问题，这些问题更制约着中小企业进出口贸易的发展。而跨境电商作为基于互联网的运营模式，正在重塑中小企业国际贸易链条。跨境电商打破了传统外贸模式下国外渠道如进口商、批发商、分销商甚至零售商的垄断，使得企业可以直接面对个体批发商、零售商，甚至是直接的消费者，有效减少了贸易中间环节和商品流转成本，节省的中间环节成本为企业获利能力提升及消费者获得实惠提供了可能。2012 年之前传统外贸和传统制造业企业基本没有进入电商行业。在 2013 年左右，很多传统企业开始进入这一领域，跨境电商逐渐受到传统企业的重视，成为传统企业发展的重要选择。

（3）中国跨境电商政策发展历程

跨境电商政策的支持力度不断加大，利好政策全面铺展。中国跨境电商的发展情况如图 9.2 所示。

图 9.2　中国跨境电商的发展情况

(4) 中国跨境电商政策环境

从目前通过跨境电商方式成交的商品看，现在跨境电子商务成交的商品，主要是通过三种方式跨越国界进出境的。

1）货物方式通关：我国进出口企业与外国批发商和零售商通过互联网线上进行产品展示和交易，线下按一般贸易完成货物进出口，即跨境电子商务的企业对企业进出口，本质上仍属传统贸易，该部分以货物贸易方式进出境的商品，已经全部纳入海关贸易统计。此外有一些通过创建电子平台为外贸企业提供进出口服务的公司，如深圳的一达通，实现中小企业商品进出口，在实际过境过程中都向海关进行申报，海关全部纳入贸易统计。以货物方式通关的商品，由于是按传统的一般贸易方式完成的货物进出口，在通关商检、结汇及退税等方面运作相对成熟和规范。

2）快件方式通关：跨境电商成交的商品通过快件的方式运输进境或出境。海关总署通过对国内 5 家最大的快件公司进行调查显示，其中 95%以上的快件商品是按照进出口货物向海关进行报关的，海关纳入货物统计范畴内；仅有不到 5%的比例是按照个人自用物品向海关申报的，根据现行海关统计相关制度，这部分暂时还没有纳入海关贸易统计。

3）邮件方式通关：通过邮局的邮政渠道，邮寄进出口跨境电子商务成交商品。这部分主要是消费者所购买的日常消费用品，供自用。按照我国的海关法和国务院颁布的《海关统计条例》的规定，个人自用的商品在合理数量范围内实行建议报关制度，不纳入海关统计。随着跨境电子商务的发展，贸易碎片化的现象越来越明显，过去传统贸易中有一部分通过碎片化方式转移到跨境电商，通过邮件、快件的方式进出境。海关总署正在研究完善统计制度，将来在制度完善的基础上纳入贸易统计。

从跨境电子商务贸易方式看，各种贸易方式下的通关方式存在一定的差异，具体情况如下。

1）跨境电商 B2B 出口：在规模化方式出口的情况下，按货物方式进行的一般贸易出口本质上仍属于传统贸易，流程规范，运作相对成熟；在碎片化方式出口的情况下，按快件及邮件方式出境，很难拿到海关正式报关单，在通关安检、结汇及退税方面存在问题。

2）跨境电商 B2B 进口：从跨境电商 B2B 方面看，跨境电商 B2B 进口与跨境电商 B2B 出口整体情况基本一致。在规模化方式进口的情况下，按货物方式进行的一般贸易进口本质上仍属于传统贸易，流程规范，运作相对也较成熟；在碎片化方式进口的情况下，按快件及邮件方式入境，很难拿到海关正式报关单，在通关安检、结汇及退税方面也存在问题。

3）跨境电商 B2C 出口：由于主要面对海外消费者，订单额较小，频率高，一般采用快件和邮寄的方式出境，暂时未纳入海关货物监管中，在通关商检、结汇及退税方面存在问题。

4）跨境电商 B2C 进口：快件及邮件方式入境，主要是国内消费者购买的日常消费用品，用作个人自用，不纳入海关统计。由于国内消费者对海外商品需求旺盛，出现了“水客”、非法代购等问题，且目前按现行货物或物品方式监管可操作性较差，海关等部门也逐渐在规范和健全对这部分商品的监管。

(5) 中国跨境电商政策环境

试点城市：解决跨境电商中快件或邮件方式通关监管等问题。针对以快件或邮件方式通关的跨境贸易电子商务存在难以快速通关、规范结汇及退税等问题，海关总署组织有关示范城市开展跨境贸易电子商务服务试点工作，研究跨境电子商务相关基础信息标准规范、管理制度，提高通关管理和服务水平。

试点工作主要从两个方面进行创新：一是政策业务创新，探索适应跨境电子商务发展的管理制度；二是信息化手段创新，依托电子口岸协调机制和平台建设优势，实现口岸相关部门与电商、支付、物流等企业的业务协同及数据共享，解决跨境电子商务存在的问题。

2012 年 12 月，海关总署在郑州召开跨境贸易电子商务服务试点工作启动部署会，上海、重庆等 5 个试点城市成为承建单位，标志着跨境贸易电子商务服务试点工作的全面启动。2013 年 10 月，我国跨境电子商务城市试点开始在全国有条件的地方全面铺展。从试点城市特点来看，试点城市主要集中在物流集散地、口岸或产品生产地。

跨境电商试点城市共有四种可申报的业务模式，不同城市的业务试点模式范围有明显的限定。目前，国家海关总署明确可以做跨境电商进口试点的城市共有重庆、广州、上海等 6 个，其他获批的试点城市均只有出口试点的资格。中国跨境电商试点城市情况如图 9.3 所示。

中国跨境贸易电子商务服务试点城市审批情况

批次	批准时间	试点城市	审批单位
试点启动期	2012年	郑州、上海、重庆、杭州、宁波这5个城市	海关总署
全面铺展期	2013年-2014年	广州、深圳、苏州、青岛、长沙、平潭、银川、牡丹江、哈尔滨、烟台、西安、长春等十几个城市	海关总署

中国部分跨境贸易电子商务服务试点城市业务模式限定范围

代表城市	直购进口模式	保税进口模式	一般出口模式	保税出口模式
重庆	√	√	√	√
广州	√	√	√	√
上海	√	√	√	
宁波		√	√	
杭州	√	√	√	
郑州		√		√

图 9.3　中国跨境电商试点城市情况

任务 9.2　跨境电子商务第三方平台

任务介绍

小王所在的企业计划使产品打入国外市场，拓展产品的销售渠道，为企业带来更大的经济利益，小王要掌握和利用跨境电子商务的第三方平台，于是开始学习跨境电商企业平台业务操作。

相关知识

据商务部 2013 年数据显示，我国跨境电商平台企业超过 5000 家，境内通过各类平台开展跨境电子商务的企业已超过 20 万家。在众多国内国际跨境交易平台中，eBay、速卖通、亚马逊、敦煌网这四家的市场份额占到 80%以上，同时新的一批跨境电商平台也陆续搭建。最近“印尼中国商品网”“丹麦中国商品网”等精细化国家级的电子商务网站纷纷上线运行，想在跨境电子商务这块大蛋糕中占有一席之地。除了传统 PC 端购物模式外，随着移动互联网的迅速发展，移动购物也开始向传统跨境电商平台发起挑战，正在逐步改变人们的生活方式和消费观念。

下面将对市场占有率和知名度较高的几个跨境电商平台进行分析。

平台分析一：eBay

eBay 是在线交易平台的全球领先者，利用其强大的平台优势和旗下全球市场占有第一的支付工具 Paypal 为全球商家提供网上零售服务。通过 eBay 的全球平台，中国卖家的支付、语言、政策、品牌、物流等问题得到了很好的解决，同时在出口电商网络零售领域发挥自身优势，将产品销售到世界各国，直接面对亿万个消费者。中国卖家可通过 eBay 推广自有品牌，提升认可度。eBay 也帮助买卖双方削减中间环节，创造价格优势，降低运营成本。

eBay 对入驻其平台进行跨境电子商务交易的商家收取两项费用：一项是刊登费，即商家在 eBay 上刊登商品所收取的费用；另一项是成交费，即当交易成功时，会收取一定比例的佣金。

eBay 的优势：①品牌的国际影响力和全球市场覆盖率，健全的买家保障体系和 Paypal 支付的紧密合作；②在物流方面，eBay 联合第三方合作伙伴——中国邮政速递，为中国卖家提供便捷、快速、经济的国际 e 邮宝货运服务，并逐渐从美国、澳大利亚、德国等发达国家向俄罗斯等新兴市场延伸；③eBay 推出卖家保护政策，通过大数据技术及买家质量评估，强化对卖家的支持和保护，助力卖家业务的快速发展。

平台分析二：亚马逊

亚马逊以优质的仓储物流系统和售后服务体系闻名于世，除了自营业务外还对第三方卖家开放。根据卖家选择的服务不同，亚马逊采用不同的收费模式。卖家在亚马逊全球网站开店，亚马逊将收取平台月费和交易佣金，无交易则不收取交易佣金。选择亚马逊物流的卖家加收仓储和物流费用。自主配送的卖家选择的配送服务必须符合亚马逊对服务质量的相关要求。亚马逊的优势：①品牌国际影响力和优质的买家服务体系，以及领先的国际物流仓储服务；②亚马逊在北美市场提供 FBA 服务，能实现 2～3 天到货、最快次日送货，在欧洲市场，可以帮助卖家实现欧洲五国（英国、法国、德国、意大利、西班牙）的统一仓储和物流服务，并可配送欧盟其他国家，方便卖家向亚马逊欧洲网站的顾客提供本地化客户服务及快捷的送货服务；③亚马逊平台提供免费的站内推广服务，以及向消费者精准的商品推荐服务。

平台分析三：速卖通

速卖通是阿里巴巴旗下面向全球市场打造的在线交易平台，被广大卖家称为国际版“淘宝”。自 2010 年 4 月上线以来，经过多年的迅猛发展，目前已经覆盖 220 多个国家和地区的海外买家，每天海外买家的流量已经超过 5000 万。速卖通对成功交易收取 5%的手续费，不成功不收费，现正逐步向不同品类、不同支付方式、不同交易金额收取不同手续费比例的商业模式发展。目前速卖通是俄罗斯最受欢迎的跨境网购平台，交易额占俄罗斯跨境网购市场总值的 35%，紧随其后的是 eBay，所占的比例为 30%，亚马逊为 7.5%。

速卖通不仅拥有英文主站，还拥有俄语、葡语分站，并计划建立印尼分站，有向东南亚扩张的趋势。速卖通的优势：①平台交易手续费率低，和其他竞争对手相比有明显的优势；②丰富的淘宝商品资源，其淘代销功能卖家可非常方便地将淘宝商品一键卖向全球，速卖通为卖家提供一站式商品翻译、上架、支付、物流等服务；③可利用阿里巴巴国际站的知名度，再加上各大洲相关联盟站。

任务实施

1. eBay

输入 http://www.ebay.cn/网址，进入 eBay 的首页面，该网站是全球最大的国际贸易电子商务平台。eBay 网站的首页面如图 9.4 所示。

图 9.4 eBay 网站的首页面

2. 亚马逊平台

输入 http://www.amazon.cn/?tag=sogouhycnnav-23&ref=pz_ic_xmo_zone_Title 网址，进入亚马逊的首页面。亚马逊公司（Amazon）是美国最大的网络电子商务公司之一，亚马逊网站的首页如图 9.5 所示。

图 9.5 亚马逊网站的首页

3. 速卖通

输入 http://seller.aliexpress.com/网址，进入速卖通的首页面。速卖通是全球最大的在线外贸交易平台，是阿里巴巴旗下唯一面向全球市场打造的在线交易平台，被广大卖家称为国际版“淘宝”，速卖通的首页面如图 9.6 所示。

图 9.6　速卖通的首页面

知识回顾

该项目重点介绍了跨境电子商务的相关内容，讲述了目前常用的 eBay、亚马逊和速卖通三个跨境电子商务平台，分别针对三个平台进行了简要的介绍，使学生加深了对跨境电子商务的理解，同时也提高了跨境电子商务的操作技能。

拓展训练

技能训练 9-1　注册亚马逊网站会员，并在亚马逊网站上购买一种商品，将购买界面截图传给老师。

技能训练 9-2　在速卖通网站上购买一种商品，写出购买流程。

项目 10

网 上 创 业

案例引入

马云的创业经历

1988 年，马云从杭州师范学院外语系英语专业毕业，获文学学士学位，被分配到杭州电子工学院，任英文及国际贸易讲师。马云很快成为杭州优秀青年教师，发起西湖边上的第一个英语角，在杭州翻译界有名气。因此，很多人来请马云做翻译，马云做不过来，于 1992 年成立海博翻译社，请退休老师做翻译。马云还曾经销售过一年的医药产品，推销对象上至大医院、下至赤脚医生。

开始创业：1991 年，马云初次接触商业活动，创办海博翻译社。头一个月，收入 700 元，房租高达 2000 元。他于是利用转手小商品交易的方式，从广州、义乌等地进货，养活翻译社。1994 年海博持平，1995 年开始赚钱。海博翻译社赚钱之后，马云就没再管它。

1994 年年底，马云首次听说互联网；1995 年年初，他偶然去美国，首次接触到互联网。对计算机一窍不通的马云，在朋友的帮助和介绍下开始认识互联网。

1995 年 4 月，马云和妻子再加上一个朋友，凑了两万块钱，专门给企业做主页的杭州海博网络公司就这样开张了，网站取名“中国黄页”，成为中国最早的互联网公司之一。其后不到三年时间，他们利用该网站赚到了 500 万元。

1997 年，马云和他的团队在北京开发了外经贸部官方站点、网上中国商品交易市场、网上中国技术出口交易会、中国招商、网上广交会和中国外经贸等一系列国家级站点。

1999 年 3 月，马云正式辞去公职，和他的团队回杭州，以 50 万元人民币开始了新一轮创业，开发阿里巴巴网站。此时他意识到互联网产业界应重视和优先发展企业与企业间电子商务（B2B），而这种模式被称为“互联网的第四模式”。

1999 年 10 月和 2000 年 1 月，阿里巴巴两次共获得国际风险资金 2500 万美元。马云以“东方的智慧，西方的运作，全球的大市场”的经营管理理念，迅速招揽国际人才，全力开拓国际市场，同时培育国内电子商务市场，为中国企业尤其是中小企业迎接“入世”挑战构建一个完善的电子商务平台。

阿里巴巴网站持续为中国优秀的出口型生产企业提供在全球市场的“中国供应商”专业推广服务，帮助企业获取更多、更有价值的国际订单，并两次被美国权威财经杂志《福布斯》选为全球最佳B2B站点之一。

马云为完善整个电子商务体系，自2003年开始，先后创办了阿里巴巴、淘宝网、支付宝、阿里妈妈、天猫、一淘网、阿里云等国内电子商务知名品牌，马云也历任多家公司的重要角色，其中包括阿里巴巴集团董事局主席、软银集团董事、中国雅虎董事局主席、亚太经济合作组织（APEC）工商咨询委员会（ABAC）会员、杭州师范大学阿里巴巴商学院院长、华谊兄弟传媒集团董事、TNC（大自然保护协会）全球董事会董事、海博翻译社社长和全球生命科学突破奖基金会理事等职务。

阿里巴巴集团的成功，使马云多次获邀到全球著名的高等学府讲学，当中包括宾夕法尼亚大学的沃顿商学院、麻省理工学院、哈佛大学等。

从马云的创业成功案例中我们可以得到以下启示。

1）马云创业成功，很大一部分原因在于他坚持到底、永不言弃的精神，以及他的个人魅力。我们都知道，在马云创业还没成功之前就有好多朋友在他身边。

2）马云的成功给我们最大的启示是，一个人能否成功和他的学历没有多大关系，刚开始的残酷不等于永远的残酷，只要你相信所做的事情是对的，它有前景，别人怎么说是别人的事情，自己要清楚该怎么做，坚持下来就会成功！

任务10.1　淘宝网上创业

任务介绍

有句谚语是“磨刀不误砍柴工”，在淘宝网上开店之前一定要先做好网上开店的准备工作。一般来说需要准备联网的计算机、数码相机、电子邮箱、开通网上银行的银行卡等，还有网店的装修、货源的选择等环节。下面学习淘宝网上开店的整个流程。

相关知识

10.1.1　网上创业的优点

1．成本低

对网络创业者来说，如果不是开展很大的项目。起初所需要的资金并不是很多。也许一台计算机+ADSL+虚拟主机+一间小屋+人就可以开始了。网上开店可以接到订单和货款后再去进货，没有存货的压力，也不积压启动资金。

2．开展费用小

现在网络通信很发达。可以说只要有一条宽带，就解决了网络通信的大部分问题，可以节省很多的电话费。不需要租门面房、付昂贵的房租。在创业初期，没正式注册公司之前，也不必为税务问题而烦恼。

3．人员组成简单

很多创业者都是白手起家，一人包揽了所有职务。因为在初期基本上一个人就可以应付过来，不需要再为员工费用担心。

4．风险系数低

因为初期的投入并不高，创业者不必害怕失败的后果等。

5．利润丰厚

如果创业初期成功，之后就要沿着正确的发展道路走下去，一定要准确把握市场动态、竞争对手的发展趋向，及时调整发展战略，这样才能笑到最后。

6．价格优势

网上商店因为开店成本低，没有资金压力及库存积压，使得其价格比传统店铺要低得多，也保证了订单数量。

7．营业时间不受限制

不需要专人看守，24小时营业，因此网店店主比传统店铺的店主要潇洒得多。只要每天查看BBS和电子信箱，认真处理商业信件和咨询，及时更新信息，就可以正常营业了。网店不受地理位置影响，而传统店铺经营业绩与店面位置及大小密切相关。

8．交易不受距离限制

网上商店的顾客群是所有的上网人员，其覆盖面为全世界，不像传统店铺那样有辐射半径的限制。

10.1.2 网上创业的SWOT分析

1. SWOT分析模型概念

SWOT分析思想是由安索夫于1956年提出的（另一说法是安德鲁斯1965年最早提出的），后经韦里克、波特等人的发展而成为一个有用的战略分析方法。SWOT是由英文优势（Strength）、劣势（Weaknesses）、机会（Opportunities）、威胁（Treats）4个词的第一个英文字母构成的。该思想认为行业中存在着决定竞争规模和程度的五种力量，这五种力量综合起来影响着产业的吸引力。该思想是用来分析企业所在行业竞争特征的一种有效工具。在该模型中涉及的五种力量包括：新的竞争对手入侵、替代品的威胁、买方议价能力、卖方议价能力及现存竞争者之间的竞争。决定企业盈利能力首要的和根本的因素是产业的吸引力。

在此，利用该模型对网店行业进行综合分析，从而为网店经营者提供一些对策。网店SWOT模型图如图10.1所示。

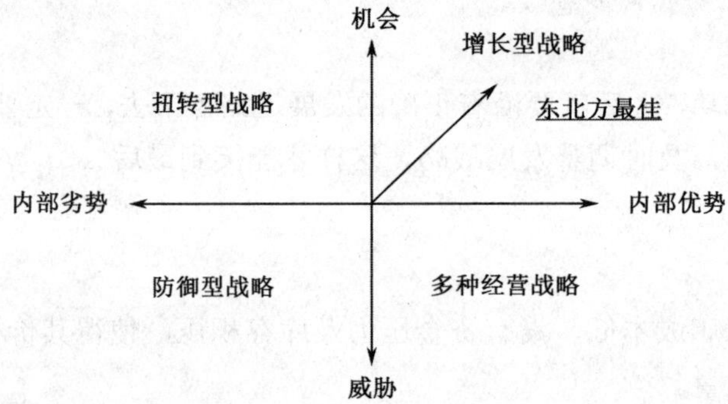

图10.1 网店SWOT模型图

2. 个人网上开店的SWOT综合分析

SWOT模型分析个人网上创业者，并帮助他们在激烈的竞争中生存下来。SWOT综合分析图如图10.2所示。

综上所述，对网店的管理需要从以下几方面入手。

首先，关注行业变化、关注淘宝政策及国家政策，从而调整营销对策。

在开网店前要做好充分的市场调研，拿出可行性方案后再执行。不要盲目跟从别人，特别是已经处于饱和状态的行业和产品。在选择好行业和产品后，预测其前景，关注其发展变化，特别是相应政策，这样才能够制定出网店的营销对策。

例如淘宝网的政策经常会发生变化，有趋势表明淘宝网可能会大力发展淘宝商城，那么相应政策也会倾斜于淘宝商城，这时就会对网店产生一定的影响，因此要经常关注淘宝政策，调整应对措施，避免淘宝政策变化带来的损失。

外部条件 / 内部条件	机会（Opportunities） 1．激增的网购大军； 2．良好的政策环境； 3．投资小、风险低	威胁（Treats） 1．同行业的激烈竞争； 2．大型 B2C 网上商城的竞争； 3．买方议价能力； 4．未来各种政策的不确定性
优势（Strength） 1．极大的创业激情和良好的团队协作； 2．良好的货源； 3．时间自由支配	SO 策略 抓住机遇，把握市场，发挥优势。 S1，S2，S3，O1，O2，O3	ST 策略 抓住商业本质——服务，同时规避来自大型商城和供应商的风险。 S1，S2，S3，T1，T2，T3，T4
劣势（Weaknesses） 1．开店时信誉低，流量小； 2．资金少，经验不足	WO 策略 从简单的做起，尽量提升信誉和流量。 W1，W2，O1，O2，O3	WT 策略 做好网店推广,加强生存能力，克服威胁。 W1，W2，T1，T2，T3，T4

图 10.2 SWOT 综合分析图

同时还要经常关注国家机关对网店的各种规范性政策，及时调整策略，避免这些政策带来的损失。

其次，做好服务，提高信誉，加强产品推广。

由于竞争残酷，而且网店都是直销，不可避免地会有价格战，但这并不是商业的本质，商业的本质是服务，这就要求我们做好服务，做好售前、售中和售后服务；同时还要加强产品的推广，可以做线上推广，也可以做线下推广，可以免费和收费同时进行，总之目的是加大自己网店的人气和流量。

第三，要集群，不要单兵；要持之以恒。

单打独斗是电子商务的大忌，所以要加强团队意识，哪怕是两个人，都要精诚合作；另外，要保持创业激情，保持良好的心态，勇于面对挫折和挑战，持之以恒才能创业成功。

任务实施

1．开网店前的准备

电子商务专业的小美决定在淘宝网上开网店了，专卖女装，这样不仅能穿漂亮的衣服，还能赚钱。小美随即跑了市里的几家服装批发市场，选了几款样品，还联系到了几家服装加工厂，并且谈妥了进货事宜。，并发布到网上去。

（1）首先申请一张银行卡，并且开通网上银行服务。

（2）准备一台联网的计算机，一台数码相机。

（3）申请一个 QQ 号，申请一个雅虎邮箱。

（4）选择合适的货源，并为商品拍照。

（5）对图片进行后期处理。

（6）登录淘宝网 http://www.taobao.com，注册淘宝用户。

2. 网上店铺的设置

由于小美准备得很充分，再加上在学校里学到的网上开店知识，在开店时省了不少力气，下面就是她开店的流程。

（1）注册成为淘宝会员

1）填写注册信息。

打开淘宝网免费注册页面，如图 10.3 所示。填写注册信息，如图 10.4 所示。

图 10.3　选择免费注册页面

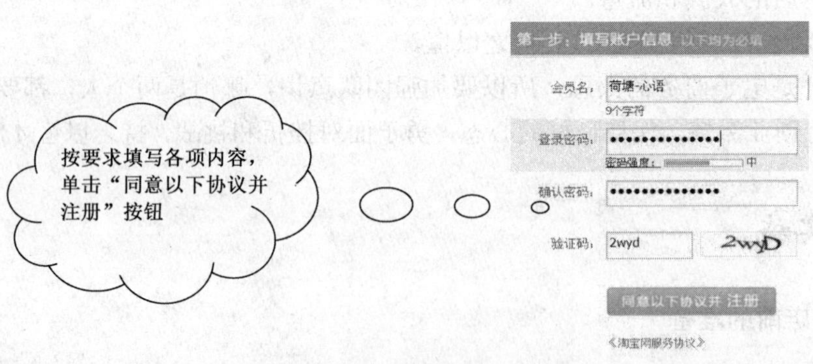

图 10.4　填写注册信息

2）使用邮箱验证和手机验证。

在弹出的验证页面，选择邮箱验证。输入常用邮箱号码及手机号码，验证码会发送到手机里，获取校验码界面如图 10.5 所示。

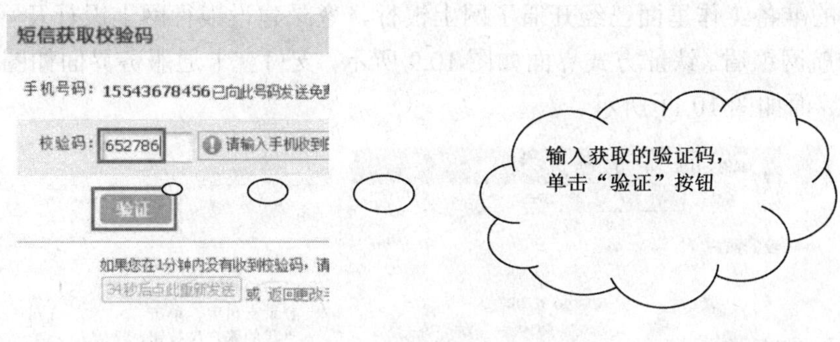

图 10.5　获取校验码界面

进入邮箱页面并找到验证信，完成注册。注册完成界面如图 10.6 所示。

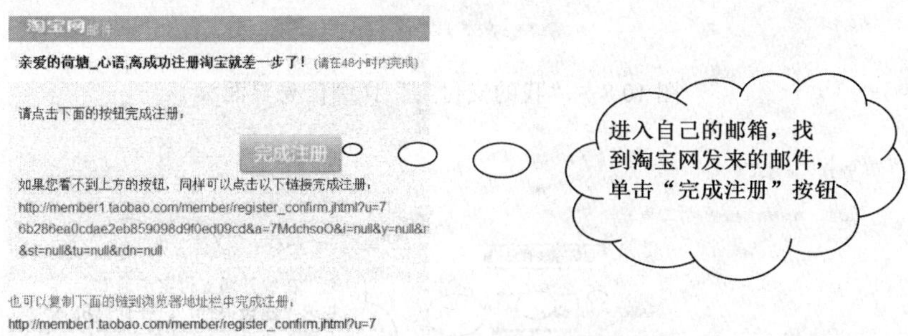

图 10.6　注册完成界面

完成注册后，将获得淘宝账户及支付宝账户（账号为邮箱账号，可以修改）。二者初始密码相同。

(2) 实名认证

1）登录支付宝，申请实名认证，登录支付宝界面如图 10.7 所示。

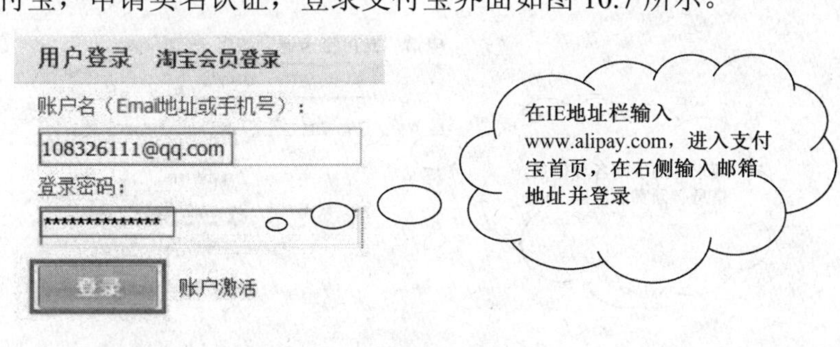

图 10.7　登录支付宝界面

在“补全账户信息”页面按要求详细填写各项信息，在支付宝页面，进入“我的账户”，申请实名认证。“我的支付宝”详细信息界面如图 10.8 所示。

2）申请支付宝卡通。

以在线开通支付宝卡通（推荐）为例进行实名认证，这里选择建设银行储蓄卡。注意，在开网店前的准备工作里面已经开通了网上银行，登录建设银行网上银行及网上交易时需要有 E 路护航网银盾。认证方式界面如图 10.9 所示，支付宝卡通服务界面如图 10.10 所示，E 付通授权界面如图 10.11 所示。

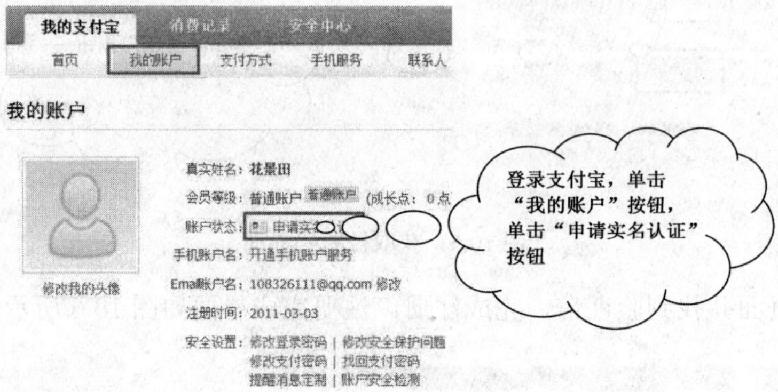

图 10.8　“我的支付宝”详细信息界面

图 10.9　认证方式界面

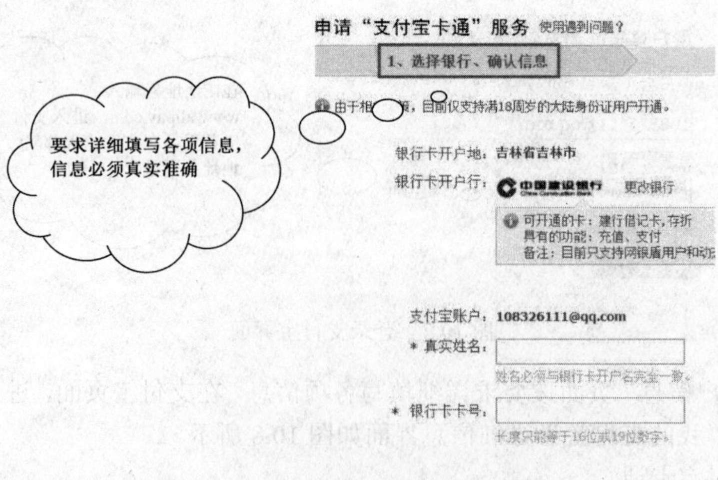

图 10.10　支付宝卡通服务界面

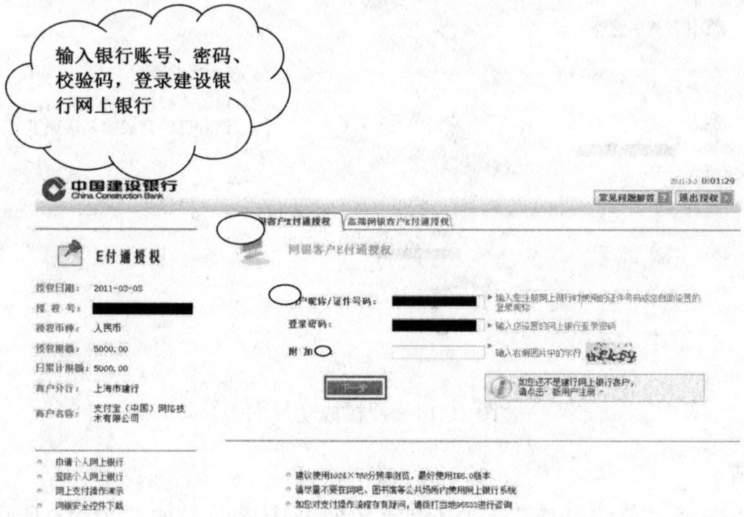

图 10.11　E 付通授权界面

3）授权并完成实名认证。

由于网上银行本身就是实名的，所以拥有网上银行的用户支付宝默认通过实名认证。授权确认界面如图 10.12 所示，中国建设银行网盾口令界面如图 10.13 所示，授权成功界面如图 10.14 所示。

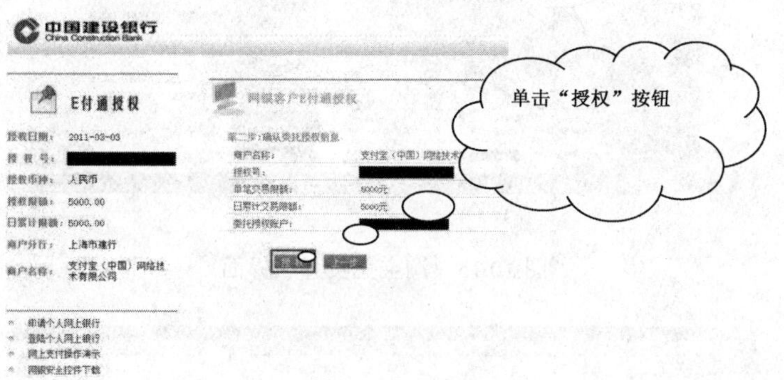

图 10.12　授权确认界面

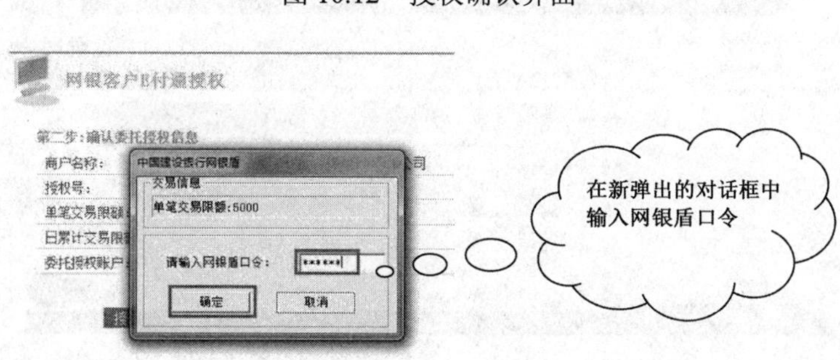

图 10.13　中国建设银行网盾口令界面

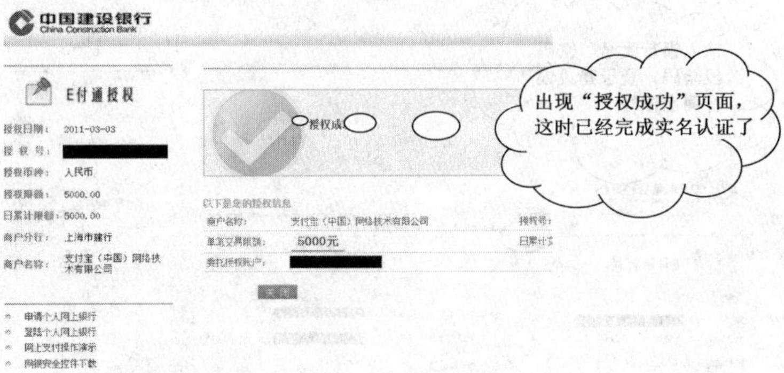

图 10.14　授权成功界面

（3）开店铺

在卖家中心选择“免费开店”，打开淘宝免费开店界面，如图 10.15 所示。免费开店注册界面如图 10.16 所示。

图 10.15　淘宝免费开店界面

图 10.16　免费开店注册界面

3. 发布宝贝

网店开起来了，又有了前面精心准备的图片，可以对网店进行布置。

发布宝贝。一口价发布宝贝，登录闲鱼网站页面，闲鱼首页面如图 10.17 所示。

图 10.17　闲鱼首页面

任务 10.2　网店的经营

任务介绍

本任务主要讲解商品交易流程及网店经营的常见技巧。

相关知识

10.2.1　商品交易流程

商品交易流程包括与顾客沟通、完成交易和信用评价。

1. 与顾客沟通

顾客在网络上浏览商品，难免会有一些问题要咨询商家。一旦顾客向商家做出咨询就说明该顾客已经有了明显的购买欲望了，那么这时就需要商家做好售前服务，及时耐心地为顾客解答问题，做好沟通。而这种沟通是需要一种载体来完成的，载体通常有：阿里旺旺、站内信、留言簿、MSN或QQ、E-mail及电话、短信、传真等。

阿里旺旺是一款即时多功能在线聊天工具，可以在淘宝网的主页下载，分为“买家版”和“卖家版”两种。可以实现在线交友、聊天，还可以登录“我的淘宝”网店，管理网店。

2．完成交易

买卖双方达成一致后，就可以进入交易流程了，淘宝交易方式主要是支付宝交易。当买家通过支付宝支付货款后，卖家可以登录支付宝查看支付信息，确认后完成交易。在任务实施部分将详细介绍支付宝的使用。

3．信用评价

淘宝的评价反映了网店的信用度。评价可以作为彼此交易的一个参考，一般评价高的店铺商品，服务和人气都不错。成功交易一件商品就能有一个评价，可以是好评、中评和差评。如果得了差评，卖家就会损失一些潜在的客户。可见评价的意义十分重大。

如果双方都没给出评价，系统不会自动给出评价，而如果有一方给出好评，则15天后系统会默认给另一方好评。

评价没有先后顺序，可以买家先评价，也可以卖家先评价。做网店都是重视评价的，所以有什么问题尽量和对方沟通好，问题不大或问题得以解决的情况下尽量给对方好评。

10.2.2 网店经营的常见技巧

网店经营的技巧有很多，这里只介绍几个常见的技巧。

1．店铺的个性化装修

网店商品以图片的方式展示，所谓“人在衣裳马在鞍”，优秀的装修设计更能吸引顾客的眼球，从而提升网店的形象。装修时可以做一些个性化设置，如设计店铺的风格、添加商品分类、添加背景音乐等。

网上有很多收费的装修设计项目，花一点钱来把店铺装修得漂漂亮亮还是很值得的。

2．商品拍卖

任何商品的销售和推广都需要成本，作为开店新手，更需要推广自己的店铺和商品。其中有一种推广手段是网店经营中最常见的，那就是商品拍卖。拍卖商品从店家自定义的最低起拍价开始竞拍，在拍卖结束前出价最高者拍到该商品。由于有很多顾客竞拍或者浏览该商品，因此拍卖能很好地提高店铺的人气，进而产生经济效益。

但是考虑到拍卖的商品一般都是低于正常售价的，多数都是亏本的，因此拍卖数量不宜过多，而且要综合考虑经济投入和广告效应的关系。在本节的任务实施阶段会有具体操作流程。

3．发表博客，论坛发帖、跟帖、回帖

博客推广是网络营销中常用的营销方法，可以在任何一家大型网站开通博客，然后撰写软文，推广自己的网店。

论坛推广也是网络营销中常用的营销方法，在淘宝社区有专门的论坛（也可以是其他大型论坛），可以在上面发一些好帖子，帖子本身不一定推广自己的网店，但是个人签名可以链接到网店，跟帖的人多了，网店的浏览量也就上来了。精华帖也是人气聚集的地方，可以跟帖和回帖。只要帖子论点独到新颖，自然会起到增加网店流量的效果。

4．QQ 推广

QQ 推广分为个性签名推广和 QQ 空间推广。

经常在 QQ 空间上发表一些网店的心得、本类商品市场情况及业界最新动态等，从而让 QQ 好友及时了解商品，增加网店的人气。

制作 QQ 相册，把网店的截图保存到 QQ 相册，网友浏览相册就相当于浏览网店。

建立几个群，或者多加入一些群，可以是买家群也可以是卖家群，在上面多和网友沟通，这些专业群更有利于推广自己的网店。

5．淘宝旺旺推广

加入几个活跃的淘宝旺旺群，如果旺旺群不活跃则没有用。除了群聊时适当做点广告以外，还有几个地方可以做文章，如旺旺头像可以做成店标、商品图片等；签名也很重要，可以在文辞上做一些修饰；还可以设置自动回复，自动回复一些让人感兴趣的话，这样就有可能留住顾客。

6．优化关键字

宝贝关键词设计得越合理就越能提高被搜索到的机会，宝贝是否能够被搜索到取决于宝贝的标题里是否含有关键字，以及关键字是否正确组合。

商品标题关键字：商品标题限定在 30 个汉字（60 字符）之内，在设计标题时要尽量包含品名、属性、信誉、促销、特色等。例如“特价春装新品 2011 新款春装韩版女复古长袖两件套甜美蕾丝连衣裙”就是一个不错的宝贝标题，这里面包含了很多信息，买家在搜索时任意组合这里面的几个关键字就可以搜索到该商品。

7. 橱窗推荐和宝贝上架时间

“橱窗推荐”商品在搜索结果中是优先的，而橱窗位是有限的，所以在安排推荐的时候一定要考虑好推荐哪些商品。

淘宝的默认排名制度是轮流坐庄制，也就是说剩余时间越少，排名越靠前。在发布宝贝的时候，宝贝有效期一定要选择 7 天。

一般情况下上网购物的高峰是每周的周六和周日晚上 6 点以后，考虑上面所说的“剩余时间越少，排名越靠前”，可以选择在周日的晚上 9 点上架，这样到下个周六晚上 6 点剩余时间就一天多，这样排名就靠前了。

任务实施

实例：商品拍卖。

为了提升网店人气，小美决定“割”一回肉：一元起拍，来个商品拍卖，就当是做了一次广告。

下面来看一下商品拍卖发布的流程。

1）首先在软件市场下载新版本的【淘宝闲鱼】或到淘宝助手下载。安装完成后打开闲鱼→【登录淘宝账号】，再单击【我要卖】按钮。

2）单击【摄像头添加图片】→【相册添加图片 或 新拍照片】。

3）接着在第一个输入框中填写标题，再填写转让价和原价格。然后向上滑动面页，设置其他参数。

4）接着单击【设置类目】→【使用情况】。在下方选择【全新 或 非全新】。

5）接着单击【交易方式】，在下方选择【在线 或者 同城交易】。

6）然后填写邮费和联系人等其他资料。单击【确认发布】按钮。

发布后可以返回个人中心查看已发布的宝贝和已卖出的宝贝详情。

知识扩展

网店营销——搜索引擎营销

下面介绍搜索引擎优化（Search Engine Optimization，SEO）和搜索引擎营销（Search Engine Marketing，SEM）。

搜索引擎营销是网络营销中最为重要的营销方法。

在网站搜索过程中，“第一屏”有着极其重要的作用，人们往往习惯于“第一屏”，而放弃继续翻“下一页”，因此，要想使自己的网站排名靠前，就需要做网站 SEO。

目前网站 SEO 都是收费的，而且价格也很高，从几千元到几万元甚至更高，但是，一旦网站 SEO 做得好，网站的流量也是惊人的，为此所带来的经济效益是巨大的。

1. 搜索引擎优化和搜索引擎营销的概念

搜索引擎优化（SEO）是一种利用搜索引擎来提高网站在搜索引擎内排名的方式。研究发现，搜索引擎的用户往往只留意搜索结果最靠前的几条信息。所谓“针对搜索引擎做最佳化的处理”就是指要让网站更容易被搜索引擎接受。

通过SEO这样一套基于搜索引擎的营销思路，为网站提供生态式的自我营销解决方案，让网站在行业内占据领先地位，从而获得品牌收益。

搜索引擎营销（SEM）就是根据用户使用搜索引擎的方式，利用用户检索信息的机会尽可能将营销信息传递给目标用户。简单来说，搜索引擎营销就是基于搜索引擎平台的网络营销。它利用人们对搜索引擎的依赖和使用习惯，在人们检索信息时尽可能将营销信息传递给目标客户。

2. 搜索引擎优化的方法

目前搜索引擎优化方法分为黑帽、白帽、灰帽三大类。

黑帽（black hat）采用搜索引擎禁止的方式优化网站，一般叫SEO作弊。它完全用作弊手段进行关键字排名，如隐藏文笔、链接工厂、桥页、跳页等。

白帽就是采用SEO的思维合理优化网站，提高用户体验，合理地与其他网站互联，从而使站点在搜索引擎排名上升。它属于正统的搜索引擎优化途径，也是搜索引擎厂商自身认可的手段。

其实所有搜索引擎都是由用户使用的，它们的目标是为用户找到所需要的内容。所以做搜索引擎优化的最高境界就是围绕用户进行研究，研究目标用户的搜索习惯、搜索用关键字，只有这样才能真正做好优化工作。

灰帽是介于前两者之间的一种方法。

3. 搜索引擎营销的常用手段

1）竞价排名就是网站付费后才能出现在搜索结果页面，付费越高者排名越靠前；竞价排名服务是由客户为自己的网页购买关键字排名，按点击计费的一种服务。客户可以通过调整每次点击付费价格来控制自己在特定关键字搜索结果中的排名；并可以通过设定不同的关键词捕捉到不同类型的目标访问者。

国内最流行的点击付费搜索引擎有百度、雅虎和Google。

2）购买关键词广告即在搜索结果页面显示广告内容，实现高级定位投放。用户可以根据需要更换关键词，相当于在不同页面轮换投放广告。

3）搜索引擎优化（SEO）就是通过对网站优化设计使网站在搜索结果中排名靠前。搜索引擎优化(SEO)又包括网站内容优化、关键词优化、外部链接优化、内部链接优化、代码优化、图片优化、搜索引擎登录等。

4. 搜索引擎优化和搜索引擎营销的最大不同

搜索引擎优化和搜索引擎营销最大的不同是最终目标不同：搜索引擎优化的对象主要是关键词排名、网站流量、网站结构、搜索引擎中页面收录的数据；搜索引擎营销是通过SEO技术为搜索引擎带来商业价值，策划和实施有效的网络营销方案，包括一系列的网站运营策略分析，对营销效果进行检测。

在网店的运营中，如果长期、专职做网店，不妨考虑开展搜索引擎营销，从而提高经济效益。

知识回顾

本项目通过在淘宝网上开店，理解了网上开店的概念、网上开店的流程及网店经营技巧，同时也运用了前面各章学到的知识，是电子商务学习的一次综合实训。

拓展训练

技能训练 10-1 网店的推广。

实训内容和要求如下。

(1) 设计网店 LOGO

LOGO 是链接其他网站的标志，LOGO 是网站形象的体现，因此设计一个好的 LOGO 能起到很好的宣传作用。

(2) 撰写软文

在电子商务网站的论坛上发表软文，可以通过软文来介绍、宣传自己的网店。

(3) 博客推广

在新浪网开通博客，把博客作为宣传产品的平台，用以提高网店的知名度和访问量。

技能训练 10-2 淘宝批发虚拟商品。

实训内容和要求如下。

网店的经营靠的是信誉，新手开店时是没有信誉的。要想快速积累信誉，选择虚拟商品是一个不错的主意。做虚拟商品的好处是会有人免费教你如何经营，风险低、冲钻快（积累信誉）；缺点是利润极低，甚至没有利润，另外订单较多，比较耽误时间。

当商家积累了一定信誉之后就可以考虑转向做实体生意。信誉有了，生意也就好做了。

(1) 学生分组，3～5 人一组。

(2) 在"店铺管理"找到"批发管理"并进入。

在搜索条上选择"批发"，输入虚拟产品的名称，如游戏点卡、Q 币、充值、软件等，然后挑选一款产品作为经营品种。

(3) 找好上家，虚心请教网店经营问题。

(4) 在尽量不赔本的情况下尽快把网店信誉做上去。

任务 10.3 微店创业

任务介绍

学习和分享网站建设技巧，正确认识建站 ABC，正确合理地使用建站 ABC 提供的栏目类型建设网站栏目，正确使用建站 ABC 的功能，在网站中发挥相应的企业网络营销功能。

相关知识

随着整个互联网经济的快速发展，以网络为传播平台的营销行业如雨后春笋般迅速壮大，其整体服务水平也呈现出阶梯式的增长，并诞生了以网络技术为基础的精准营销模式。微店是基于手机平台开发的网店，作为移动端的新型产物，具有很多优势，有很广阔的发展空间，是未来销售的一种渠道。

1. 微店的出现

过去的几十年时间，我们经历了一次又一次购物体验的创新。先是百货商场的出现，紧接着是各种大小型超市、专卖店，而现在，随着社会生活节奏加快，电子商务日趋发达，网络购物已经成了人们日常生活中必不可少的环节。

一些消费者平时工作繁忙，或生活琐事缠身，实在抽不出时间去商场；另一些消费者虽然有时间去商场，却因找不到自己中意的商品而只能失望而归；等等。这些信息往往不能得到很好的关注，作为商家也无法一一改变，每个消费者都有自己的购物理念和个性风格，如何留住忠实的消费者成为企业必须面临的难题。

在这种情况下，eFuture 微店率先打破这种单一渠道，开创了移动商超购物这一全新模式。只需用手指轻轻一点，消费者就可以随时随地关注商品动态，商家更可以在第一时间与顾客进行心贴心的沟通，了解他们的需求。

微店是有“体温”的个人商店，产品家族包括微店及微店员。其中，微店是针对消费者的购物软件。消费者使用微店可以查看附近百货商场或超市最新上架的商品、商品促销信息、广告等，也可以申请绑定该商场、超市的电子会员卡，会员卡积分可以随时查看，十分便捷，不用担心会员卡遗失等问题。另外还开设有优惠券功能，消费者在微店上可以及时收到各大商超的优惠打折信息。购物闲暇之余还能根据个人喜好用微店自定义一个专属于自己的个性化私人商店。微店员则是针对零售商店员的后台软件，商户店员使用它可以发布商品的优惠信息和促销信息；给自己的商品贴上经营标签，让消费者更加快速、便捷地发现商品；使用店员端还能直接给消费者发送消息，能更方便、更准确地将促销信息发送到消费者手上，实现一对一精准营销。

有了微店，消费者就可以在家轻松选购自己喜欢的商品。有了微店，店员就可以第一时间通知消费者店里现在有了适合他的商品。有了微店，老顾客将会发现自己的电子优惠券一栏里总是有许多老会员独享优惠券。有了微店，逢年过节时，消费者会惊喜地发现自己常去的商店早早准备好了节日礼品。微店的横空出世预示着全渠道零售时代已经到来。

2．微店的特点

1）微店是基于手机平台开发的网点，作为移动端的新型产物，任何人通过手机号码都可开通自己的店铺，开通微店完全免费，降低了开店的门槛。微店支持信用卡、储蓄卡、支付宝等多种方式付款，且无须开通网银，快捷又方便，是未来销售渠道的一种。微店上的商品信息可以直接转发到微信、QQ 上，让大家能够更直观地看到所销售的产品，让更多的人关注。微店强调的是粉丝经济，通过不断增加粉丝数量来扩大产品的销售规模。

2）微店管理简单易用，可以一键同步淘宝商品，随时随地地对商品进行分类、下架等，还可以随意置顶商品，让用户快速浏览到主推商品。

3）用户可以直接利用微店搜索栏搜索商品，快速找到某类微店，这时可以利用自动回复功能，这样用户就能快速收到答复，不会流失比较没有耐心等待的用户。还可以用自己独特的方式与用户进行有趣的互动，这样用户在聊天中购物，不会感觉枯燥乏味。

4）微店页面设置也是自定义的，可以选择自己心仪的装饰来装扮微店，以给用户留下深刻的印象。要以店铺设计来衬托商品，从而让用户聚焦在商品上，提高购买率。

5）微店的数据统计也尽在掌握之中，可以实时关注到粉丝增减的数据，以及每天有多少点击率，从而可以分析大部分用户的爱好，帮助微店提高销售量。

6）微店能带来更多的流量，它能让商品展示在最热门的互联网内容上，可以更快地进行网络推广，而且微店能展示在微店官方公众号上，通过官方推荐，有更多的用户可以直接进入店铺。

3．微店的发展前景

今天的消费者不是在一个渠道里面购物的，他们是全渠道（Omni-channel）购物者。他们可能到网店去买东西，如天猫、淘宝、亚马逊，同时他们也会到实体店去买东西。面对当下发展前景复杂的市场环境，以及应接不暇的新技术和理念的冲击，传统销售商们如何制定全渠道战略，使其成功落地并有效地创造更新的消费价值，是当下所有销售商关注的焦点。

微店的问世，以尽量低的代价帮助实体销售企业具备了全渠道的服务性能，它可以全天候地释放消费者无限量的消费潜能，尊重消费者并满足他们随时随地的购物需求。

微店是通过云商店把世界上的销售店铺连接起来的，包括实体店、网店、移动商店、社交商店，消费者可以在云商店自由选择和订阅喜欢的商店、品牌，把自己喜欢的品牌放到私人货架上；同时可以建立自己的个人购物清单，如家庭清单、太太清单。负责该品牌商的店员可以与订阅自己品牌或商品的粉丝直接建立对话，可以定期地在自己粉丝们微店的私人货架上摆放个性化的商品，对消费者进行推荐，让消费者在很短的时间内完成一次购物。

"逛超市，优惠券、钱包都可以不带，甚至根本无须到超市，只需在手机上下载一个微店 APP，就可以随时随地完成采购。"这样愉悦的购物体验已为越来越多的消费者所青睐。微店的出现让众多中小企业也可以具备将这种愉悦购物体验带给顾客的能力。APP 实现随时手机购物。在进入微店时，顾客只需要扫一下微店的二维码，即可轻松下载微店的 APP，顾客通过 APP 可以享受随时随地全程购物的乐趣。相信这种新的购物方式会很快在越来越多的企业得到推广。

在微店 APP 上，顾客不仅可以浏览门店销售的各类商品，还可以第一时间了解门店的促销商品信息，对于感兴趣但暂时不想购买的商品，顾客还可以将商品"收藏"起来，微店系统也会自动根据顾客平时的购买习惯和喜好适时推荐顾客感兴趣的商品、新品信息，真正实现让顾客随时随地都能方便地购买心仪的商品。

微店还可以通过社交的力量把人们连接起来，通过购物社交建立新的影响力，而不是销售商硬推给顾客。《连线》杂志有统计显示，消费者 72%的购物决定受家人或好友的影响。不管是在实体店还是网店，如果有朋友推荐，购买决心有 50%；如果有两个朋友、三个朋友同时推荐，购买决心就有 80%。新的购物社交时代到来了，通过购物社交，真正了解消费者的需求，通过他们的社交关系，真正地去提高零售的竞争力。

作为全球第一个连接消费者和销售商的社交购物平台，微店使我们的畅想落地成为一种可能。未来，微店将成为全世界消费者的移动购物平台，它是有体温的、个性化的、有色彩的、有性格的私人商店，它将赋予更多传统企业互联网基因，帮助消费者找到他们喜欢的商品，帮助他们聚合感情、分享生活，使消费成为人们的生活方式。

任务实施

目前微店的开设软件有多种，我们以"建站 ABC"为平台介绍手机网站的创建方法。

具体步骤如下。

1）打开 IE 浏览器，输入网址：http://www.ev123.net/，打开建站 ABC 的首页，如图 10.18 所示。

2）单击"免费注册开通"按钮，进入注册页面并填写信息。建站 ABC 的注册页面如图 10.19 所示。

图 10.18　建站 ABC 的首页

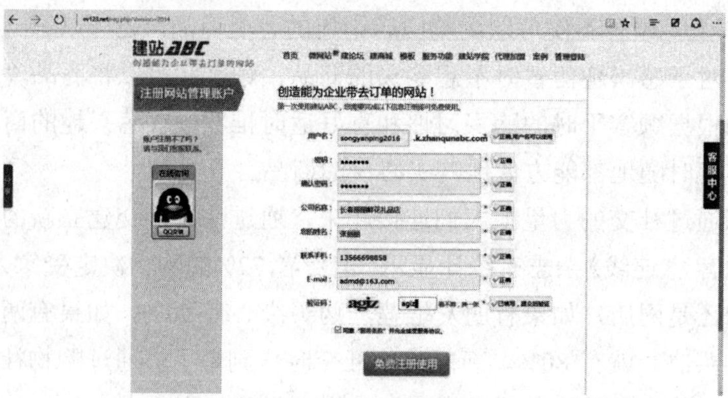

图 10.19　建站 ABC 的注册页面

3）表单填写完毕后，单击“下一步”按钮，进入“建站 ABC”的建站类型选择界面，建站 ABC 的编辑页面如图 10.20 所示。

图 10.20　建站 ABC 的编辑页面

4）单击手机网站中的“管理手机站”按钮，进入手机建站的微网站设置界面，选择微站模版。建站 ABC 的编辑页面如图 10.21 所示。

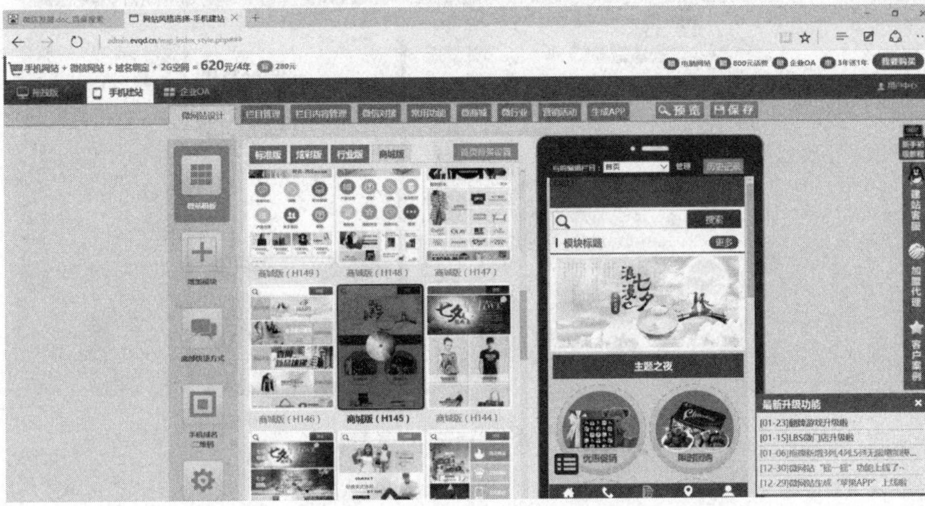

图 10.21　建站 ABC 的编辑页面

5）将鼠标移动到手机的界面中，将会出现操作提示。建站 ABC 的编辑页面如图 10.22 所示。

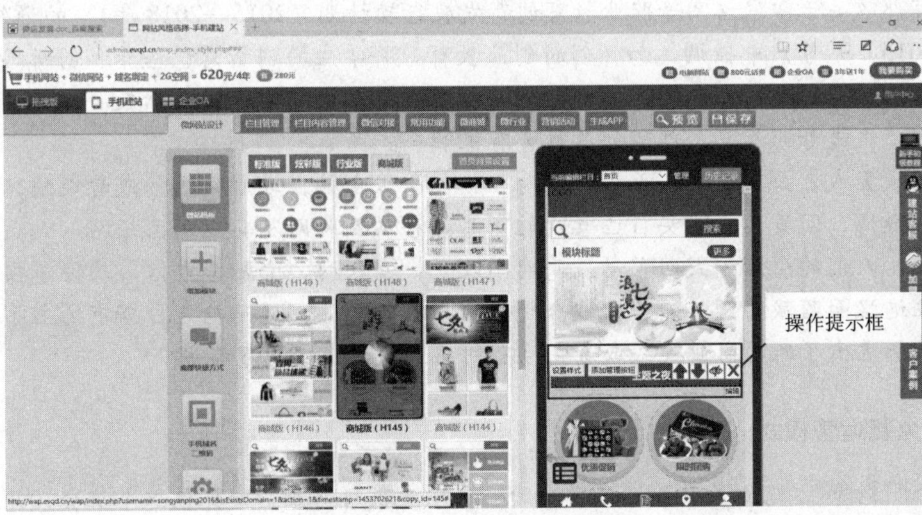

图 10.22　建站 ABC 的编辑页面

6）按照界面提示信息进行微站的设计操作。完成微站的设计工作后，可随时进行保存。单击“预览”按钮，出现手机网站二维码及网店的网址，使用手机微信进行二维码扫描，即可在手机中打开网店了，同时可将二维码及网址发到朋友圈中推广微店。建站 ABC 的保存页面如图 10.23 所示。

图 10.23 建站 ABC 的保存页面

知识扩展

移动互联网商业模式分析

教育部《关于印发〈高等职业教育创新发展行动计划（2015—2018 年）〉的通知》（教职成〔2015〕9 号）中强调：加强创新创业教育。将学生的创新意识培养和创新思维养成融入教育教学全过程，按照高质量创新创业教育的需要调配师资、改革教法、完善实践、因材施教，促进专业教育与创新创业教育有机融合。

在地铁里或者公交车上，无数人拿着手机、平板电脑，或看新闻，或看视频，或玩游戏，或刷微博、网页，或购买自己喜欢的商品。移动互联网及其应用已经深入大众生活的方方面面。人们的生活方式因移动互联网而改变，互联网、金融、电信、软件等相关企业都想抓住这里面蕴藏的商机，推出迎合现代人需求的产品，进而抢先占据市场主导地位，因此也就衍生出了新的商业模式或者在原有的商业模式上出现了革新。

1. 免费运营模式

对于“免费”，绝大多数人还是喜欢的。当今互联网企业紧紧抓住这个机会，开发出很多迎合用户需求的产品，迅速占有了相当规模的市场份额。在传统互联网时代，免费模式造就了腾讯 QQ、360 相关软件等产品乃至企业的成功。进入移动互联网后，这些企业亦是如此，将在 PC 端成功的经验运用到了移动端，在移动互联网上腾讯又开发出了用户以亿计的微信，360 也将 PC 相关产品嫁接到了移动端来，就连一直致力于服务手机的 UC 浏览器也以免费模式运行，最后都获得了巨大成功。

总体来看，运用免费的发展模式，虽然在公司创业初期开发产品需要花费大量的成本，也可能在后期失败，但是这在增加用户量，促进用户增长率提升，扩大市场份额，形成一定的商业规模是不可缺少的一步。有了用户，靠增值业务去创造收益，就拥有了企业发展的资本，有了企业发展的潜力和对市场的号召力。但是对于后期失败的一些产品的开发，应当吸取经验教训，注重创新，多去市场中进行调查分析，提升产品开发成功的可能性。

2. 平台模式

当今社会上比较流行的三大操作系统平台有苹果公司开发的iOS系统，有Google开发的Android系统，还有微软开发的Windows Phone系统，它们占据了市场的主导地位。但是为增加系统的产品吸引力，相应的企业又建立了基于本系统平台应用上的产品市场，如苹果公司提供的AppStore，Google提供的Play市场，国内的安卓、安智、91软件助手、豌豆荚、360手机软件等。以苹果公司为例，与其他互联网企业合作，鼓励企业开发APP，在AppStore平台上免费发布，为用户免费提供一些软件的下载服务。这靠的是软件的增值服务来赚取费用，如游戏充值、视频和音乐的付费下载等。又通过在AppStore上发布广告来赚取广告费，这样在增加iOS系统市场吸引力的同时，通过收益分成原则，苹果公司和合作商都会获得收益。

可以看出，开发出移动端的应用软件平台，也是开发盈利渠道的一种方式，虽然现在这一领域竞争特别激烈，但是各商家也应该尽力去争取。建立移动端的软件应用平台，也是维护其产品生态链的关键一步，软/硬件一体化是以后的发展方向。服务应当通过构建内容软件和硬件终端的生态，使得软件、服务和硬件终端都可以成为营收与利润的来源。

3. 新型电商模式——O2O模式

移动互联网可以为用户随时随地提供所需的服务、应用、信息和娱乐，同时满足用户及商家从众、安全、社交及自我实现的需求，深受用户的欢迎。移动电子商务发展得好坏，很重要的环节就是“二维码”和“O2O”模式。

O2O模式将用户消费行为看作服务链条，并提供整体支持。结合信息流、资金流、物流，实现了线上资源和线下资源的有序衔接，帮助客户实现完整的闭环体验，从而实现相应的价值回报。“二维码”就为O2O电商提供了接口和路径。目前百度地图、大众点评、微信等都是国内服务于这种模式的软件产品，它利用移动终端的LBS技术，为用户提供了一个良好的线上线下的闭环服务。当用户想寻找周边的娱乐、餐饮、住房和交通等服务时，只需要打开相应软件移动端的客户端即可，简单一搜，就可以看到评价、优惠、价格、设施等信息，还可以进行移动在线支付。O2O模式迎合用户需求，提供了一种良好的用户体验。

总体来说，O2O模式的关键就在于以在线的方式去吸引用户，而以线下的方式去让用户体验企业提供的服务或产品。这对线下服务提出了更高的要求。也就是说，此模式的实施对企业的线下能力是一个不小的挑战，线下能力在很大程度上决定了这个模式能否成功。而线下能力又是由线上的用户忠诚度决定的，所以提升本地化的服务水平，拥有大量优质用户资源，才能在O2O模式的竞争中占据相对有利的地位。

4. 开放合作模式

进入移动互联网时代，各产业、各企业的合作不断加强，一家企业解决所有业务流程的时代已经过去了。相关的业务都需要产业链的上下游及跨产业链相关企业的合作，这样才能把产品推向用户市场。由于不同产业、不同企业所掌握的优势资源有所差异且有限，移动互联网的应用和服务的提供离不开终端制造商、操作系统厂商、电信运营商和应用开发与服务提供者等众多环节。例如微信、QQ 离不开手机、手机操作系统和提供服务的运营商，而移动互联网应用的实现又离不开支付、物流和搜索等众多服务者的支持。所以产业链内的各个企业及产业链间有效地沟通和合作，才能使互联网应用更加丰富和完善。

总体来说，移动互联网时代各产业中的各个企业加强合作是必然的。相对于 iOS 操作系统来说，Google 的 Android 系统更开放。虽然苹果公司已经建立了除电信服务之外的所有环节的产品生态系统，但它是封闭的，其围墙式的发展也为业界所诟病，没有安卓系统更宽泛、更广域的应用空间。

为应对以上出现的新商业模式或者在原有模式上出现的革新，企业首先要注重创新。在产品上注重提升用户价值，分析市场环境，发现客户的潜在需求，推进产品创新，打造独特的产品和服务。例如宜搜，主要解决用户出门在外时的碎片化需求，给客户提供一个生活全方位覆盖的移动搜索引擎。另外，还应明确自己在产业链的地位，加强与上下游企业的合作，走产品差异化道路，推出多元化的产品。

知识回顾

本项目通过微店的开设，使学生提高个人网上创业的能力。详细描述了开店的流程、网店的装修及网店的管理。讲述了比较流行的微店开设方法。同时也运用了前面各章所学到的一些知识，本次任务也可以作为电子商务学习的一次综合实训。

参 考 文 献

[1] 方玲玉，李念. 电子商务基础与应用[M]. 北京：电子工业出版社，2011.

[2] 宋文官. 电子商务基础与实务[M]. 北京：人民邮电出版社，2007.

[3] 尹宏伟. 电子商务实务[M]. 北京: 化学工业出版社，2009.

[4] 相成久，齐新. 电子商务应用与运营[M]. 北京: 中国人民大学出版社，2010.

[5] 李荆洪. 电子商务概论. 2 版[M]. 北京：水利水电出版社，2007.

[6] 费名瑜. 电子商务概论[M]. 北京：高等教育出版社，2002.

[7] 陈月波. 电子商务概论[M]. 北京：交通大学出版社，2004.

[8] 岳云康. 电子商务实训教程[M]. 大连：东北财经大学出版社，2007.

[9] 杨坚争. 电子商务概论[M]. 北京：中国人民大学出版社，2007.

[10] 孟祥铭，汤倩慧. 中国跨境贸易电子商务发展现状与对策分析[J]. 沈阳工业大学学报，2014（2）：120-121.

[11] 荆林波，梁春晓. 中国电子商务服务业发展报告 No.2[M]. 社会科学文献出版社，2013.

[12] 鄂立彬. 国际贸易新方式：跨境电子商务的最新研究[J]. 东北财经大学学报，2014（2）.

[13] 程景伟. 跨境电商成外贸新宠再造“中国制造”优势［N]. 中国新闻网，2014-10-27.

[14] 我国跨境电商年交易额涨三成出口退税试点启动［N]. 人民日报，2014-10-21.

[15] 海关总署：以货物贸易方式进境的跨境电商商品已纳入统计[N]. 中国网，2014-10-13.

[16] 外贸企业试水跨境电商抢抓新兴贸易业态发展机遇［N]. 中国金融信息网，2014-10-21.

[17] 广州跨境电商通关“直购进口”模式启动［N]. 南方日报，2014-09-25.

[18] 电商巨头加紧布局跨境业务支付安全成制约瓶颈［N]. 人民日报，2014-10-28.

[19] 程宇，陈明森. 福建跨境电子商务发展机遇与对策[J]. 亚太经济，2014（5）.

[20] 跨境电商 5 亿包裹挑战传统监管［N］. 经济参考报，2014-10-10.

[21] 跨境电商亦陷价格乱局［N］. 温岭日报，2014-09-17.

[22] 朱恺. 我国跨境电商发展现状分析及相关建议[J]. 现代商业，2014（18）:65-66.

[23] 杨松，郭金良. 跨境电子支付服务风险监管法律问题研究[J].法治研究，2013(2): 64-70.

[24] Paypal 中国区业务总监. 跨境电商趋于本土化［N]. 新浪科技，2014-10-20.

[25] 王紫杰. 微店商业模式[M].北京：中国财富出版社，2013.

[26] 郭靓，徐辉，苏欣，等. 微营销[M]. 北京：电子工业出版社，2014.
[27] 电子商务师国家职业资格标准[M]. 北京：中国劳动社会保障出版社，2012.
[28] 宋艳苹，等. 电子商务基础[M]. 北京：北京交通大学出版社，2013.
[29] 宋艳苹，等. 电子商务综合实训[M]. 北京：电子工业出版社，2016.
[30] 宋文官. 电子商务概论[M]. 北京：高等教育出版社，2009.
[31] 宋文官. 电子商务实用教程. 4 版[M]. 北京：高等教育出版社，2013.
[32] 中国工商银行：http://www.icbc.com.cn.
[33] 中国农业银行：http://www.95599.cn.
[34] 中国银行：http://www.boc.cn.
[35] 百度：http://www.baidu.com.
[36] 淘宝网：http://www.taobao.com.
[37] 阿里巴巴：http://www.alibaba.com.
[38] 支付宝：http://www.alipay.com.
[39] 京东商城：http://www.jd.com.